석학人文강좌 71

한국과 중국의 북방사 인식

석학人文강좌 71

한국과 중국의 북방사 인식

초판 1쇄 인쇄 2018년 2월 21일
초판 1쇄 발행 2018년 2월 28일

지은이 김정배
펴낸이 이방원
편 집 윤원진·김명희·이윤석·안효희·강윤경·홍순용
디자인 전계숙·손경화
마케팅 최성수

펴낸곳 세창출판사
출판신고 1990년 10월 8일 제300-1990-63호
주소 03735 서울시 서대문구 경기대로 88 냉천빌딩 4층
전화 723-8660
팩스 720-4579
이메일 edit@sechangpub.co.kr
홈페이지 http://www.sechangpub.co.kr

ISBN 978-89-8411-744-0 04900
      978-89-8411-350-3(세트)

석학
人文
강좌
71

한국과 중국의 북방사 인식

김정배 지음

세창출판사

필자는 2015년 4월 한국연구재단이 주관한 '석학과 함께하는 인문강좌'에서 "북방사를 둘러싼 중국과 한국의 역사인식"이란 주제로 강의를 하였다. 이때 강의한 내용을 원고로 정리하면서 필요한 자료와 관련 사진을 보완하였다.

우리나라 역사에서 고대사 시기는 북방을 역사활동의 주요 무대로 삼은 시기였으므로, 국가와 민족 간에 크고 작은 충돌이나 전쟁, 그리고 교류가 대륙에서 이루어졌다. 대표적인 예가 고구려와 발해의 역사다. 우리나라의 국력이 미진해서 고구려와 발해의 역사를 찾아가며 연구할 수 없던 시기도 있었다. 일제항쟁기 때도 나라는 망해도 역사는 망할 수 없다는 당찬 외침은 이어졌지만 역사의 현장을 휘젓고 다녀야 할 돈과 인재가 턱없이 부족했다. 광복 후에는 이념의 장벽에 막혀 역사현장 답사는 불가능하였고, 학술정보와 관련 서적은 어려운 과정을 거쳐서야 일부만 탐독할 수 있었다. 소련체제의 붕괴에 따라 이념의 장벽은 걷혔지만 중국에 산재하는 고구려와 발해 유적은 때로는 통제가 있어 현장 접근이 불가능하였다.

이러한 연구 환경 속에서 중국은 발해의 역사를 중국 말갈족의 역사로 간주하였고, 최근에는 고구려 역사가 중국사라고 선포하였다. 중국의 '동북공정'은 우리나라와의 역사전쟁이었으나, 그 목표는 과거의 역사만이 아니고 현재와 미래의 영토에 주안점을 두고 있음을 알게 되었다. 우리는 이웃 중국과 거의 2000여 년을 함께하며 선린우호의 기본을 깨트리지 않았다.

그러나 역사를 되돌아보면 중국의 역대 정부는 필요에 따라 언제나 우리나라를 괴롭히고 침략하였다. 이것은 과거의 중국에서나 현재의 중국에서나 한 뼘의 영토라도 더 차지하려는 중화주의가 그대로 작동한다는 사실을 의미한다.

필자는 러시아 연해주의 발해유적을 조사하고 발굴한 경험을 일찍이 쌓았다. 또한 중국의 동북공정에 맞서 고구려연구재단을 맡으면서 중국, 러시아, 북한을 다니며 답사와 발굴을 하기도 하였다. 그렇기 때문에 이 책에서는, 동북공정에 대응하는 학술연구사업을 중국이나 북한과 진행한 그 과정의 일단과 결과를 일정한 범위 내에서 설명하려고 하였다. 이것은 필자가 기록해야 할 최소한의 의무이자 책임이다. 학술논문이 아니므로 가능한 쉽게 풀어 쓰려고 하였고 중국과 북한의 국가체제가 우리와 다르므로 상대방과 지켜야 할 범위 내에서 일의 성사 과정을 이야기하였다.

북방의 고구려와 발해 역사는 바로 우리나라의 역사이다. 따라서 우리는 고구려와 발해의 역사를 연구하고 유적과 유물을 보며 문화의 향기를 얻고자 한다. 우리는 이들 영토를 되찾기 위해 앞장서 있는 사람들이 아니고 역사를 현장에 맞게 연구하는 학자들이다. 현장을 가더라도 유적과 유물이 더 이상 훼손되지 않도록 잘 보존해 달라고 협조를 부탁하는 것이다. 이웃나라와 평화롭게 지내는 것은 우리나라 국민들의 천성이다. 그러나 우리나라의 역사를 빼앗거나 역사에 손상을 가하게 되면 전 국민이 궐기해서 선조들이 물려준 역사를 지키는 데 전력을 다해야 한다. 지도자와 국민들이 역사를 지키려는 정신을 똑바로 차리고 있으면 어느 나라도 우리나라 역사를 넘보지 않는다. 또 그러한 기개가 나라 안팎에 흘러넘쳐 있어야 한다. 역사에서는 국민 한 사람 한 사람이 민족과 국가를 연결시키는 고리 역할을 한다. 연결 고리가 튼튼한 역사는 부강한 나라의 상징이다.

책의 출간이 당초보다 늦은 것은 본인의 책임이며 다른 공적 임무를 맡으면서 시간이 지체되어 한국연구재단 측에 미안한 마음을 드리고자 한다. 이 강연은 허동현 교수가 부탁해서 이루어졌으며, 인문강좌 마지막 토론회 사회는 정운용 교수가 맡아 진행하였다. 이 책을 출판하면서 인문학대중화사업 운영위원회 관계자 여러분의 노고에 감사의 인사를 드린다. 원고를 정리하는 데 고려대학교 박대재 교수와 김철민·이주영 조교의 협조를 받았기에 고마운 뜻을 전한다. 마지막으로 필자가 평생 나라 안팎으로 답사를 갈 때마다 짐을 챙겨 주며 격려한 아내(오윤자)와 세 자녀(김종우, 김종민, 김민선)가 학문의 세계를 이해해 준 점은 필자로서 다시없는 축복이었다.

2017년 11월

約軒 金貞培

제3장 중국의 동북공정과 고구려사 논쟁

제 1 장

한국사와 북방사

1. 북방사의 의미

우리나라 역사에서 북방사는 고대사를 대변하는 웅혼한 기상의 한 줄기 역사이다. 이 땅의 국민들이 북방사를 어떤 성격의 역사로 이해하고 있을까 하는 점이 늘 뇌리에 맴돌고 있었다. 북방사는 곧 대륙사를 뜻한다. 이 대륙사는 우리 역사의 첫 장을 장식하므로 역사가와 국민들이 꼭 기억해야 하는 당위성의 역사였다. 아울러 꿈과 희망을 품게 하는 대륙의 기상을 상징하였던 역사의 총론이기도 하였다.

우리나라 역사의 시원이 고조선에서 출발하였고 부여, 고구려, 발해로 이어지는 역사의 흥망성쇠가 모두 대륙의 산하에서 역동성을 발휘하고 사라졌다. 대륙이라는 의미는 우리나라 국민에게는 광활한 대지에서 꿈과 영혼이 발산된 역사의 무대이자 역사의 옛 고향이었다. 모든 역사가와 국민들이 고대사의 첫 장을 가슴 설레며 펼칠 때마다 우리 선조들이 영위한 생활상과 발전 모습은 우리 국민들에게 역사의 진취성을 여실히 보여 주는 감동의 핵심 사항으로 다가왔다. 그뿐만 아니라 수·당 등 인접국가와 치열한 전쟁을 치른 사실은 고대의 우리나라 역사가 만만치 않은 강국의 면모를 지니고 있었음을 말해 준다. 바로 이 사실이 우리나라 대륙사의 기념비적 대외투쟁이자 불멸의 업적이다.

이 역사에서 획득한 감동의 교훈이 자손 대대로 전승되고 기억되면서 대륙의 역사인 북방사는 이 나라 이 민족에게 꺼지지 않는 영광의 햇불로 남아 있다. 대표적인 역사가 고구려사이고 발해사이며 이들의 역사사실은 우리나라와 중국의 사서에 정확하게 기재되어 있다. 흔히 말하는 대륙의 기상은 고구려를 비롯한 고조선, 부여, 발해의 역사와 문화에서 면면을 보게 된다. 고구려 문화에서 풍기는 역사의 향기는 백제, 신라와 달리 한층 힘이 넘치는 투쟁력과 야성미를 지니고 있다. 백제와 신라의 문화유적을 살피고 고구려의 문화유산과 대비하면 차이점이 쉽게 드러난다. 독립투쟁을 하던 단재 신채호가 고구려 역사를 알려면 『삼국사기』를 백번 읽는 것보다 고구려의 유적·유물을 직접 보는 것이 이해의 첩경이라고 언급한 것이 단적인 예다.

그러니 고구려의 멸망으로 우리나라 역사에서 대륙사라는 강인한 역사의 풍모가 점차 힘을 잃기 시작하였다. 다행스럽게도 고구려 멸망 30년 후에 발해가 고구려의 역사와 문화를 승계하며 건국하였다. 북방사의 시공간을 대치하여 민족사의 영역을 확대한 것은 역사발전의 진일보였다. 고구려보다 더 광활한 영토를 통치한 발해를 중국의 신·구당서에서는 그 융성함을 일컬어 '해동성국'이라고 기술하였다.

이 사실이 발해인이 기록한 역사가 아니고 중국의 사관이 쓴 사서에서 나오는 표현이라는 사실을 감안하면 대륙에서 전개된 북방사의 숨결이 더욱 진솔하다. 700여 년을 존속하며 대륙을 호령하였던 고구려의 역사, 그리고 발해는 200여 년을 이어 가며 주변의 당나라, 신라, 그리고 일본과 경쟁하였다. 발해의 역사는 결국 대륙을 무대로 이룩한 우리나라 북방사의 양대 산맥이었다. 비록 옛 영토는 잃었지만 그 역사와 문화가 전승되어 우리 모두가 가슴 깊이 자랑스럽게 간직해 왔다.

그러나 소중한 역사의 정통이 뜻밖에 중국 역사관과 충돌하기 시작하였다. 중국은 우리나라 역사에서 북방사의 주역인 고구려, 발해를 중국의 역사로 편입시키고 한국사의 정통 역사관을 부정하였다. 풍부한 역사지식과 이론은 물론이고 뚜렷한 사관을 겸비한 학자들이 볼 때 이와 같은 역사왜곡은 역사연구에서 정도를 벗어난 행위이다. 따라서 상식을 훨씬 넘어선 역사 왜곡은 바로 역사전쟁을 의미한다고 보면 틀림이 없다.

2. 정통 역사체계의 붕괴

뒤에서 좀 더 자세하게 논술하겠지만 고구려와 발해의 역사를 중국사라 고 주장하는 중국 측의 주장은 사료에서 나오는 역사사실을 매우 자의적으 로 취급하여 논리성이 크게 결여되어 있다. 만약 중국 측 학자들의 견해대 로 고구려, 발해의 역사가 우리나라 역사에서 일탈하게 되면 고대에서 현재 까지 우리나라 역사체계를 유지해 온 기본 틀이 무너지고 헝클어지게 된다.

예를 들어 고구려, 백제, 신라가 삼국을 형성하며 치열하게 경쟁하였으므 로 역사에서 흔히 삼국의 정립이라는 말을 써 왔다. 고구려사가 중국사로 빠지게 되면 삼국이 되지 않아 삼국의 정립도 될 수 없고 '삼국시대'라는 용 어가 사라진다. 김부식의 『삼국사기』는 고구려, 백제, 신라의 역사를 기록한 우리나라 최고의 정통 역사책이다. 고구려 역사가 빠지면 『삼국사기』는 어 떤 역사책이 되며 삼국시대는 또 어떤 시대라고 명명해야 되는가 하는 근본 문제에 부딪히게 된다.

『삼국사기』는 주지하는 바와 같이 고구려 역사가 기록되어 있는 정통 기 전체의 역사서이다. 고구려 역사는 『삼국사기』에 건국부터 멸망까지의 전 역사 과정이 서술되어 있어 고구려사 연구의 일차 사료가 된다. 이와 같은 역 사기록은 중국 측의 어떤 사서에도 『삼국사기』만큼 체계 있게 정리해 놓은 것이 없다. 고구려 역사가 우리나라 역사이기 때문에 김부식은 『삼국사기』 보다 먼저 존재하였던 『구삼국사』(舊三國史)의 예를 따라 『삼국사기』를 편찬하였다.

과거 지나간 왕조의 중국 역사학자들은 고구려가 중국의 역사가 아니기 때문에 고구려 역사를 중국사처럼 기술하지 않았다. 서술한 일부 기록은 해당 왕조사의 열전 동이편에 기재되어 있어 이 사실만 보더라도 고구려가 중국사라는 논점은 초점이 흐려져 있어 논란이 되지 않는다. 역사체계의 관점에서 볼 때에도 위에서 언급한 바와 같이 고구려사가 빠지면 삼국시대가 아닌 양국시대라는 뜻이 되므로 김부식의 『삼국사기』는 양국시대 역사로 전락하는 역사인식의 붕괴를 불러온다.

중국의 역대 왕조에서 편찬한 중국사서 중 예컨대 고구려 역사를 중국사로 기술한 사서는 없다. 그뿐만 아니라 고구려가 중국 요령성 환인현에서 흥기하였다는 사실을 적기하였고 뒤에 집안으로 수도를 옮겼다는 사실을 한결같이 인정하였다. 이러한 명명백백한 사실은 이념적으로 보수의 입장이나 진보의 경계를 넘어서는 상식의 문제에 해당하므로 우리나라 학계에서는 논란의 여지도, 그리고 대상조차 되지 않는다.

필자가 중국 학계와 이 사실들을 엄중하게 학술적으로 대응하는 것은 조상으로부터 물려받은 소중하고 귀한 역사를 자자손손 후대에게 전해 줄 의무와 책임이 있기 때문이고, 현재 활동하는 역사가로서 역사논쟁에서 누구보다 전면에서 논전을 펴야 할 책무가 있기 때문이다. 생각해 보아도 대륙에 존속하였던 고구려, 발해의 역사 등을 대할 때 우리나라 학자들은 답사하고 연구하는 학술활동을 심화시키는 학문에 매진하였으면 하였지 학술을 넘어서서 정치적인 오해의 소지가 있는 사안에는 신중한 자세를 견지하고 있었고, 그와 같은 학문성향은 지금도 계속되고 있다. 다시 말해서 북방대륙에 있었던 고대 우리나라 역사와 문화의 실체를 탐구하며 실사구시의 연구성과를 충족시키려 이념의 장벽이 무너진 후 현지 답사 등을 가능한 범위 내에서 진행시켜 왔다.

다 아는 바와 같이 1945년 해방 이전에도 우리나라 학자들이 대륙의 고구려·발해 유적 등을 직접 조사하는 경우가 없었고 해방 이후에도 이념의 장벽 때문에 대륙에 산재한 고조선, 부여, 고구려, 발해 등의 유적 등을 답사한다는 것은 불가능한 일이었다. 소련의 이념체계가 붕괴되면서 중국과 러시아의 개방정책에 따라 각각 그 지역의 문화유적을 직접 답사·조사하는 기회를 우리나라 학자들이 갖게 된 것은 해당 연구의 심화에 큰 진전을 이루게 하였다. 논문의 양적·질적 평가가 괄목할 만한 성과를 이루게 된 데는 현지 답사에서 얻은 생생한 자료들이 크게 도움이 되었고, 이를 통해 문헌 위주의 연구에서 탈피하는 계기도 만들었다.

여기서 한 가지 언급해야 할 일은 북한에 존재하는 고구려·발해 유적에 관한 사정도 우리나라 학계가 소련이나 중국에서 경험한 사정과 거의 비슷하다는 점이다. 우리 학자들이 평양 등지의 고구려 고분을 답사하거나 조사하는 일이나 함경도에 산재하는 발해 고분 등을 답사하는 것은 불가능한 일이었다. 북한의 학자들이 소련이나 중국에 있는 발해나 고구려의 유적들을 조사하는 일 역시 어려운 일이었다. 이것은 우리나라 학계가 겪은 이념적인 문제와는 다른 차원의 사정에 속하는 문제이며 나라마다 지니고 있는 고유의 특수성 때문이라고 이해해야 할 것이다.

2002년에 중국이 발표한, 예컨대 고구려가 중국사라는 '동북공정'은 우리나라 학계는 물론이고 주위 나라들을 충격과 분노에 휩싸이게 만들었다. 중국의 '동북공정'이 궁극적으로 내세운 목적은 어디에 있고 역사전쟁의 실상은 무엇인지 뒤에서 살펴보고자 한다.

제 **2** 장

발해사 인식과
발해유적 조사

제1절 한국과 중국의 발해사 인식

1. 한국의 발해사 인식과 그 범위

북방대륙에서 존속한 발해(698~926)의 역사를 우리나라의 학자나 국민들은 한국의 역사로 인식하고 그 입장과 자세를 초지일관 견지해 왔다. 일반 국민들 가운데도 기본 교육을 받거나 최소한의 교양을 갖춘 사람이라면 누구나 발해사가 한국사라는 사실에 공감을 하였다.

발해사를 연구하는 전문가가 다른 시대를 연구하는 학자들에 비해 수적으로 적다는 것은 주지하는 바이지만 한국의 고대사를 체계화하는 과정에서 발해사는 항상 하나의 커다란 기둥 역할을 담당하였다. 고구려 멸망 후 30여 년이 지나 대륙 북방의 돈화에서 고구려 지배층과 유민들이 발해를 건국한 것은 모두가 인지하고 있는 역사적 사실이다. 이 당시 남쪽에는 통일신라가 융성한 국력을 과시하며 발전하고 있었다. 따라서 전문 학자들이나 일반 국민들은 신라가 삼국을 통일한 통일신라시대에 북쪽에는 발해가 있었다는 역사적 인과관계를 자연스럽게 익히고 있었다.

앞에서 잠시 발해사 연구자가 소수에 불과하다는 점을 언급하였지만 소련이 무너지기 전까지 발해사를 연구하는 주변의 분위기는 매우 열악한 환경에 있었던 것이 사실이다. 발해사를 연구하려면『구당서』,『신당서』의 발해전을 검토하는 것은 상식이지만 중국이나 소련 지역의 발해 영역에 산재한 발해유적을 답사한다거나 학술적으로 조사한다는 것은 거의 불가능하였기 때문에 새로운 연구는 시도하기가 어려운 상황이었다. 북한의 함경도 일원에 있는 발해 고분이나 발해의 성도 우리가 조사할 수 있는 여건이 되지 못하였다.

학술 조사는 냉전체제하에서 시도하기 어려운 작업이었다. 현장 조사는 물론이고 당시 소련, 중국, 북한의 역사 관련 논저를 자유롭게 열람할 수 없는 분위기에서 발해사 연구는 특히 많은 제약이 따를 수밖에 없었다. 일제 항쟁기에 일인 학자들이 조사하고 보고, 연구한 일련의 업적도 비교 검토하기가 어려워 냉전체제하에서 이에 관한 학술정보는 때로는 일인 학자들의 업적을 참고하던 시기도 있었다. 이것은 냉전체제하에서 우리나라 학자들보다는 일본 학자들의 운신의 폭이 훨씬 컸다는 의미가 된다.

발해사를 연구할 때 일차로 보는 자료가 『구당서』, 『신당서』의 열전에 실려 있는 발해 관련 사료이다. 중국의 전통 역사라면 모든 역사가 본기 속에서 기술되고 용해되기 마련이다. 중국 주변 나라의 역사는 열전 속에서 기술하게 된다. 이 사실만 놓고 보더라도 발해사가 중국의 전통 역사가 아니라는 사실을 일단 반영한다고 볼 수 있다. 역대로 지난 시기의 우리나라 학자들이 마음 편하게 발해사가 우리나라 역사라고 간주한 것은 각각의 사서에서 본기가 아닌 열전에 발해사가 서술되어 있어 어떤 의구심도 갖지 않았기 때문이다. 그뿐만 아니라 일제 때 일본 학자들도 발해사를 한국의 역사로 취급하는 것이 대세였다. 일부는 발해사의 민족 구성에서 지배층이 고구려인들이고 피지배층이 말갈인이라는 논조가 있었으나 역사를 이끌어 간 지배층이 고구려인들이었기 때문에 발해사의 전반적인 성격 규명은 복잡성을 띠지 않는 것으로 생각하였다.

발해를 건국한 대조영이 고구려인이므로 사서에서 기술한 내용을 대체로 수용하는 상식선의 수준에서 인식하였다. 발해의 영역도 '해동성국'이라는 말을 이해하면서도 흔히 만주 지역 이외의 영토를 얼마나 더 넓게 확대하였는가 하는 문제가 있었는데 개방 이후 러시아 연해주 일대를 직접 답사하고 발굴하면서 그 실체를 이해하기 시작하였다. 우리의 발해사 인식은 매우 제한적인 상황에 머물고 있었다.

우리나라 고대사 분야에서 발해시대만큼 유적·유물을 직접 접하기 어려운 시대는 아마도 없을 듯싶다. 현재 우리나라의 영역 내에는 발해시대의 관련 유적이 없다. 발해의 남쪽 경계는 함경도 지역까지 한정되고 있어 비록 한반도 내라 하더라도 우리의 손길이 닿지 않는다. 북한 지역의 발해유적은 우리의 손길과 아주 멀리 떨어져 있고 더구나 함경도 지역이라 협조와 접근에도 많은 제약이 따른다.

우리나라에서 발해사 연구가 어려운 것은 발해가 존속하였던 지역이 대륙의 북방에 위치하였으므로 지금은 모두가 다른 나라의 땅이 되어 있기 때문이다. 발해 역사와 문화의 중심축은 중국 땅에 있고 영역을 보면 더 북동방면으로 러시아의 연해주가 있으며 동남쪽으로는 북한의 함경도가 있다. 나라마다 정치적 또는 이념의 논쟁에 휘말려 있어 연구와 접근에 난점이 많다. 중국에서 발해유적 답사를 우리나라 학자들이 시도할 경우 때로는 접근이 불가능할 때가 있고 경우에 따라서는 완화하는 경우가 있다. 공동발굴이나 공동연구는 거의 불가능하다. 그 연유에 대해서는 개혁개방이 지난 후에야 실상이 알려지게 되었다. 북한의 함경도에 산재한 발해 고분이나 성들도 지역의 특성상 우리나라 학자들이 북측과 공동으로 조사·연구한다는 것은 매우 어렵다.

현재 북한의 사회과학원 산하 고고학연구소가 중국 연변대학과 공동으로 함경도 회령 일원에서 발해유적 등을 발굴하고 조사하는 것이 하나의 예에 속한다. 그러한 점을 감안하면 우리나라의 대륙연구소와 소련 연해주의 역사·고고·민속연구소가 1990년대에 공동으로 발해유적을 조사하고 발굴한 것은 우리나라 발해사 연구에 커다란 전환점을 마련한 쾌거였다.

아울러 우리나라 고고학사에서 볼 때에도 해외 발굴의 첫 시도라는 점에서 의미 있는 출발점이었다. 발해사 연구의 새로운 시도로서 해외 학계와의 공동작업을 통해 우리는 이념의 장벽에 갇혀 있던 학문세계의 벽을 과감히 깨트리는 실마리를 찾게 되었다. 고대사와 고고학 연구가 해외로 학문의 눈을 돌리고 금단의 벽을 넘어서면서 공산권의 개혁개방의 파고에 관련 분야의 연구 영역이 급물살을 타는 이변이 일어났다. 고고학이나 고대사가 그동안 현실적인 정치이념과는 상당한 거리를 두고 있다는 학문상의 성격도 학문교류에 큰 도움을 주었다.

2. 중국 학계의 발해사 인식 문제

냉전체제하에서는 다른 분야와 마찬가지로 우리나라에서 소련, 중국, 북한 등의 역사학 학술자료를 자유롭게 열람한다는 것은 불가능하였다. 일부 학술기관에서 신원 확인하에 자료를 본다 하여도 관련 분야는 매우 제한적이었다. 사실 필자가 미국으로 유학을 결심한 이유 가운데 하나는 주변 나라들의 학술자료를 가능한 한 많이 보는 것을 원했기 때문이다. 그것이 우리나라의 고대사와 고고학의 지평을 넓히는 첩경이고 학문의 폐쇄성을 뛰어넘는 도전의 성격이라고 보았다.

유학 중에 이홍직 박사가 세상을 떠나시자 필자는 대학에서 스승의 뒤를 이어 고고학과 고대사 연구에 한층 다가갔다. 이미 나의 학문세계는 그동안 많이 접하지 못했던 공산권의 새로운 자료를 접하면서 고고학과 고대사를 접목시키는 작업에 몰입하기 시작하였다. 스승인 피어슨(Pearson) 박사는 연구에 필요한 자료를 가능한 한 지원하였다. 공산권의 고고학과 고대사 자료는 하버드 대학의 옌칭도서관이 그 당시로도 비교적 풍부하게 소장하고 있었다.

1980년에 방문교수로 그곳에서 일 년여를 머무는 동안 공산권에서 나오는 잡지를 확인하면서 전혀 뜻밖의 논저들을 만나게 되었다. 중국(중공)에서 나온 책과 학술지는 발해사를 말갈족의 역사로 기술하는가 하면 발해사가 당나라 말갈족의 지방정권이라는 논조였다. 이 사실은 지금까지 우리나라 역사학계나 역사학자들이 들어 보지 못한 매우 충격적인 논지였다. 당시 중국 자료들을 볼 때마다 필자는 매우 황당하다고 느끼거나 때로는 내가 논문을 잘못 보고 있는 것이 아닌가 하는 착각에 빠지기도 하였다. 관련 자료들을 복사하면서 국가가 어떤 이념을 지녔느냐에 따라 역사가 이처럼 엉뚱한 과오를 범할 수도 있구나 하는 자괴감에 빠진 바 있었다.

사실 필자가 하버드 옌칭에서 보았던 중국 자료들은 역사학 본연의 임무와 연구자세에서 보면 진실을 추구한다는 관점에서는 논점이 아주 많이 벗어난 것들이었다. 필자가 하버드 옌칭에서 자료를 수집하면서 좋은 연구자료가 많아 내심 크게 놀라기도 하였지만 위에서 언급한 것처럼 발해사가 중국사라는 중국 학자의 주장은 너무나 충격적인 논지라서 두고두고 뇌리에서 맴돌고 있었다. 필자가 귀국하여 발해사가 중국사라는 주장을 중국 학자들이 언급하고 있다는 점을 주변의 학자들에게 알렸고 일부 신문에도 기사가 났지만 대부분의 학자들은 이를 무시하였다. 그뿐만 아니라 더 답답한 것은 관련 자료가 중국의 학술자료이므로 공개적으로 공론화하는 것도 조심스러운 일이었다는 점이다.

냉전체제하에서 공산권의 학술자료는 법의 테두리를 고려하면서 자료 활용의 적정선을 유지해야 학문의 전문성을 확보할 수 있었다. 필자가 이러한 이야기를 언급하는 것은 이념의 장벽 때문에 중국에서 벌어지고 있었던 발해사 연구의 실상을 우리 학계가 모르고 있었다는 사실을 큰 교훈으로 삼아야 다음을 대비하는 데 약효가 있기 때문이다. 사실 중국이 개방정책을 표방할 때까지 중국의 동북3성을 포함해서 중국 내에서 발해사가 말갈족의 역사이고 당나라의 지방정권이었다는 기상천외의 역사서술을 우리가 간파하지 못한 채 지나갔다는 것은 엄연한 사실이고 부끄러운 일이었다. 사실 당시에는 발해사를 전공하는 학자가 극히 소수라는 점도 학계가 지니는 학문적인 취약성이었다.

그런데 북한의 역사학계가 중국 역사학계의 자료를 우리나라보다는 훨씬 유리한 입장에서 확인할 수 있었음에도 불구하고 저서나 학술잡지에서 일절 언급이 없었다는 것은 아주 이상한 일이다. 북한의 고대사나 고고학 분야의 학술잡지에서 외국의 다양한 논저를 인용하지 않고 있다는 것은 다 알고 있으나 중국의 주요 학술지를 때로 인용하는 것으로 보아 중국 학계의 주요 논점을 모른다고 말할 수는 없을 것 같다.

여기에 관해서는 두 가지 관점에서 접근하는 것이 가능할 것 같다. 첫째는 북한의 역사학계가 발해사를 중히 여기는 입장인 자신들의 국가관에서 중국의 주장을 일고의 가치 없는 작업이라고 거들떠보지 않은 자세이다. 다시 말해서 발해사가 우리나라의 역사로 오랜 세월 인식되어 왔으므로 새삼 여기에 대응할 필요가 없다고 외면하며 반응을 보이지 않는 것이다. 두 번째는 중국 측이 발해사를 말갈족의 역사라고 주장하며 당나라의 지방정권이었다고 해석하고 있으므로 이것은 어디까지나 역사 문제가 아닌 정치적인 책략의 문제라고 간주하는 경우이다.

만약 북측이 후자의 관점에 서는 입장이라면 북한 학계가 중국과의 교류

관계를 고려할 때 매우 난처한 처지에 놓이게 되므로 역시 학문적 대응이 쉽지 않은 길목에 서게 된다. 북측의 입장에서는 발해사에 관한 한 중국 쪽의 주장에 대하여 일절 언급한 바가 없어 어떠한 관점에서 발해사를 관조한다는 것인지 인지할 수는 없다. 한 가지 분명한 것은 북측의 정권이나 역사학계가 북측의 정통성에 대해 고조선, 부여, 고구려, 발해로 이어지는 역사의 맥을 이어 오고 있다고 초지일관 주장하고 있어 발해사를 지금까지 소홀히 다루지 않았다는 사실은 분명하다. 이 모든 정황을 종합해서 고려해 보면 북한 학계는 중국의 발해사 연구동향을 숙지하고 있으나 이에 대해 왈가왈부하지 않는다는 입장을 취하고 있을 뿐이라고 보면 될 듯싶다.

중국 학계의 왕승례(王承禮)는 1984년에 발간한 『발해간사』(渤海簡史)에서 발해사의 기본 성격을 "당나라 때 속말말갈 귀족이 중심이 되고 일부 고구려 귀족이 연합해서 만든 지방민족정권"이라고 말했다. 왕승례는 같은 책에서 발해를 '지방정권'이라고 표현하기도 하였다. 왕승례의 이 발해사 성격 규정은 이후 동북3성은 물론 중국의 고대사학계에 그대로 전달되기 시작하였다. 2000년에 출간된 그의 다른 저서 『중국 동북의 발해국과 동북아』에서 발해는 중국 동북의 말갈족이 중심이고 일부 고구려인이 연합한 중국 역사상 소수민족이 건립한 지방정권이라고 역사의 성격과 해석을 내놓고 있다.

앞의 책에서는 '지방민족정권'이라는 표현이 있었지만 이 책에서는 '지방정권'이라는 단어를 쓰고 있고 소수민족이라는 표현도 사용하고 있다. 또 앞의 책에서는 말갈 귀족, 고구려 귀족이라는 용어가 있었으나 후자에 와서는 귀족이라는 표현 대신에 말갈족이나 고구려인이라는 문구로 바뀌고 있다. 여기서 우리가 주목하는 점은 발해사를 구성한 민족을 왕승례를 비롯한 중국 측 학자는 말갈족이 중심이고 여기에 일부 고구려인이 연합한 역사라고 간주한다는 점이다.

이와 같은 발해사의 성격 규정은 이제 두고두고 논쟁의 주요 쟁점으로 떠오르게 되었다. 중국 학자들도 발해사를 언급하면서 말갈족만의 역사로 주장하지 않고 일부 고구려인이 참여하였다고 하여 고구려의 역사를 완전 배제하지 않은 관점을 피력하였다. 발해사가 한국사인가 중국사인가를 구별하는 기준은 이미 기본 사서에 기술되어 있고 우리나라와 일본의 사료에서도 관련 주요 기록이 있으므로 종합해서 고찰하면 숲속의 길이 열리듯 분명하게 발해사의 안개가 걷힐 것이다.

또 자주 논의되는 발해가 '지방 민족정권'인가 '지방정권'인가 하는 성격 규정이 정당한 역사 해석인가 아니면 정치색채가 묻어나는 불필요한 해석인가 하는 문제도 아울러 검토해야 한다. 중국과 중국 학계가 발해사를 학문 영역 이외의 장으로 끌어들이면서 초기에 시도한 의미와 목적이 학문적으로 달성되었는가 하는 평가는 시간이 경과하면서 그 모습이 나타나게 되었다.

1970년대에 들어와 우리나라의 경제는 빈곤에서 탈출하여 경제성장의 길로 접어들었고 소위 '한강의 기적'이라는 단초가 다져지고 있었다. 바로 이 시기 중국 동북의 연길을 중심으로 하는 연변 지역 주민의 조선족 비율은 약 70%라는 비교적 높은 수치를 보이고 있었다. 중국의 소수민족정책은 오랜 역사의 경륜을 배경으로 시대마다 시의적절한 정책으로 지역의 안정화를 도모해 왔다.

다 아는 바와 같이 연변 지역이 발해사의 한 축을 담당하였던 왕도인 화룡의 서고성(西古城)과 연접해 있다는 사실을 상기해 보면 발해사를 급히 말갈족의 역사로 주장하는 이유가 어느 쪽에 있는가를 짐작게 한다. 역사는 역사고 주민은 주민일 뿐이므로 과거의 역사와 현재의 주민을 발해사와 굳이 연결시켜 혼란을 야기하는 일은 바람직하지 않다.

제2절 발해사의 기본 사료와 쟁점

1.『구당서』의 말갈과 발해말갈

중국은 통일된 국가권력을 내외에 과시하기 위해 역사편찬에 착수하여 각개 왕조마다 정통성을 우위에 두는 사서를 간행하였다. 흔히 중국 정사를 24사라 하고『신원사』를 포함해서 25사라고 하기도 한다. 경우에 따라서는 정사는 아니지만『청사고』를 넣을 경우 26사라고도 한다. 정사는 기본적으로 각개 왕조의 시각에서 편찬하기 때문에 항상 자국의 역사입장을 역사의 전면에 내세우기 마련이다.

주지하는 바와 같이 중국은『사기』편찬 이래로 기전체의 역사서술을 기본으로 함에 따라 중국의 역사가 항상 중앙무대의 활동을 독점하였고 우리나라를 비롯한 주변 사방의 나라들은 열전 속에서 역사전개가 소략하게 기술되곤 하였다.『사기』열전 속에 조선열전이 들어 있는 것이 대표적인 사례이고『삼국지』동이전 속에 고구려, 삼한 등의 역사가 배치되어 있는 것이 또한 위의 사실을 말해 준다.

따라서 우리나라의 초기 역사의 전개 과정은 때로 중국 정사의 열전 속에서 그 잔영을 찾을 수 있다. 흔히 열전이라고 칭하지만 초기에는 흉노열전, 오환열전처럼 일종의 종족을 표현하는 명칭으로 시작되었는데『사기』의 조선열전도 이 경우에 해당된다. 그 뒤에는 중국을 중심에 두는 사이(四夷)의 개념으로 동이열전, 서남이열전 같이 지역을 범칭하는 뜻으로 열전이 나타나다가 뒤에는『양서』(梁書) 제이전(諸夷傳),『주서』(周書) 이역전(異域傳)처럼 외국과 주변 종족을 아우르는 개념으로 표현되기 시작하였다.

발해의 역사는『구당서』(945)와『신당서』(1060)의 북적열전(北狄列傳)에 각각 기술되어 있어 발해를 중국의 전통적인 사이(四夷) 개념에 따라 북쪽에 있는 나라로 취급하고 있다. 그런데『구당서』에는 발해를 북적열전 속에 발해말갈(渤海靺鞨)로 표시하는가 하면『신당서』북적열전 속에는 발해(渤海)로 각기 다르게 표기할 뿐만 아니라 역사의 내용도 다소 다르게 기술하고 있어 그간 많은 논쟁이 있어 왔다.

중국, 일본, 러시아, 북한이 각기 자국에 유리한 사실을 부각시켜 서술하려는 의도는 이해가 되는 면도 있다. 그러나 특히 중국은 사실을 지나치게 학문 외적으로 확대시켜 역사를 조감하는 경향이 농후하여 논란에 휩싸이곤 한다. 우리나라의 학자들과 중국의 학자들이 발해사를 보는 관점이나 그 결과가 매우 다른 것은『구당서』와『신당서』의 발해사료를 보는 관점이 아주 상이하기 때문인 것이 첫째 이유이고, 인접국가의 학문성과를 충분히 수용하는가의 여부에서 오는 포용성이 두 번째 이유가 된다.

따라서『구당서』와『신당서』에 기술된 발해 관련 자료들을 먼저 검토하고자 한다. 주지하는 바와 같이 중국의 역대 정사에는 우리나라 고대의 국가들을 동이열전에서 간단하나마 기술해 왔는데『구당서』와『신당서』에 와서는 발해사를 북방에 해당하는 북적열전에 배치하였다. 예컨대『수서』동이열전에는 고구려, 백제, 신라, 말갈을 입전하고 있으며 그 이전의 사서인『북사』열전에도 고구려, 백제, 신라, 물길을 배치하고 있었다. 물론 사서는 그 시대의 역사적 생산물이므로 국가정책과 대외관계에 따라 관련 사항들이 변경될 수는 있다.

그런데 위에서 언급한『북사』열전의 물길이나『수서』동이열전의 말갈은 시기에 따라 명칭만 다를 뿐이지 같은 주민으로 구성되었다는 것은 이미 학계에 다 알려진 일이다.『구당서』는 오대 후진(後晉) 개운(開運) 2년(945)에 당나라 290년의 역사를 유향(劉昫) 등이 편찬하였으나 혼란기에 편찬되었으므로 체제상의 미비점이 있다. 당나라가 개방적인 정책을 취하였으므로 외국과의 교역, 교섭, 그리고 전쟁기사가 많아 당나라의 대내외 정세를 참고하는데 큰 도움을 준다.

이 『구당서』의 북적열전에 말갈과 발해말갈 등이 다른 나라와 함께 나타나고 있다. 『구당서』의 미비점을 보완하고 더 완벽한 사서를 만들기 위해 송나라 가우(嘉祐) 5년(1060)에 구양수 등이 편찬한 것이 『신당서』이다. 『구당서』가 편찬된 혼란한 시대와 달리 『신당서』는 송나라가 안정된 체제를 갖추고 문물의 정비를 끝낸 뒤에 집필되었기 때문에 『신당서』의 주관적 직필이 오히려 『구당서』보다 사실에 충실하지 못하다는 평을 받고 있다.

그러나 반대로 『신당서』는 『구당서』에 없는 풍부한 사료가 있어 양자를 대비해서 검토하는 것이 바람직하다. 이 『신당서』 북적열전에는 흑수말갈, 발해, 거란, 해, 실위 등의 다섯 나라가 들어 있다. 『구당서』 북적열전에는 말갈과 발해말갈이 있는가 하면 『신당서』 북적열전에는 흑수말갈과 발해가 등장하고 있어 두 사서 사이에는 큰 차이점이 나타났다. 지금까지 많은 연구자들이 말갈과 발해 문제의 본질을 심층적으로 파악하려고 사료 분석과 고고학의 성과를 아우르는 작업을 지속해 왔다.

우리나라를 비롯해서 중국, 러시아, 일본, 북한의 전문가들이 정치, 경제, 군사, 문화, 외교 등 다방면의 자료를 검토하였고 일본 측의 사신내왕 사료는 물론 중국, 러시아, 북한 쪽의 고고학 발굴성과도 참고하며 연구해 왔다. 그럼에도 불구하고 발해사는 한국사인가 아니면 중국사인가 하는 논쟁은 여전히 진행되고 있고 발해의 민족 구성을 어떻게 보아야 하는가 하는 본질적인 문제에도 우리나라와 중국 학계는 극명하게 차이를 노정시키고 있다.

필자가 지금까지 나온 발해사의 논저를 일별하면서 느낀 점은 훌륭한 관점에서 논지를 각기 전개시킨 업적이 나왔음에도 불구하고 기본 사료를 더 천착해야 되는 것이 아닌가 하는 점이다. 앞에서 잠시 언급하였지만『북사』열전에는 고구려, 백제, 신라와 함께 물길이 나오고『수서』동이열전에는 말갈이 고구려, 백제, 신라와 더불어 나타나고 있다. 다시 말해서 두 사서에는 고구려 등이 물길 또는 말갈과 함께 서술되고 있다. 그런데『구당서』북적열전에는 말갈과 발해말갈이 각각 입전되어 다른 나라와 함께 나오고『신당서』북적열전에는 흑수말갈과 발해가 다른 나라와 함께 역시 입전되어 있다.『구당서』의 말갈이『신당서』에는 흑수말갈로 나오고『구당서』에서 언급된 발해밀길은『신당시』에서는 발해로 니타나고 있다. 신·구당서에서 각기 언급된 말갈과 발해의 명칭 변화는 그 자체만으로도 커다란 의미를 내포하고 있다.

그러나 동일한 사서에 말갈이든 발해든 하나만 나오는 것이 아니고 각기 다른 역사단위로 말갈과 발해가 서술되어 있다는 사실을 직시해야 한다. 고구려, 백제, 신라와 함께 물길이나 말갈이 각각 사서에 독립단위의 나라로 나타난 것처럼 신·구당서에는 다른 나라와 함께 말갈과 발해말갈, 그리고 흑수말갈과 발해가 각기 다른 독립단위의 역사주체로 서술되어 있다. 말갈과 발해말갈이 동일한 나라이고 흑수말갈과 발해가 마찬가지로 동일한 국가라고 하면 중국의 역대 정사의 열전에서 기술하였듯이『구당서』나『신당서』의 편찬자들도 말갈이든 발해든 간에 한 나라만 입전하였다고 보는 것이 순리이다. 그러나『구당서』,『신당서』에는 각각 다른 역사단위로 말갈과 발해를 기술하였다. 이것은 말갈과 발해의 역사가 각각 다른 성격의 사회문화를 향유하였다는 점을 알리는 것이고 뒤에 와서 말갈이 발해에 합류하였다 하여도 출발점이 상이하였다는 사실을 적기한 것이다. 이제『구당서』의 말갈과 발해말갈의 기록을 잠시 살펴보고자 한다.

『구당서』의 말갈전에는 그 시작을 다음과 같이 기술하였다.

말갈은 거의 숙신의 땅이니 후위(後魏) 때에는 물길이라 하였다. 경사(京師)에서 동북 6000여 리 거리에 있다. 동은 바다에 이르고 서는 돌궐과 접하며 남은 고구려와 경계를 갖고 북은 실위와 인접한다. 그 나라는 수십 부(部)로 이루어지고 있는데 각각 추수(酋帥)가 있어 혹은 고구려에 부용되고 더러는 돌궐에 신속되어 있다. 그 가운데 흑수말갈(黑水靺鞨)이 가장 북쪽에 위치해 있고 가장 강성해서 매양 용맹을 과시하므로 항상 이웃에게 걱정거리가 되었다.

풍속은 모두 머리를 땋는다. 성격이 사나워 걱정이나 두려워하는 게 없으며 젊은 사람은 귀하게 여기고 늙은 사람을 천시한다. 집이 없고 모두 산간이나 물가에 의지해 땅을 파고 움을 만든 후 나무를 걸쳐 흙을 덮는데 그 모습이 마치 중국의 총묘와 같고 서로 모여서 산다. 여름에는 수초를 따러 나오며 겨울에는 움 속에서 산다.

이 기록은 중국인의 입장과 시각이 투영된 내용으로 말갈족의 생활 단면을 잘 묘사하고 있다. 숙신의 땅을 언급하고 물길의 후예라는 점도 이야기하면서 많은 부족들로 구성되어 있지만 그 가운데 흑수말갈이 가장 북쪽에 자리 잡고 있으며 강한 성격의 면모를 지니고 있다고 말한다. 고구려가 망한 후 고구려에 부용되었던 백산부 등의 유민이 발해로 유입되었음도 말갈전에 보인다. 그러나 흑수부가 가장 강성해서 땅을 16부로 나누고 남부와 북부로 구분하여 칭하기도 하였다.

말갈전에는 중국과의 대외관계, 조공 등의 기록도 있으나 기본적으로 말갈이라는 정치적인 독립단위로 입전되면서 말갈 본연의 역사를 써 내려 갔으며, 말갈부족 가운데서 가장 세력이 강한 자가 흑수말갈이라고 지칭하고 있다는 것이 관심의 초점이다. 이 말갈전은 전후 문맥으로 살펴본다면 흑수말갈의 본말을 그리면서 설명하려는 것이 아닐까 하는 느낌이 든다. 말갈의 풍속을 설명하는 사실이나 그 배경을 흑룡강 상류의 흑수말갈에 적용하는 것이 보다 설득력이 있을 듯싶기 때문이다.

뒤에서 검토하겠지만 발해의 대조영이 등장하는 과정, 그리고 도읍지 등을 감안하면 발해 지배세력의 배경으로는 이 말갈전이 입론의 대상이 될 수 없다. 『신당서』에서는 『구당서』의 말갈이라는 이름이 흑수말갈이라고 분명하게 바뀌어 있어 말갈족의 의미와 문화, 그리고 역사의 본질 문제를 다소나마 미리 알려 주고 있다.

『구당서』 발해말갈전에는 다음과 같은 기록이 있어 말갈전과는 상이한 모습을 보여 준다.

발해말갈의 대조영(大祚榮)은 본래 고구려의 별종(別種)이다. 고구려가 멸망하자 조영은 가속을 이끌고 영주(營州)로 옮겨 와 살았다. 만세통천(萬世通天) 연간(696)에 거란의 이진충이 반란을 일으키자 조영은 말갈의 걸사비우와 함께 각각 무리를 거느리고 동쪽으로 망명하여 요해지를 차지하며 수비를 굳혔다. 진충이 죽자 측천무후가 우옥검위대장군 이해고에게 명하여 군대를 이끌고 가서 그 여당을 토벌하게 하니 해고는 먼저 걸사비우를 무찔러 베고 또 천문령을 넘어 조영을 바짝 뒤쫓았다. 조영이 고구려, 말갈의 무리를 연합해서 해고에게 항거하자 왕사는 크게 패하고 해고만 탈출해서 돌아왔다. 마침 거란과 해(奚)가 모두 돌궐에게 항복해서 길이 막히자 측천무후는 이들을 토벌할 수 없게 되었다. 조영은 마침내 그 무리를 거느리고 동쪽으로 가서 계루(桂婁)의 옛 땅을 차지하고 동모산(東牟山)에 웅거하여 성을 쌓고 살았다. 조영이 군세고 용맹스러우며 용병을 잘하자 말갈의 무리들과 고구려의 여당이 차츰 모여들었다. 성력(聖曆) 연간(698~699)에 스스로 진국(振國)왕에 올라

동모산 전경

돌궐에 사신을 보내고 통교하였다. 그 땅은 영주 동쪽 2000리 밖에 있으며 남쪽을 신라와 접하였다. 월희말갈에서 동북으로는 흑수말갈에 이르는데 사방이 2000리이며 편호는 십만여이고 승병은 수만 명이다. 풍속은 고구려 및 거란과 같고 문자 및 전적도 상당히 있다.

발해말갈전의 초반 부분을 인용한 것은 발해국의 시조 대조영의 출자와 동모산에서 건국한 과정을 살펴보기 위함이었다. 더구나 계루부의 옛 땅이라는 표현이 있는 것처럼 계루(부)는 고구려와 아주 밀접한 관계가 있다. 우선 이 사료만을 갖고 보더라도 앞에서 언급한 말갈전의 내용과는 관련 사실이나 구체적인 내용이 차이가 나도 너무나 크게 나고 있다. 대조영이 고구려의 별종이라는 것은 고구려의 민족과 깊은 관계가 있다는 의미이고 대조영이 고구려의 유민과 말갈의 족속들을 합쳐 나라를 세웠기 때문에 발해말갈이라는 표현이 나타난 것이다. 발해말갈전의 전반적인 내용은 일반 국가의 성격을 모두 담고 있어 조공과 책봉 내용이 상당수를 점하고 있다. 이러한 내용은 송화강, 흑룡강 상류 일원에 있었던 말갈족의 어로, 수렵의 생활상과는 비교할 수 없는 차이점을 나타낸다. 말갈전에는 문자가 없다고 했으나 발해말갈전에는 문자와 전적이 있다고 언급함으로써 말갈전과 발해말갈전은 현격한 차이가 나는 2개의 정치집단을 각각 대비시키고 있다.

2. 『신당서』의 흑수말갈과 발해

『신당서』(1060)는 『구당서』(945)가 편찬된 후 115년 뒤에 송나라 인종 대에 간행되었다. 『구당서』와 『신당서』는 100여 년의 시간차를 두고 있으므로 『신당서』 북적열전의 흑수말갈전에는 『구당서』에서 보이지 않던 기록들이 간혹 나타나고 있다. 사실을 보완한 것이 있고, 시간의 변화에 따라 그 시기의 상황을 적기한 것이 있다. 『신당서』 북적열전에는 흑수말갈전과 발해전을 포함해 거란 등 5개 나라의 전이 있는데 『구당서』 북적열전의 7개 전보다 나라의 수는 줄고 있다.

『신당서』의 흑수말갈전과 발해전은 앞에서 본 『구당서』의 말갈전과 발해말갈전의 내용을 각각 다소 보완한 것이라고 보면 크게 틀리지 않는다. 여기서 한 가지 언급하고 넘어갈 사항은 흑수말갈이라는 명칭은 이미 『수서』 동이열전 말갈전에서 나타나고 있다. 말갈에 7종이 있음을 들고 속말부, 백산부, 흑수부 등 7개의 부명을 열거해 놓았다. 『구당서』 말갈전에서 이 말갈 가운데 흑수말갈이 가장 강성하다고 언급한 바 있거니와 다른 6개 부의 이름은 보이지 않고 있다. 그런데 『신당서』 북적열전에서 흑수말갈이 하나의 전으로 등장하고 있다. 흑수말갈전에는 다음과 같은 기록이 있다.

흑수말갈은 숙신 땅에 있는데 또 읍루라고도 하며 후위 때에는 물길이라고도 불렸다. 경사에서 동북으로 6000리 밖에 있는데 동쪽은 바다에 접하고 서쪽은 돌궐에 닿으며 남쪽은 고구려, 북쪽은 실위와 접한다. 수십 부로 나뉘어 있고 추장들이 자치를 한다. 가장 알려진 부는 속말부로서 가장 남쪽에 위치하며 태백산에 이른다. 또한 도태산(徒太山)이라고도 하는데 고구려와 접하고 있다. 속말수의 연안에 의지해서 살고 있는데 이 물은 태백산 서쪽에서 북으로 타루하에 들어간다. 조금 동북방면에 있는 것이 백돌부(泊咄部)이고 그 다음이 안거골부(安居骨部)이며 더 동쪽이 불열부이다. 안거골부의 서북쪽에 있는 것이 흑수부이고 속말부 동쪽에 있는 것은 백산부(白山部)이다. 부와 부 사이는 먼 것이 300~400리이고 가까운 것은 200리이다. 백산부는 원래 고구려에 신속되어 있었는데 왕사가 평양을 공취하자 그 무리들이 대개 당나라로 들어왔다. 백돌, 안거골 등도 모두 분산되어 점차 미약해져 알려지지 않았으며 유민들은 발해로 들어갔다.

위의 기록 다음에는 흑수말갈을 간단히 더 언급하고 있는데 오직 흑수말갈만이 강하다는 것을 『구당서』 말갈전과 마찬가지로 적기하였다. 이 사실들을 종합해서 보면 『구당서』에서 나타난 말갈이라는 다소 포괄적인 표현이 『신당서』에서는 비슷한 내용을 갖고 있음에도 흑수말갈이라는 말로 전을 세우고 있으면서 흑수말갈을 전면에 내세우고 있다. 풍속과 관련해서 다음과 같은 내용이 있다.

거처하는 집이 없고 산수에 의지하여 움을 파서 그 위에 나무를 걸치고 흙을 덮는데 마치 무덤과 같다. 여름에는 수초를 따러 나오고 겨울에는 움 안에서 산다. 오줌으로 세수를 하니 이적 중에서 가장 지저분하다. 죽은 사람을 묻을 때에는 관곽이 없고 그가 타던 말을 제사한다.

이 자료에서 우선 두 가지 점이 눈에 띈다. 사람이 죽어 장례를 치를 때 관곽이 없는 묘제를 쓰고 있다는 사실이다. 또 다른 문제는 넓은 의미에서 동이족 가운데 가장 지저분한 위생상태의 생활상을 언급하고 있다는 점이다. 이 두 가지 사실은 고구려의 역사나 특히 문화에서 쉽게 보기 어려운 문화요소들이고 뒤이어 고구려의 역사와 문화를 계승한 발해의 역사에도 해당되는 사안이 아니다. 돈화(敦化)의 정혜공주묘나 화룡(和龍)의 정효공주묘에서 보듯 고구려의 지배층 묘제가 그대로 발해의 귀족묘에 계승되었다는 것은 너무나 선명한 고고학의 자료들이라 중언부언할 필요가 없다. 그렇기 때문에 말갈전이나 흑수말갈전이라는 이름으로 나오는 집단과 그 주민은 발해를 구성한 주민의 하나의 정치집합체였다고 보는 것이 순리이다.

『신당서』의 흑수말갈전에는 흑수말갈의 위치를 설명하는 가운데 다음과 같은 문구가 있다.

그 땅은 남으로는 발해에 이르고 북과 동은 바다에 닿아 있으며 서는 실위에 이른다. 남북은 2000리이고 동서는 1000리에 뻗쳐 있다.

흑수말갈은 남쪽으로 그 경계가 발해에 이른다고 하여 발해를 역사주체의 단위로 설정하였음을 언급하고 있는 것은 주목할 만한 기사이다. 예컨대 7개 부의 이름이 남쪽 경계의 이름으로 거론되는 것이 아니고 또 특정 지역명이 나오는 것도 아니다. 발해는 적어도 가능한 한 모든 부를 통합하고 통괄하는 나라의 국명이기 때문에 남쪽으로 경계가 발해에 이른다고 적기한 것은 그 시점까지는 흑수말갈이 발해의 통치권 내에 들어오지 않았다는 것을 뜻한다. 실제로 『구당서』의 말갈전을 보면 추장 돌지계(突地稽)가 수나라 말에 부족 1000명을 이끌고 내속하자 영주에 거주토록 하고 그를 금자광록대부 요서태수로 삼았다는 기록이 있다. 그 이후에도 당 조정에 내왕하자 당 태종은 정관(貞觀, 627~649) 초에 그를 우위장군에 제수하고 이씨 성을 내린 바 있으며, 이후 조공을 계속하였다.

『신당서』 흑수말갈전에는 개원(開元) 10년(722) 추장 예속리계(倪屬利稽)가 알현을 청하자 현종은 그를 발리주자사에 제수하였고 안동도호 설태(薛泰)가 흑수부를 두자고 청하자 부장(部長)으로서 도독 또는 자사를 삼았고 조정에서는 장사(長史)를 두어 감리케 하였다. 부도독에게 이씨를 사성하고 이름을 헌성으로 하였다. 흑수말갈은 현종 말년까지 15번 내조하였고 대력(大曆) 연간(766~779)에는 7번, 정원(貞元) 연간(785~805)에는 1번, 원화(元和) 연간(806~820)에는 2번 내조하였다.

이 사실들은 흑수말갈이 당나라에 조관과 조공을 하면서 상호관계를 유지하였다는 점을 시사하고 있으며 이 외에도 흑수말갈에 속하는 철리(鐵利)나 월희(越喜)도 각각 6번, 7번씩 조관을 하였다. 이것은 흑수말갈이 발해와 상관없이 독자적인 대당교류에 나섰다는 사실을 알려 준다. 실제로 흑수말갈전의 마지막에는 발해가 강성해지자 말갈은 모두 그들에게 복속되어 다시는 당나라 왕과 만나지 못하였다는 기록이 있다. 이에 대해 다소 소소한 이론은 있을 수 있으나 정사의 기록에 깊은 관심을 가지고 폭넓은 시야로 역사의 강줄기를 바로 보아야 발해와 말갈의 차이점을 구별할 수 있다. 그렇다면 『신당서』 북적열전의 발해는 어떤 역사의 내용과 성격을 담고 있는지 간략하게 요점을 점검할 필요가 있다.

발해라는 국호로서의 명칭이 단독으로 처음 나타나는 것이 바로 『신당서』 발해전이다. 발해가 실위나 흑수말갈 등과 함께 5나라의 이름으로 북적열전에 등장하는 것은 의미하는 바가 매우 깊다. 5나라가 각각 독립적인 정치단위로 역사에 모습을 보인다는 것은 발해가 흑수말갈과 달리 독립적인 역사단위의 실체라는 사실을 단적으로 말해 준다. 앞에서 우리는 흑수말갈전을 검토하였거니와 발해전에는 흑수말갈전에서는 찾아볼 수 없는 역대 왕들의 연호, 관제, 행정구획, 지방의 특산물 등 국가체제를 갖춘 나라의 모습이 그대로 나타나고 있다. 동경으로 천도하였다는 기사는 국가의 통치와 행정을 이끌어 가는 국가의 성격을 그대로 노출시키는 행위이기 때문에 발해전의 이 기사는 말갈전과는 비교할 수 없는 내용을 담고 있다. 더구나 국토가 5경 15부 62주라는 행정체제를 갖추고 통치하였다는 것을 기록한 것은 발해 국가체제의 모습을 적나라하게 투영할 수 있도록 우리에게 보여 주고 있다. 발해전에는 다음의 기록도 보인다.

처음에 그 나라 왕이 자주 학생들을 경사의 대학에 보내어 고금의 제도를 배우고 익혀 가더니 이때에 이르러 해동성국(海東盛國)이 되었다.

발해가 동아시아에서 해동성국이라는 이름으로 사방에 알려져 우뚝 선 것을 중국의 『신당서』가 있는 그대로 표현한 것이다. 말갈에 대해서 그러한 명칭을 부여한 것이 아니라 바로 발해를 지칭해서 칭찬한 이름이다. '해동성국'이라는 명칭에서 필자가 주목하는 것은 해동(海東)이라는 표현이다.

해동은 중국을 언급하는 말도 아니고 더구나 일본을 가리키는 표현도 아니다. 중국이나 우리나라의 사서에서는 고구려, 백제, 신라 삼국을 지칭할 때 사용하는 표현들이고 더 넓게는 우리나라를 통칭하는 표현이다. '해동성국'은 발해를 지칭하고 있거니와 이 발해가 어떤 성격을 지닌 국가인가를 단적으로 암시한다. 해동성국이기 때문에 그 나라에서 출산되는 명품으로 태백산의 토끼, 책성의 된장, 부여의 사슴, 현주의 베, 위성의 철, 노성의 벼 등을 언급하였다. 이곳의 많은 지역이 고구려의 영향권 내에 있다는 사실을 쉽게 파악할 수 있어 이 사실만 보더라도 멸망한 고구려와 발해의 상호관계가 밀접하였음이 드러나고 있다.

위의 사실을 종합해서 요약한다면 『구당서』와 『신당서』의 말갈과 발해의 기록을 각각 있는 그대로 인정하고 구체적인 연구를 진행하는 것이 순리이다. 다시 말해서 『구당서』의 말갈전과 『신당서』의 흑수말갈전을 역사의 독립단위로 간주함과 동시에 선후관계로 보고 역사의 진척상태를 확인하는 것이 옳다는 것이다.

또한 여기에 대응해서 『구당서』의 발해말갈전과 『신당서』의 발해전을 마찬가지로 하나의 체계적인 역사단위 실체로 확인하고 역사발전의 선후관계를 규명하는 것이 정도라는 것이다. 어느 시대의 역사연구에도 논란이 있고 이설이 있다. 그런데 유독 발해사 연구에 숱한 논점이 난무하는 이유는 속칭 말갈전과 발해전의 기록들을 연구자들이 자의적으로 뒤섞어 연구하는 데서 혼란을 초래하였기 때문이다. 말갈은 말갈이고 발해는 발해라는 관점에서 출발하고 그 뒤에 상호 교류, 통합관계를 규명하는 것이 실체를 드러내는 객관성을 지닌다.

발해사가 지니고 있는 역사 환경의 특수성 때문에 혹여 불필요한 외부 입김이 개입하게 되면 신·구당서의 4개 말갈전, 발해전의 자료가 이해관계에 따라 헝클어지고 역사체계의 기둥이 흔들린다. 이러한 사실을 우리는 역사왜곡이라고 부른다. 그렇다면 발해사 연구에서 지나치게 혼선이 야기되는 문제들은 무엇인지 검토해 보고자 한다.

3. 발해사는 한국사인가, 중국사인가

중국의 『구당서』와 『신당서』의 발해 관련 사료에서 극명하게 차이가 나는 부분이 『구당서』의 발해말갈전과 『신당서』의 발해전이다. 속칭 말갈전을 제외하면 발해에 관한 기본 사료로는 위에서 언급한 발해말갈전과 발해전이 핵심으로 등장한다. 대조영의 출자를 둘러싸고 고구려인설과 말갈인설로 양분되어 있고 따라서 건국주체는 고구려유민설과 말갈인설로 대립하고 있다.

필자가 앞에서 신·구당서의 말갈전들을 언급하면서도 크게 주목하거나 비중을 두지 않은 것은 건국세력의 정치, 사회, 문화적 영향력이 현저하게 떨어져 발해말갈전과 발해전의 사료 내용과 합치되지 않기 때문이었다. 더구나 『구당서』 북적열전에 각각 말갈전과 발해말갈전이 따로 있고, 『신당서』에 흑수말갈전과 발해전이 『구당서』와 마찬가지로 다른 나라와 함께 따로 전(傳)으로 있다는 것은 기본적으로 말갈이 발해와 정치적으로 다른 집단이었다는 것을 의미한다.

이처럼 분명한 역사기록을 무시하고 각자 입론에 유리한 자료들만 채택해서 역사를 구성한 결과 앞뒤가 맞지 않는 결과가 도출되었다. 문헌사료가 부족하거나 해석하기 어려운 사항은 고고학의 발굴자료가 충분히 보완을 한다. 1933년부터 동경성이 발굴되고 1949년에 돈화 육정산에서 정혜공주묘가 발굴되어 발해왕실의 궁과 묘제가 백일하에 모습을 드러냈다. 이후에 중국, 북한, 러시아에서 발해유적은 간단없이 조사되고 발굴되면서 귀중한 자료가 쏟아져 나왔다.

발해사가 한국사의 영역인가 중국사인가의 논점을 알기 위해 중국의 신·구당서의 발해기사를 다시 간략하게 살펴보겠다.

『구당서』발해말갈전에는 다음의 기사가 있다.

(가) 발해말갈의 대조영은 본래 고구려의 별종이다. 고구려가 멸망하자 조영
은 가속을 이끌고 영주로 옮겨 와 살았다.

이와 같은 기록에 대해서 『신당서』발해전에는 아래와 같이 다른 내용을
기록하고 있다.

(나) 발해는 본래 속말말갈로서 고구려에 부속되어 있었으며 성은 대(大)씨이
다. 고구려가 멸망하자 무리를 이끌고 읍루의 동모산을 차지하였다.

위에서 열거한 바와 같이 『구당서』(가)의 자료와 『신당서』(나)의 기록 사
이에는 발해건국자 대조영의 출자에 대해서 상이한 내용을 싣고 있어 오랫
동안 논쟁이 지속되었다. 우리나라 학자들은 (가)의 기록을 존중해서 발해
사를 한국사의 영역에서 다루어 왔다. 반면에 중국 학자들은 (나)의 자료에
의거해서 발해사가 말갈족의 역사이자 중국의 역사라고 주장하였다.

역사학자가 사료를 믿고 인용할 때는 원전이 정확한 내용을 담고 있는가
의 여부를 검토하면서 논지를 전개한다. 그런데 위에서 제시한 (가)와 (나)
의 자료들은 학자들이 취사선택해야 하는 문제에 부딪혔고 합당한 이유와
설명을 내놓아야 논지가 진전되는 입론으로 나아가게 된다.

『구당서』(가)에서 대조영이 고구려의 별종(別種)이라고 기술한 것은 풀
기 어려운 문제가 아니고 전후 문맥과 고구려의 멸망을 상기하면 쉽게 이해
되는 내용이다. 이 기록에 대해서 많은 국내외 학자들의 논고가 있지만 한
국의 고대사를 깊이 연구하는 사람이라면 이와 유사한 '별종' 기록을 어렵지

않게 찾아 대비해 볼 수 있다. 우리나라 고대사나 더 넓게 한국사에서 부여와 고구려의 주민이 동일한 계열의 민족이라는 사실은 상식에 속하는 사안이다. 금석문인 광개토왕비문에 고구려의 시조가 북부여에서 왔다고 출자 유래를 밝히고 있는 것이 단적인 예가 된다. 중국의 『삼국지』 동이전 고구려전에는 다음과 같은 기록이 있다.

동이 구어(舊語)에 (고구려가) 부여의 별종(別種)이라고 하는데 언어와 풍속 등('言語諸事')이 부여와 같은 점이 많지만 기질이나 의복은 다른 점이 있다.

이 기사를 보면 고구려를 부여의 별종이라고 칭하는 것을 알 수 있다. 또 같은 고구려전 안에서도 별종이라는 말을 쓰는 것을 보게 된다.

또 소수맥이 있다. 고구려는 대수(大水) 유역에 나라를 세워서 거주하는바 서안평현의 북쪽에 소수(작은 강)가 있다. 남쪽으로 흘러 바다에 들어간다. 고구려의 별종이 소수 유역에 나라를 세웠기에 그 이름을 따라 소수맥(小水貊)이라 하였다. 그곳에서 좋은 화살이 생산되니 이른바 맥궁(貊弓)이 그것이다.

여기서도 고구려의 별종이 소수가에서 소수맥을 세웠다고 언급하고 있다. 이것은 고구려가 부여 별종이라고 기술한 것과 동일한 내용의 서술 형태이며 같은 주민이라는 것을 계통 또는 지파와 비슷한 뜻으로 표현한 것이다. 별종이라는 의미에 대해서도 중국 학계는 여러 의견을 밝히고 고구려와의 관련을 부정하려고 하지만, 그 본래의 뜻은 변하지 않는다. 발해의 건국자 대조영이 고구려인과 같은 족속이라는 의미이기 때문에 발해의 건국세력이 누구인지 판별하는 것은 상식선의 문제에 속한다.

대조영의 출자에 관해 가장 많은 논란이 있다는 것은 앞에서 살펴본 바와 같거니와 『구당서』의 기록 가운데 혼선을 야기한 것이 '발해말갈'이라는 어휘이다. 발해말갈이라는 표현 때문에 중국 학자들이 발해를 말갈족의 역사로 간주하려 하지만 이것은 그렇게 간단하게 취급하며 해결할 문제가 아니다. 앞에서 필자는 발해에는 발해사가 있고 말갈에는 말갈족의 역사가 있다고 언급한 바 있다.

그뿐만 아니라 『구당서』, 『신당서』의 말갈전을 보면 이 기록들은 국가를 창업한 정치, 경제, 사회, 문화 등을 기술한 내용이 아니다. 신·구당서 북적열전 속에 말갈전과 발해전이 각각 있는 것은 상이한 발전단계의 정치집단을 기록하였다는 의미이다. 주지하는 바와 같이 뒤에 와서 말갈은 발해에 귀속하였기 때문에 말갈이라는 이름은 등장하지 않는다. 그러나 일찍이 일본의 시라토리 구라키치(白鳥庫吉)가 언급하였듯이 발해의 지배층은 고구려의 후예들이고 피지배층이 말갈인이라는 견해는 경청할 가치가 있다. 시라토리는 『속일본기』(續日本紀) 등 일본 측 사료를 활용하는 것은 물론 발해와 일본 간의 사신왕래에 따른 자료 속에 발해가 고구려의 계승자라는 표현을 주의 깊게 주목하였다.

사실 '발해말갈'이라는 표현은 『구당서』에 나오지만 대조영이 고구려의 별종이므로 이와 연관시켜 검토하는 것이 옳을 것 같다. 앞에서 여러 차례 이야기하였지만 『구당서』 북적열전 속에는 말갈전이 따로 있고 또 발해말갈전이 있는바, 그렇기 때문에 발해말갈을 말갈과 다른 성격을 지닌 나라로 보아야 한다.

『구당서』의 두 기록은 가능한 한 『구당서』 내에서 소화하거나 해석을 마무리하는 것이 옳다. 우선 발해말갈은 쉽게 말해서 발해와 말갈이라는 이름을 합친 명칭으로 본다면 두 집단이 하나가 되었다는 뜻을 내포한다. 그렇다 하여도 그 국가는 발해이지 말갈이 아니다. 그것은 말갈전이 따로 있기 때문이다.

그다음에 유념해 볼 사항은 발해가 발전해 가면서 차츰 말갈을 통합해 가는 과정을 적기하였으므로 발해말갈이라는 입전이 나타난 경우이다. 우리가 발해의 주민 구성을 중시하는 것도 이와 무관치 않다. 아울러 고구려의 돌(石)의 미학이 예술로 승화한 발해의 귀족묘제에 눈길이 가는 것도 발해사의 본질을 이해하는 첩경이기 때문에 연관이 깊다.

필자는 위에서 우리나라 학자들이 『구당서』의 사료에 의거해서 발해를 한국사라고 주장하는 요론의 초점을 살펴보았다. 이 과정에서 『신당서』의 자료는 일절 언급하지 않았다. 종래 연구에서 신·구당서의 자료들을 필요 이상으로 섞거나 넘나들며 논지를 전개하는 과정에서 커다란 혼선이 일어났다. 『신당서』 발해전의 이해는 여기서도 일단 『신당서』 안에서 해결을 하고 필요시에 『구당서』의 자료와 비교하는 것이 문제를 이해하는 데 도움이 된다. 이제 중국 학자들이 중시하는 『신당서』 발해전의 문제점을 보기로 하겠다.

『신당서』 (나)의 자료를 보면 발해는 본래 속말말갈로서 고구려에 부속되어 있다는 것, 그리고 성은 대(大)씨이고 고구려가 망하자 읍루의 동모산을 차지하였다는 사실이 주된 내용이다. 이 사료는 『신당서』 북적열전의 발해전의 첫머리에 나오는 기록인데 『신당서』에는 앞에서 잠시 살펴본 바와 같이 흑수말갈전과 발해전이 함께 실려 있다. 흑수말갈이 비록 사회문화의 발전단계가 낮은 상태에 있지만 7개 말갈부(部) 가운데 가장 강한 존재감을 나타내고 있다. 다 아는 바와 같이 『수서』 동이열전 말갈전에는 속말부로부터 백산부에 이르는 7개 부명(部名)과 이들 간의 지리적 위치가 나타나고 있다.

말갈 가운데 가장 북쪽에 있는 것이 흑수말갈인데 흑수말갈전이 있다는 것은 그들이 발해전에 기술된 발해와 분명 다른 정치집단임을 적기한 것이다. 이런 연유로 흑수말갈전이 있다는 것은 바로 발해전과 같은 성격이 아니라는 것을 의미하며 이 점은 『구당서』에 말갈과 발해말갈전이 있는 것처럼 『신당서』에도 흑수말갈전에 대응해서 발해전이 입전되었음을 의미한다. 여기서 우리는 『구당서』의 '발해말갈'이라는 이름이 『신당서』에 와서는 말갈이라는 명칭이 없어지고 '발해'라고만 표기된 사실을 주목해야 한다. 말갈은 흑수말갈전을 기술한 것으로 소임을 다한 것이고 발해의 발전 과정에 말갈인은 분명 함께 주민을 구성한 존재지만 국가대사를 논하는 전면에서 말갈은 더 이상 앞에 내세울 상징성이 없어졌음을 나타낸 것이다.

사실 『신당서』(나)의 자료를 보아도 주요 부분은 고구려의 성격이 내재된 기사이지 말갈을 주인공으로 등장시킨 사료가 아니다. 우선 발해는 속말말갈로 고구려에 부속되어 있었다고 언급하며 성이 대씨라고 말하고 있다. 이름은 속말말갈이지만 고구려에 부속되어 있다는 점이나 성이 대씨라고 언급하고 있어 고구려를 떼어 놓고는 이 문제를 풀 방안이 없다. 원래 속말말갈이나 백산말갈은 백두산에 가깝게 자리 잡고 있었으며 고구려의 영향권 내에 있었으므로 말갈의 어느 부보다 고구려와 밀접한 관계에 있었다.

한규철 교수는 이들을 예맥계의 고구려인으로 보고 흑수말갈을 제외한 나머지 말갈을 비칭한 것으로 생각한다. 『구당서』(가)의 대조영 기록이 종족 문제에 속하는 주민에 초점이 있는 반면 『신당서』(나)의 자료가 지리적 위치 문제에 중심을 둔 듯한 느낌을 풍기는 것은 사실이다. 그럼에도 불구하고 신·구당서의 발해전이나 발해말갈전의 첫머리를 장식하는 대조영의 출자 문제나 발해의 건국과 관련해서는 말갈의 요소도 있으나 고구려의 연관성과 영향이 절대적이다. "발해말갈의 대조영은 본래 고구려의 별종"이라는 『구당서』의 기록과 "발해는 본래 속말말갈로서 고구려에 부속되어 있었

으며 성은 대씨이다"라고 기술한 『신당서』의 자료를 비교해 보면 이제 의미
와 뜻이 분명하게 드러난다.

발해말갈의 대조영이 고구려의 별종이라고 고구려에 방점이 찍혀 있고
속말말갈이 고구려에 부속되어 있었다고 내력과 역사를 고구려에 귀속시키
고 있다. 말갈 앞에 어떤 이름이나 수식어를 붙인다 하여도 결국은 고구려
가 내용의 중심에 있다. 『구당서』의 '발해말갈의 대조영'에서 보이는 발해말
갈이라는 표현이 『신당서』에 와서는 '속말말갈로서 고구려에 부속'되어 있
었다고 발해말갈에서 속말말갈로 명칭이 다르게 나타나고 있다. 이 두 자료
를 비교해서 볼 때 발해말갈과 속말말갈은 같은 지역이면서 시기에 따라 이
름이 혹 바뀐 것이 아닌가 하는 생각이 든다.

만약에 그렇다고 하면 발해말갈의 대조영이 고구려의 별종이므로 속말
말갈도 고구려의 별종에 속한다고 볼 수도 있다. 그뿐만 아니라 속말말갈이
고구려에 부속되어 있었다든가 성씨가 대(大)씨라는 사료들은 모두 고구려
와 관련시킬 때 초기 발해사의 난점이 풀리면서 발해사의 출발을 이해하는
데 큰 도움을 준다. 다만 『신당서』에서 고구려가 망하자 발해의 지도자가 읍
루의 동모산을 차지하여 건국한 기록으로 인해 논쟁이 있어 왔는데 이 점은
『구당서』의 자료를 검토하면 양자 간의 차이점을 확인할 수 있다. 『구당서』
발해전의 기사는 아래와 같은 내용을 싣고 있다.

조영은 마침내 그 무리를 거느리고 동쪽으로 가서 계루(桂婁)의 옛 땅을 차지
하고 동모산(東牟山)에 웅거하여 성을 쌓고 살았다.

대조영이 계루부의 옛 땅을 차지하여 동모산에 살았다는 이 기사는 매우
중요하고 의미가 깊다. 주지하는 바와 같이 계루부는 고구려의 5부 가운데

하나이고 고구려의 국가권력이 소노부에서 계루부로 옮겨 갔다는 사실을 우리 모두가 알고 있다. 이와 같은 역사 진행의 상황은 『삼국지』 동이전 고구려조에 정확하게 기록되어 있다. 대조영을 계루부 고지와 연결시킨 이 자료는 대조영의 출자가 고구려 계통임을 한층 구체적으로 기술하고 있어 전후 사정을 점검하는 데 좋은 예가 된다. 계루부의 고지인 동모산은 지금의 길림성 돈화의 오동산을 지칭한다.

그런데 이 기사가 『신당서』에 와서 위에서 본 바와 같이 계루(桂婁)부에서 읍루(挹婁)의 동모산으로 바뀌어 기록한 데서 혼선이 나타났고 중국 학자들은 이 자료를 말갈족의 역사로 주장하는 근거로 삼고 있다. 이 기록의 전거를 찾아보면 송나라 초기에 편찬된 왕부(王溥)의 『오대회요』(五代會要) 발해조에 발해말갈이 본래 고(구)려종(種)이라고 나오고 이어서 '읍루고지'라는 표현이 있다. 발해말갈이 고구려 별종인데 읍루고지를 근거로 삼았다고 나온다.

학계에서는 『오대회요』에 근거해서 『신당서』에서 계루를 읍루로 변경하였다고 보고 있다. 우리는 『오대회요』에서도 발해말갈이 고구려의 별종이라고 발해주민의 주체세력을 분명히 언급하였으므로 『신당서』에서 읍루로 바뀌게 된 경위만 파악하면 전체 논지전개에 영향을 받지는 않는다. 오히려 『구당서』의 기록에는 계루부의 옛 땅이라는 문구 이외에도 계루군왕(桂婁郡王)이라는 구절이 나오는데 그 내용을 보면 다음과 같다.

개원(開元) 7년(719)에 대조영이 죽자 현종이 사신을 보내어 조문하고 이어서 그의 적자 계루군왕 대무예를 책립하여 아버지의 뒤를 이어 좌효위대장군 발해군왕 홀한주도독으로 삼았다.

위의 사료는 대조영의 아들 대무예가 계루군왕이었다는 사실을 보여 주고 있는데 『신당서』에는 대조영이 이미 위의 직을 받은 것이 나타나고 있다. 이 자료만으로도 대조영과 아들 대무예가 고구려의 후예라는 출신성분을 그대로 보여 주고 있다. 고구려의 정치권력과 계루부를 배경으로 하고 이 문제를 천착하면 계루군왕이라는 언급은 실상 고구려군왕이라는 의미이다. 이미 고구려가 멸망하였기 때문에 현직의 직책에 고구려라는 이름을 사용하는 것은 부적절한 표현이므로 피했다고 보는 것이 옳을 듯싶다.

당나라가 대무예를 좌효위대장군 발해군왕 흘한주도독으로 삼았다고 나오는데 발해군왕은 결국 계루군왕과 대칭이자 직책상 다른 호칭이어서 고구려와 발해의 계승관계를 밝게 보여 주는 단서가 된다. 일반적으로 군왕은 당나라의 작명이고 친왕이나 황태자의 아들로 은공이 있는 사람을 군왕에 봉하였지만 위의 자료는 발해왕실도 그러한 예우를 받았다는 의미이다. 『구당서』에서 분명하게 나타나는 '계루고지', '계루군왕'의 계루라는 말은 『신당서』에서는 나타나지 않고 있다. 『신당서』에서 '계루고지'가 '읍루고지'로 바뀌어 나타난다는 것은, 앞에서 지적하였듯이 그 사서가 고구려와의 연계성이 보이지 않게 기술되었음을 의미한다.

그런데 『신당서』에는 대조영이 발해군왕이 되면서 말갈이라는 이름을 버리고 오직 발해로만 불렀다는 기록이 있다. 이어서 대조영의 사후 대무예가 왕위에 오른 지 얼마 안 되어 흑수말갈의 사자가 당에 입조하자 현종이 그 땅을 흑수주로 삼고 장사를 두어 총괄하였다는 기사가 있다. 이 자료들을 검토하면 전술한 바와 같이 발해와 흑수말갈은 정치적으로 완전히 다른 집단임이 분명하다.

『신당서』가 발해의 역사에 대해서 풍부한 자료를 담고 있는 장점이 있는 반면 이해가 되지 않는 서술이 있는 점은 유의해서 살펴야 한다. 『신당서』에서 발해가 건국한 지역을 '읍루고지 동모산'이라고 기록한 사실은 이미 앞에서 언급하였다. 이 점은 『구당서』가 이를 '계루고지'였다고 밝힌 자료와 상치되고 있거니와 『신당서』는 5경 15부 62주를 언급하면서 이번에는 '읍루고지'가 정리부(定理府)라고 또 다른 사실을 기술하였다. 그렇다면 위의 자료들을 종합할 때 '읍루고지'가 동모산이자 정리부라는 아주 이상한 모순에 빠지게 된다. 동모산은 대조영이 건국한 지역이며 발해의 중심지이므로 정리부를 연결시키는 것은 전후 문맥이나 내용에 상호 걸맞지 않다. 종래 정리부에 대해서는 한국, 북한, 중국, 일본, 러시아 학자들이 러시아의 연해주로 위치를 비정해 온 바 있었다.

근년에 와서 러시아의 샤프쿠노크, 이블리예프 등은 발해의 러시아 연해주의 영역을 북쪽 하바롭스크 지역에서 연해주의 남부 지역으로 제한해야 한다는 의견을 내놓고 있다. 이블리예프는 솔빈부와 용원부만 연해주 일대로 비정하고 안변부를 제외한 나머지 부들은 길림성과 흑룡강성에 위치한 것으로 파악하고 있다. 이 견해에 따르면 정리부는 동쪽의 연해주 지역이 아니고 중심에서 서쪽이라는 뜻이 된다. 러시아 학자들의 의견도 경청할 부분이 있지만 문헌에서 발해와 말갈을 구분하는 문제, 고고학에서 발해와 말갈의 유적, 유물을 체계적으로 수립하는 논리 정연한 업적이 나와야 한다. 이블리예프의 견해를 주의 깊게 본다 하여도 정리부를 비정하는 위치가 발해건국의 중심지는 아니라는 것이다. 요점은 『신당서』의 발해전 기록에 문제점이 있다는 사실을 다시 한번 지적하거니와 『신당서』의 자료만을 기준으로 발해사를 조망하는 것은 매우 어려운 일이라는 것이다.

예컨대 '숙신고지'(肅愼故地)가 상경(上京)이라는 기록도 있는데 이 시기에 숙신이라는 명칭이 나올 수 없다. 또한 발해의 첫 번째 도읍지의 유래를 말하다 보니 옛날 숙신의 땅이라는 의미라 한다고 해도 선진시대 이래의 문헌에 돈화 지역이 숙신의 땅이라는 것은 그들이 바닷가에 살았다는 기록과는 상치된다.

발해의 5경 15부를 언급하면서 위에서 열거한 숙신고지를 상경(上京)으로 삼았다는 기술 외에 '예맥(濊貊)고지'를 동경(東京)으로 삼고, '고려(高麗)고지'를 서경(西京)으로 삼으며 '옥저(沃沮)고지'를 남경(南京)으로 삼는다는 기록이 나온다. 동경, 남경, 서경의 이름 앞에 옛 주민의 역사가 상징하는 이름이 붙어 있어 사료를 이해하는 데 큰 도움을 준다. 예맥고지, 고려고지, 옥저고지 등은 모두 우리나라의 역사 속에 등장하였던 친숙한 이름들이다. 더구나 고구려의 역사를 구성하는 핵심 요소들이다. 여기서 한 가지 더 언급할 사안에 중경(中京)이 있다.

그런데 사료에는 상경에 이어서 나오는 중경에 대해서 "그 남쪽에 중경이 있다"(其南爲中京)고만 쓰고 거주민의 역사 지역 이름은 없다. 우리는 위에서 발해의 5경이 행정구획상 가장 핵심이 되는 제도이므로 각각 5경의 앞에 거주민 역사의 이름이 붙어 있음을 본 바 있다. 상경을 숙신고지라 한다고 하여도 나머지는 모두 고구려와 친숙한 역사의 이름이 함께 나타났다. '중경'은 길림성 화룡현의 서고성(西古城)으로 위치가 비정되었고 인근 용두산에서 발해 3대 문왕의 넷째 딸 정효공주의 묘와 묘비가 발견되면서 중경의 역사적 의미가 초미의 관심사로 대두되었다. 그런데 이 '중경' 앞에만 유독 아무런 수식어가 없다. 사서를 편찬하면서 실수로 빠질 수도 있으나 모두가 고구려와 관계된 명칭이라 의도적으로 배제하였을 가능성도 있다.

화룡의 서고성은 두만강에서 가까운 지역이고 고구려의 책성과도 인접한 위치에 있으므로 고구려의 여느 지역 못지않게 영향을 끼치고 있었다. '중경' 앞에 수식어를 첨가하는 것은 고구려와 관련된 이름을 붙여야 상징성이 있는데 이미 예맥이나 고구려의 명칭을 사용하였기 때문에 작명에 난점이 있었을 가능성은 있다.

　이러한 설명에 타당성이 있다고 하면 발해 5경은 실로 고구려 역사문화의 계승을 그대로 보여 준다고 해도 과언이 아니다. '상경'을 읍루고지라 하지만 발해의 지배세력이 도읍한 상경에 숙신의 후예가 통치하며 존속한다는 것은 여타의 동경, 서경, 남경의 이름 앞에 붙어 있는 명칭에서 보듯이 고구려유민의 세력판도로 보아 불가능한 일이다. 중경의 경우도 그 앞에 거주지역의 명칭이 없을 뿐 고구려의 세력범위에 이미 들어가 있었다고 보는 것이 순리이다. 상경이 대조영이 건국한 이래의 도읍지임을 감안하면 발해의 5경은 모두 고구려 계통의 역사와 연결되고 지배층 역시 고구려유민이 사회지도층의 상층부를 구성하였다.

　이 밖에도 발해가 귀중히 여기는 특산물이 있는데 태백산의 토끼, 남해의 다시마, 책성의 된장, 현주의 베, 환도의 오얏, 위성의 철, 노성의 벼 등이 모두 고구려의 문화와 직간접적으로 연계되고 있다. 『신당서』 발해전의 일부 오류에도 불구하고 『신당서』에는 고구려와 발해를 연계해서 볼 수 있는 귀한 자료가 있다. 중국의 학자들이 말갈을 중시하면서 자자구구로 자기들에게 필요한 자료만을 찾지만 사료의 근저에는 고구려의 역사와 문화가 깊게 흐르고 있다는 사실을 유의해야 한다. 신·구당서에서 보이지 않는 발해와 일본 간의 상호 사신왕래와 무역의 실상은 『속일본기』(797)·『유취국사』(892) 등 일본 측 사료에 좋은 증거가 남아 있다. 그 가운데서 일부를 보게 되면 발해가 고구려를 계승한 나라임을 충분히 인식하게 되고 발해사회 구성에서 고구려인이 지도층의 위치에 있다는 사실을 확인하게 된다.

4. 발해의 주민 구성 문제

발해의 역사연구에서 가장 중요한 핵심 과제는 발해의 주민이 어떻게 구성되었는가를 밝히는 작업이다. 발해의 주민이 모두 고구려유민이라고 보는 설이 있고 주민 모두가 말갈인이라는 중국 측의 주장이 있는가 하면 고구려인과 말갈인으로 구성되었다는 견해가 있다. 고구려와 말갈인으로 구성되었다고 하여도 권력 상층부는 고구려인이 차지하였고 왕경에서 멀리 떨어진 지역에는 말갈인이 많이 거주하였다고 보고 있다.

신·구당서의 말갈전과 발해전에는 주민의 수를 알리는 호구의 통계자료가 없어 발해주민의 수를 밝히는 작업은 매우 어렵다. 고구려가 668년 신라와 당나라한테 패망한 뒤에 고구려의 유민들이 신라와 당나라에 끌려가고 돌궐 등지로도 갔지만 많은 유민들은 발해건국에 참여하면서 자기가 살던 지역에 그대로 거주하였다. 『구당서』고구려전에는 다음과 같은 기사가 있다.

> 고구려국은 옛날에 5부 176성 69만 7000호로 나누어져 있었다. (당이) 그 땅을 나누어 9개 도독부 42개 주 100개 현을 두고 안동도호부를 설치하여 통치하였다.

고구려가 패망한 시기의 69만 7000호라는 호구 수가 나와 있다. 일반적으로 호당 5인으로 계산하면 총인구는 대략 348만 5000명 정도가 된다. 이 자료에서 좀 더 눈여겨보아야 할 사항은 옛날을 기준으로 삼았다고 호구를 언급하고는 이를 9개 도독부, 42개 주, 100개 현을 두고 안동도호부를 설치하였다고 고구려 패망 이후의 사실을 적기하고 있다는 점이다. 다시 말해서 원래 고구려의 호구 수인지, 또는 고구려가 망한 후 유민들이 발생한 뒤에 나타난 안동도호부의 통계인지가 확실하지 않다.

그럼에도 불구하고 이 자료는『신당서』와『자치통감』, 그리고 우리나라의 『삼국사기』에도 그대로 동일하게 기록되어 있다. 필자가『구당서』고구려전의 호구 수에 관심을 갖는 것은 약 350만 정도의 고구려인들이 발해의 주민 구성에 어떤 역할을 하였는지가 궁금해서이다.

중국의 변강사지총서로 나온『고대중국고구려역사총론』에는『구당서』고구려전의 호구 수가 있음에도 불구하고 고구려 주민수를 15만 호로 70만~75만이라고 말하고 패망 후 중원의 각지로 유망한 고구려인이 30만이고 신라로 간 유민이 10만 명, 말갈로 간 사람이 10만 명, 돌궐로 간 유민이 1만 명, 그 나머지 20만 명은 평양과 요동반도, 그리고 평양 이북 지역으로 흩어지거나 전쟁으로 사망하였다고 보았다.

이 같은 호구 수와 각지로 흩어진 인구수는 사실에서 벗어난 매우 잘못된 견해로 발해의 건국과 발해주민 구성에서 고구려유민을 배제하려는 의도가 너무나 짙게 나타난다. 비록 고구려는 멸망하였지만 대륙을 지배하였던 광대한 영토와 그 주민들이 한 번에 모두 역사의 무대에서 사라진 것이 아니다. 나라는 망했어도 고구려 백성들은 안동도호부를 평양에서 내쫓는 투쟁에 성공하였고 이어서 고구려 부흥운동이 일어났다. 우리가 아는 검모잠과 안승의 고구려 부흥운동은 대표적인 예이다.

신라와 고구려의 군대가 압록강 넘어 당과의 옥골 개돈양 전투에서 큰 승리를 거둔 것은 고구려유민들이 살아 있다는 증거이다. 고구려의 권력층과 일부 주민들이 당나라에 볼모나 포로로 잡혀갔지만 고구려유민들은 예전의 영토에서 부흥운동에 전념하면서 발해의 건국에 참여하는 구성원이 되었다. 고구려가 멸망하였다고 그 광대한 영토가 텅 빈 공간이 된 것은 아니고 고구려유민들이 모두 중국 측 일부 의견대로 지역에서 없어진 것도 아니다. 발해의 주민 구성을 다시 생각해 보게 하는 귀한 자료는 일본의 『유취국사』(類聚國史)에서 찾을 수 있다. 여기에는 다음과 같은 기사가 있는바 자료가 중요하므로 그대로 옮기도록 하겠다.

문무(文武)천황 2년(698)에 대조영은 발해국을 세웠고 화동(和銅) 6년(713)에 당나라의 책봉을 받았다. 지역은 2000리에 걸치고 주·현에는 관역(館驛)이 없으며 곳곳에 마을이 있는데 모두 말살부락이다. 백성은 말갈이 많고 사인(士人)은 적다. 모두 사인으로 촌장을 삼으며 대촌을 도독, 다음의 (촌장을) 자사라 한다. 그 아래 (촌장을) 백성들이 다 이를 수령이라 부른다. 땅이 너무 차서 수전(水田)에 맞지 않으며 풍속에는 자못 글을 안다.

이 자료는 발해의 사회상을 알려 주는 좋은 사료이고 중국이나 우리나라의 전적에서 찾아볼 수 없는 진귀한 내용을 담고 있다. 우선 마을마다 말갈 사람들이 많은데 사인(士人)은 적다고 대비시키고 있다. 이는 자료에 따라 사인으로 나오기도 하고 토인(土人)으로 나오기도 하는데 일본 동경대 소장본이 사인으로 적기하고 있어 많은 학자들이 이를 주목하고 있다. 사인이든 토인이든 간에 마을마다 말갈 사람들이 있는데 사인(혹은 토인)이 적다고 마을의 구성단위를 설정해 놓고 있다.

중요한 것은 더 나아가 사인으로 촌장을 삼는다는 사실에서 사인 출신의 촌장은 말갈 사람이 아니라는 의미를 근저에 깔고 있다. 그뿐만 아니라 마을의 규모에 따라 큰 마을의 촌장을 도독, 그다음 차례의 직을 자사로 삼는다고 마을의 규모에 따른 호칭에도 차별이 있음을 보여 준다. 그 밑에 있는 촌장을 말갈 사람들은 수령(首領)이라 부른다는 것이다. 지방의 행정체제가 대촌, 차촌, 하촌의 3단계임을 의미한다.

우리가 『유취국사』의 사료를 중시하는 것은 첫째, 발해와 사신왕래나 교역이 잦았던 일본 측의 사료라는 점에서 자료의 내용이 지니는 정확성에 매력이 있기 때문이다. 둘째, 이 사료가 보여 주는 발해의 촌락 구성단위가 왕경 지역이 아닌 지방의 사회구조를 서술하였기 때문에 복잡한 중앙정치 쪽보다 한층 간결하게 지방의 사회상을 전면에 부각시킬 수 있는 장점이 있다. 물론 부-주-현의 제도가 완성되지 않은 시기임은 염두에 두어야 할 것이다. 그렇다면 발해의 주민 구성을 우리는 어떤 입장에서 조망하는 것이 순리에 따르는 것인가를 다시 검토해 보아야 한다.

앞의 사료에서 마을마다 말갈인이 많고 사인은 적다고 양자를 대비시켰을 때 사인은 아마도 고구려인이 아닐까 하는 사실을 곧바로 인지하게 된다. 또 그러한 각도에서 자료를 보아야 말갈인들이 도독, 자사 다음의 촌장을 수령으로 불렀다는 호칭도 이해가 간다. 일반적으로 발해가 건국하였을 때 지도층은 고구려유민층이고 피지배층이 말갈인이라는 이원론은 어느 한쪽의 역사만을 중시한다는 편견에서 벗어났다는 점에서 수용할 만한 논리였다. 실제로 사료가 보여 주는 모든 정황에 따르면, 고구려유민의 존재를 부인할 경우 발해사 자체는 존립할 수 없는 상황에 몰리게 된다.

『발해국지장편』을 간행한 김육불조차도 발해사를 말갈사로만 보려다가 일본 측의 자료에서 발해가 고구려를 승계하였다는 기록을 보면서 고구려의 영향을 인정한 바 있다. 고구려 멸망으로 영토와 주민이 모두 무주공산이 되었고 그래서 그 지역에 모두 말갈인이 와서 거주하였다는 기록이 있다면 중국 측의 견해도 검토해야만 한다. 그러나 위에서 잠시나마 살펴본 신·구당서의 발해 관련 자료는 고구려의 역사와 유민을 함께 논의해야 발해의 역사를 입체적으로 서술할 수 있게끔 자료가 나열되어 있다. 발해의 5경 가운데 돈화의 상경이 북쪽에 있는 편이고 나머지는 모두 고구려의 영향권에 있다는 사실을 앞에서 살펴보았다. 더 나아가 발해의 특산물이 모두 고구려의 영역과 관련된 지역에서 생산되었다는 점도 지적하였다. 이러한 제반 사실을 유념하면서 『유취국사』의 내용을 점검하게 되면 문장의 전후 문맥과 내용이 하나도 어려울 게 없다.

이 자료에서 우선 눈에 띄는 장면은 발해의 행정구획인 5경 15부 62주 가운데서 5경과 15부를 제외한 주·현에 관역(館驛)이 없다는 사실을 적시하는 이야기이다. 주·현 이하의 지방을 언급하는 가운데 촌과 부락의 백성들과 그들의 지도자를 묘사해 놓았다. 처처에 있는 촌이 모두 말갈부락이라는 것은 지방행정의 말단조직의 상황을 군더더기 없이 간략하게 잘 설명하고 있다. 그런데 이 말갈인들이 많고(多) 사인(혹은 토인)은 적다(少)고 양자를 다·소로 나누어 기술하였다. 촌장을 사인들이 맡는다는 것은 많은 말갈부락을 사인들이 다스린다는 것을 일컫는다. 이 사인이 고구려유민인지 말갈인인지를 지칭해서 언급한 문구는 없다. 그러나 신·구당서의 발해 관련 기록을 참고하면 고구려유민으로 보는 것이 합당하다. 물론 장박천은 사인을 말갈인 가운데서 나온 지도자라고 언급하는데, 불가능한 일은 아닐 수도 있다.

그렇지만 같은 말갈인이라면 많은 말갈부락에 사인은 적다고 다·소를 그와 같이 가르며 표현하는 것은 적절하지 않고 더구나 도독, 자사, 수령 같은 호칭은 사인 출신들을 일컫는 말이므로 말갈과 고구려유민을 구별해서 보는 것이 옳다. 지방의 지도자급에도 말갈인이 존재하는 사실은 있다. 러시아 연해주의 북쪽에 위치한 파르티잔스크 지역의 니콜라예프카 성터에서 높이 5.6cm, 너비 1.8cm, 두께 0.5cm의 청동제 부절이 출토된 바 있다. 부절은 하나의 신표가 두 조각으로 나뉘어 있어 양자를 합쳤을 때 하나의 징

섭리계가 새겨져 있는 부절

표가 되는 물건이다. 이 부절의 왼쪽이 나타난 것인데 여기에는 세로로 좌요위장군 섭리계(聶利計)라는 글자가 새겨져 있다. 송기호 교수는 좌요위장군은 당의 관직이지만 섭리계는 계(計) 자가 있는 것으로 보아 말갈인으로 보고 있다. 이처럼 변방의 지역에 따라서는 말갈인 지도자들도 당연히 존재하였다.

『유취국사』의 기록에서 이 지역의 경제활동상을 알게 되는 흥미 있는 자료로 땅이 너무 차서 수전에 알맞지 않다는 대목이 나온다. 수전(水田)이란 바로 벼농사를 의미하거니와 날씨가 너무 추운 지역에서는 벼농사가 매우 어렵다. 이 사실은 『유취국사』의 기록 대상 지역이 비교적 발해의 북쪽 지역이고 마을마다 말갈부락이 있으며 벼농사를 할 수 없는 곳이라는 점을 알려 준다.

우리는 앞에서 발해의 우수한 특산물로 여러 지역의 생산품을 언급한 바 있다. 노성의 벼('盧城之稻')나 위성의 철('位城之鐵') 같은 것이 바로 대표적인 물품이었다. '노성의 벼'라는 것은 쌀농사가 발해의 노성에서 유명하다는 것을 말하거니와 그 지역은 중경 현덕부가 있는 연길에서 가까운 화룡현 일대라고 보는 데 대다수 학자들이 동의하고 있다. 주지하는 바와 같이 화룡현은 중경으로 '책성의 된장'으로 유명한 동경의 훈춘과 함께 고구려의 영역이자 그 문화가 깊게 배어 있는 곳이다. 벼농사나 콩 재배는 고구려유민들의 주요 농업이었기 때문에 발해의 사서에 그대로 기록된 것이다. 이와 같이 발해의 영역이 넓었으므로 지역에 따라서 벼농사가 유명한 곳이 있었고 땅이 너무 차서 벼농사를 할 수 없는 지역도 있었다.

『유취국사』의 기록에서 우리는 마을마다 말갈부락이 있는 지역은 땅이 차서 벼농사가 힘든 곳임을 알 수 있고 마을의 촌장인 사인은 그 수가 적지만 고구려유민이었다고 보고자 한다. 풍속에 자못 글을 안다고 하는 것('俗頗知書')은 위와 같은 역사와 문화 속에서 볼 때 사인을 가리키는 것으로 보는 것이 순리이다. 고구려 영토를 품고 있는 발해에는 고구려계의 주민이 있고 말갈계가 있던 지역까지 발해의 영역이 되었으므로 발해의 주민은 결국 고구려유민과 말갈인으로 구성되었다고 보면 틀리지 않는다. 어느 한 주민만 발해주민으로 존재하였다고 주장한다면 그러한 태도는 기본 사서가 보여 주는 자료의 내용과 크게 벗어난다. 그러나 뒤에서 고고학의 학술성과를 일별하면 고구려와 말갈이라는 두 계통의 문화가 자연히 부각됨을 알게 된다.

발해의 주민 문제를 거론하는 것을 마무리하면서 필자는 중국 학자들이 발해주민을 어떻게 이해하였는지에 대하여 학술적 소회를 언급하고자 한다. 다 아는 바와 같이 대부분의 중국 측 학자들은 발해주민을 말갈족으로 간주하고 따라서 발해사는 말갈족의 역사라고 말한다. 사료 속에는 말갈과 관련된 사실이 다소 있어 그러한 입장을 취하고 있다. 고구려 영토를 딛고 건국한 발해에 고구려유민은 어디 있으며 고구려의 거대한 문화는 어디에 있기에 중국 측 학자들은 일체 함구하고 있는지 필자는 조용히 지켜보고 있었다.

조선족 출신의 중국 학자 가운데 평생을 발해사 연구에 바친 연변대의 방학봉 교수와 정영진 교수는 각각 커다란 업적이 있다. 방 선생은 문헌 위주의 연구 위에 고고학의 학문성과도 엮어 가며 정치, 경제, 사회, 문화 등 각 분야에서 많은 노작을 학계에 발표하였다. 정 선생은 발해 고고학을 전공하였기에 야외 조사와 발굴성과를 바탕으로 문헌사료도 섭렵하면서 발해사 복원에 진력하였다. 중국 연변 일원의 고고학 발굴은 물론 북한의 함경도에서 북측 학자들과 발해유적을 조사·발굴하며 발해사를 복원하는 데 전심전력하고 있다.

그런데 필자가 재단의 일을 보고 있을 때 두 분 학자의 업적을 살펴보아도 발해주민에 관해서는 언급한 논저가 일절 없다. 이해가 되는 듯하지만 참으로 이상한 일이다. 필자는 이분들께 위의 문제에 대해 의견을 문의하였으나 대체로 함구하거나 웃음으로 넘기며 그 문제는 그쪽에서 연구하면 되는 것이 아니냐고 답을 한다. 필자는 중국의 개방 전후해서 이분들과 안면을 익혀 왔고 학술모임에서도 상면하였지만 앞으로 몇 번이나 만나게 될지는 알 수가 없다. 이 글을 쓰며 지난날을 곰곰이 생각해 보니 내 살아생전에는 두 학자로부터 발해주민에 대한 견해를 듣는 것은 지난한 일임을 알게 되었다. 그렇다면 발해주민은 말갈족으로만 구성되었고 그 역사를 말갈족의 역사로만 인지해야 논지가 수립되는지 다시 한번 사료들을 되돌아볼 필요가 있다. 이후에 언급할 일본 측 사료는 중국 학자들의 일방적인 발해사 견해를 부인하고 발해가 고구려를 계승하였음을 명시하고 있어 반드시 넓은 시각으로 발해사를 조명할 필요를 느낀다.

5. 일본의 발해사료와 『신당서』의 해동성국

때때로 통일신라가 당나라와 친밀한 관계를 유지할 때 발해는 일본과 사신왕래를 적극 실천함으로써 우호적인 국제정세가 형성되곤 하였다. 발해는 건국한 후 일본을 34차나 방문한 바 있고 반면에 일본도 13차나 발해를 내왕하였다. 양국 간 내왕한 총 47회라는 방문 숫자는 결코 적은 횟수가 아니며 발해가 존속한 229년을 대비하면 두 나라의 사신왕래는 매우 우호적이었다. 발해와 일본 간의 공식적인 사신왕래와 그에 따른 교역의 실상은 일본의 『속일본기』(續日本紀) 등에 훌륭한 자료로 남아 있다.

우리가 이 사료들을 중시하는 이유는 신라의 삼국통일과 발해의 건국, 일본의 백강 전투 패배, 당나라 안녹산의 난 등 우리나라를 둘러싼 이웃나라들의 크고 작은 사건의 실마리들이 속속 담겨 있기 때문이다. 가장 중심이되는 논지의 하나인 발해가 고구려를 계승한 나라라는 사실이 『속일본기』에 실려 있다. 『속일본기』는 헤이안(平安) 시대인 797년에 완성한 편년체의 일본사로 697~791년 사이의 발해와 일본 간의 사신왕래 등 교류사실이 상세하게 기록되어 있다. 이 방면 연구에서 가장 많이 거론되는 기록은 727년고인의(高仁義)의 파견으로 발해와 일본 간 교류의 서막에 나타나는 발해의 2대 국왕 대무예(大武藝)의 국서 내용이다.

『속일본기』 권10에 대무예는 일본의 천황(聖武天皇)에게 보낸 국서에서 "고려(고구려)의 옛 거처를 회복하고 부여의 유속을 가졌다"(復高麗之舊居 有扶餘之遺俗)라고 하여 고구려의 영토회복과 문화계승의 의식을 표출하였다. 발해의 국내용으로 언급한 것이 아니고 일본의 천황에게 보내는 국서에서 위와 같이 표현한 것은 발해왕의 출신과 문화의 배경까지 모두가 고구려 계승의식의 발로임을 일본에 알린 것으로 보아야 한다.

『속일본기』권22에 발해의 3대 국왕 대흠무(大欽武)는 일본에 보낸 국서에서 "고려(고구려)국왕 대흠무가 말한다"(高麗國王 大欽武言)라고 대흠무를 고구려왕임을 천명하고 있다. 일국의 왕이 사신의 출신과 국가의 정체성이 적나라하게 드러나게 국서에서 스스로 고구려왕임을 천명한 것은 발해의 건국과 뒤이어 등장한 자신의 정체를 솔직하게 표출한 것이다. 자신이 발해의 왕이므로 자기 스스로를 있는 그대로 위엄 있게 내세울 권위 있는 표어나 수식어가 있을 터임에도 불구하고 멸망한 고구려의 왕이라고 한 것은 자기 자신의 출신과 고구려유민들의 통합세력에 대한 자신감과 자부심이 충만하다는 표현임이 틀림없다.

『속일본기』권32(寶龜 3)에 일본이 발해왕을 고려왕("賜渤海王書云 天皇敬問 高麗王")이라고 칭하는 것을 보면 일본에서도 발해의 국가성격과 왕 등 지도부의 구성은 충분히 알고 있었음을 반증한다. 『속일본기』의 697년부터 791년 사이에 발해와 일본 간의 교류에는 말갈이라는 이름은 보이지 않고 발해나 고(구)려라는 명칭이 대부분을 차지하고 있다.

『구당서』 발해말갈전에서 발해의 풍속이 말갈이 아닌 고구려와 같다고 한 것은 바로 일본 측 기록의 진실성과 부합한다. 우리가 누차 언급하는, 대조영이 왕으로 책봉받을 때 그의 적자 대무예를 계루군왕으로 삼았다고 『구당서』에 나오지만 『책부원구』(권964)에는 대무예의 적남인 대도리행을 계루군왕으로 삼았다는 기록까지 참고하면 발해왕실의 출신성분은 명확하게 드러난다. 계루부가 고구려 왕권을 차지한 강력한 중심세력이었음은 『삼국지』 동이전 고구려조에 나오고 있거니와 발해왕의 적자들이 계루군왕을 책봉받았다는 것은 임상선 박사의 지적처럼 발해가 고구려를 계승하였다는 의식의 표출임이 분명하다.

이러한 사실의 배경하에서 발해는 일본에 보내는 국서에도 발해왕을 고구려왕으로 표기할 정도로 자신을 당당하게 고구려의 후예라고 천명하였다. 『속일본기』에 759년 발해사신을 고려번객(蕃客)으로 표기한 것이 위의 사실을 설명하는 좋은 예가 되고 『속일본기』의 곳곳에서 '고려'라는 이름이 등장하는 것을 보면 발해사신의 출신성분이 그대로 드러난다.

『속일본기』에 표기된 고구려의 영향과 연관성을 언급한 문장과 달리 앞에서 본 『유취국사』에서는 고구려라는 말은 찾기 어렵고 발해라는 표현으로 나오고 있다. 학자에 따라서는 그것을 고구려와 전쟁을 치열하게 겪은 당나라의 역사인식의 반영으로 보기도 한다. 표현을 발해라 하더라도 그 안에 내포된 고구려의 유혼은 지워지지 않았으므로 『유취국사』에서 발해 관련 사실을 논할 때는 자연 고구려의 역사상이 배어 있다는 점을 상기하면 된다.

『유취국사』의 자료를 근거로 발해주민 구성들을 논할 때 사인(혹은 토인)이 고구려계라고 보는 것이 위와 같은 사안과 맞물려 있다. 사인이나 토인이나 어느 쪽 용어를 선택하더라도 이 내용은 발해 초기 일본사신이 전문한 내용을 담고 있어 말갈부락을 묘사하는 구성단위로 지도자가 고구려유민임을 묘사한 것이다.

739년부터 926년 사이에 지방통치체제에서 나타나는 9개의 성명과 관직출신을 보면 고구려계가 7개의 직을 갖고 있어 발해와 고구려가 어떤 연관관계에 있는지 곧바로 알 수 있다. 여기에는 물론 말갈계도 2개의 직을 맡고 있어 이 예를 보아도 발해주민이 고구려유민과 말갈계로 이루어졌음을 보여 준다. 또 하나의 예로 발해 귀족들의 성(姓)씨를 검토해서 그들의 활약상을 분석한 박진숙 선생에 따르면 대(大)씨는 유성인 23명 가운데 고위직만 5품 이상이 대다수를 차지하고 최상위 품관인 3품 이상도 17명에 이른다. 고(高)씨의 경우에도 품계를 알 수 있는 인물이 32명으로 전체의 1/5을 차지하면서 3품에서 9품까지 고르게 분포하고 있다. 말갈계 출신보다 고구려계 인물들의 활약이 돋보이는 자료들이다.

발해가 건국하고 대외활동은 통일신라, 당나라 그리고 일본 등과 교류를 하지만 외교는 늘 국가의 안정을 도모하며 실리를 취하고 고급정보를 획득하는 것을 주된 목표로 삼는다. 신라의 장보고가 청해진과 산동의 법화원을 중심으로 당나라, 일본과 활발한 해상무역을 전개한 사실은 이미 세상에 잘 알려진 사실이다.

여기에 대응해서 발해도 일본의 후쿠라 항을 중심으로 사절단과 교역의 범위를 차츰 늘려 갔다. 무치에서 문치로 정치지형이 변화하는 것과 걸맞은 통치 변화의 모습이다. 발해와 일본의 초기 교류에도 발해는 신라와 당을 견제할 의도로 정치외교에 적극적이었다. 『속일본기』에 나오는 군사적 움직임을 발해와 일본이 신라를 침공한다는 '신라침공계획'으로 말하지만 이 것은 발해가 고려해 볼 수 있는 하나의 정책이었으나 실행되지 않은 정치적 사건이었다. 발해와 일본의 초기 교류는 오히려 일본의 필요에 따라 적극적으로 실행되었다. 일본으로서는 견당사가 당나라에 안전하게 입당하는 것을 원했고 또한 안녹산의 난에 관한 정보 등도 절실하였다.

이와 같은 사실의 바탕 위에 발해와 일본의 대외관계는 정치외교뿐만 아니라 경제와 학문으로 외연이 넓어 가는 외교로 발전하면서 특히 발해의 모피가 일본사회에 큰 영향을 끼쳤다고 구난희 교수는 지적한다. 최초로 일본에 발해사신 고재덕이 갖고 간 물품에 담비 가죽 300장이 포함되어 있고 그 외에도 호랑이 가죽, 곰 가죽 등이 있었다. 당시 발해사신의 물품교류에는 가죽제품이 중요한 비중을 차지하고 있었으며 따라서 일본의 고위층사회에는 모피구매욕이 매우 컸다. 10세기에 편찬된 법령집 『엔기시키』(延喜式)의 "담비 가죽은 참의 이상만 착용한다"는 기록은 모피를 소유하려는 과열된 모피문화를 제어하려는 고위층 상류문화의 한 단면을 말해 준다.

우리는 발해가 안정기에 접어들면서 '해동성국'이라는 칭호를 갖고 있음을 알고 있다. 글자 그대로 해동의 성국이라는 뜻이다. 『신당서』발해전에는 이 사실을 다음과 같이 전하고 있다.

처음에 그 나라 왕이 자주 학생들을 태학에 보내 고금의 역사를 배우고 익혀 가더니 이때에 이르러 해동성국이 되었다.

위의 사료를 보면 구체적인 내용은 더 없고 학생을 태학에 보내 공부시키고 고금의 역사를 배우고 익힌 결과 해동성국이 되었다고 기술하였다. 사실 발해는 건국 이후 100여 년이 지나면서 정치, 경제, 문화 등이 내외로 크게 발전하였다. 그 모습이 당나라의 처지에서 볼 때 해동성국이라고 칭할 만큼 국력이 신장된 것이었으므로 명예로운 칭호가 사서에 나타났다. 필자가 여기서 해동성국을 이야기하려는 뜻은 지금까지 아주 평범하게 발해가 발전해서 해동성국으로 불렸다고 말해 왔는데 이제 그 의미에서 벗어나 두 가지 관점을 지적하려는 데 목적이 있다. 하나는 일반적으로 당나라의 자료를 보거나 우리나라의 『삼국사기』등을 일독하면 고구려, 백제, 신라 등을 지칭할 때는 '해동'(海東)이라는 표현을 쓰고 있다. 또한 삼국을 일컫는 때도 역시 해동삼국이라고 부르곤 한다.

『구당서』동이전 백제국조에는 아래와 같은 기사가 있다.

해동삼국(海東三國)은 개국한 지 오래되었고 강계가 나란히 있어 실로 견아(犬牙)의 형세처럼 엇갈려 있다. 근래에 와서 마침내 국경을 다투는 전쟁이 일어나 평안한 해가 없었다. 마침내 삼한 백성들의 목숨이 도마 위에 놓이게 되고 창을 찾아 분풀이를 하는 것이 조석으로 거듭되니 짐이 하늘을 대신하여 만물을 다스림에 길이 안타까워하는 바이다.

위의 사료는 당나라 고종이 651년 백제사신이 조공을 하고 귀국할 때 의자왕에게 준 조서의 일부 내용이다. 이 자료를 보면 당나라는 고구려, 백제, 신라를 해동삼국이라고 칭한 사실을 알 수 있다. 당나라 고종은 삼국이 평화롭게 지낼 것을 권하면서 백제는 공취한 성을 신라에게 돌려주고 신라는 사로잡은 백제의 포로를 돌려보낼 것을 권하고 있다. 『구당서』 동이전 신라국조에도 유사한 내용의 사료가 있다.

고조(高祖)는 이미 해동삼국이 오래전부터 원한이 있어 서로 공벌한다는 사실을 들었다. 같은 번국으로 힘쓸 것은 화목하게 지내는 일인데 그 사신에게 원한을 갖게 된 원인을 묻자 사신이 답하길 "이보다 앞서 백제가 고구려를 정벌하러 갈 때 신라에게 구원을 요청하였는바 신라는 군사를 동원하여 백제를 대파하였습니다. 이로 말미암아 원수가 되어 매번 공벌하게 되었으며 신라가 백제왕을 잡아다 죽였으므로 원한이 이로부터 시작되었습니다"라고 말하였다.

앞의 백제국조에서 본 바와 같이 이곳 신라국조에서도 신라를 설명하면서 해동삼국이라는 표현을 쓰고 있다. 고구려, 백제, 신라를 개별 국가로 간주하면서 위치와 방향을 가리키는 해동(海東)이라는 수식어를 삼국 앞에 붙이고 있다. 『신당서』의 백제전에도 『구당서』와 마찬가지로 해동삼국이라는 기록이 그대로 나타나고 있다. 『구당서』 백제국조에는 의자왕에 대해서 아래와 같이 기록하고 있다.

의자는 부모를 섬김에 효행으로 널리 알려지고 형제 사이에 우애가 돈독하여 당시 사람들이 해동의 증자(曾子), 민자(閔子)라고 불렀다.

이 자료에서 의자왕이 효행이 깊고 칭송의 대상이 되자 당나라에서는 해동의 증자, 민자라고 불렀다고 하여 해동이라는 용어가 보인다. 해동은 해동삼국의 의미이므로 삼국이 생략된 표현이다. 의자왕에 대한 칭송의 언급이므로 경우에 따라서는 백제만을 지칭하였다고 볼 수도 있다. 그러나 해동의 증자, 민자라고 불렀다는 문맥으로 보면 해동삼국 가운데서 효행이 뛰어난 의자왕에게 증자, 민자를 대비시켰다고 보는 것이 무리가 없을 듯싶다.

그렇다면 해동을 언급할 때 어느 방향 어느 곳이 해동을 의미하는가 하는 의문이 일게 된다. 『후한서』광무제기에는 "부여는 해동에 있다"는 기사가 있고, 『후한서』열전 왕경조에는 모반의 화가 미칠 것을 두려워해 "해동을 경유하여 낙랑으로 갔다"고 지명과 연결시키고 있다. 『삼국지』위서 동이전 부여조에는 공손도가 해동에서 세력을 확장하였다는 기사가 있는가 하면 동일한 사서 고구려조에도 공손도 세력이 해동에 웅거하였다고 기술하고 있다.

이러한 자료를 검토하면서 종합해 보면 결국 해동은 발해만의 동쪽 지역을 지칭하는 것임을 알게 된다. 그렇기 때문에 『양서』(梁書) 동이전에서 진(晉)나라가 양자강을 건넌 후에 바다를 건너온 '해동'의 사신으로 고구려, 백제를 언급하고 있음은 주목할 만하다. 다 아는 바와 같이 『양서』는 당나라 태종 정관 3~10년(629~636) 간에 만들어진 사서이며 『구당서』보다는 약 300년, 『신당서』보다는 약 400년 전에 완성된 역사책이다. 이미 우리는 앞에서 『구당서』, 『신당서』에서 해동삼국을 이야기할 때 신·구당서를 언급한 바 있지만 『양서』는 『구당서』, 『신당서』보다 약 300~400년 전에 '해동'의 사신으로 고구려와 백제를 열거하고 있었다. 이러한 사실을 바탕으로 7세기에 편찬된 『양서』에 '해동'의 사신으로 고구려, 백제가 나오고, 10세기와 11세기에 편찬된 『구당서』와 『신당서』에 당 고종이 고구려, 백제, 신라를 '해동삼국'이라고 칭한 자료를 보게 되면 이미 이 시기부터는 고구려, 백제, 신라를 넘어 결국 우리나라 일원을 해동으로 칭했다는 사실을 알게 된다.

우리나라에 널리 알려진 김부식의 『삼국사기』 연표에는 '해동'이라는 표현 속에 나라가 오래되었음을 말하고 있다. 또 『삼국사기』를 찬술해 왕에게 올리는 「진삼국사기표」(進三國史記表)에는 "해동삼국의 역년이 장구"하다는 글 속에 '해동삼국'을 언급하고 있다. 고려시대 명문가인 김부식도 '해동'을 우리나라를 지칭하는 별칭처럼 의례적으로 사용하였다. 우리나라에 처음으로 불교가 전입된 고구려 소수림왕 5년조에는 "초문사를 창건하였고 ··· 이것이 해동불법(海東佛法)의 시초"라는 기록이 나온다. 『삼국사기』가 고려시대 김부식의 찬술이므로 해동이라는 말은 고려시대에도 우리나라를 지칭하는 표현이었음이 틀림없다.

우리나라에서 기전체인 정사 『삼국사기』에 위와 같이 '해동'이라는 표현이 등장하지만 유명한 『대각국사문집』에도 『해동삼국사』라는 책명이 보인다. 이강래 교수는 이 책이 『삼국사기』를 가리키는 것이라고 조심스레 언급한다. 『대각국사문집』에는 또 『해동승전』이 보이는데 학계에서는 이 책을 김대문의 『고승전』으로 보고 있다. 고려시대 고종 2년(1215)에 각훈(覺訓)의 『해동고승전』이 찬출되었는바 여기서도 우리나라 고승들의 불교 유통과 행적을 서술하면서 해동고승이라는 용어를 채택해서 쓰고 있다. 관찬사서인 『삼국사기』는 물론 불교계에서조차도 해동은 우리나라를 지칭하는 용어로 사용되었다.

송나라의 왕응린(王應麟, 1223~1296)은 『옥해』(玉海)에서 김부식의 『삼국사기』를『해동삼국사기』로 표기하면서 순희(淳熙) 원년(1174)에『삼국사기』가 송나라에 들어갔음을 기록하였다.『옥해』에는『해동삼국사기』와『삼국사기』라는 이름을 다 함께 사용하고 있다. 그런데 이『옥해』에는 그동안 우리나라에서 많이 알려지지 않은 역사책 이름이 나온다. 고득상(高得相)의『해동삼국통력』(海東三國通歷) 12권이 바로 그 책이다. 이『옥해』보다 뒤에 편찬된『송사』(宋史)는 주지하는 바와 같이 원순제(元順帝) 지정 3~5년(1343~1345)에 출간된 사서인바 여기에서도 고득상의『해동삼국통력』12권의 책명이 보인다. 고득상은 우리나라 불교의 초기 유입과 관련된 기록에서 주요 인물로 나타난다고 김상현 교수는 언급한 바 있다.

『해동고승전』에 '고득상의 시사(詩史)'라는 문구가 있고, 또『삼국유사』에도 '고득상영사시(詠史詩)'라는 구절이 있어 우리나라 불교 관련 역사를 시주로 기술하였음을 알려 준다. 이러한 일련의 저술을 한 고득상이『해동삼국통력』12권을 저술하면서 '해동'이라는 말을 쓰고 있다는 것은 고려시대까지도 '해동'이라는 명칭이 활용되고 있음을 알려 주는 좋은 예가 된다. 그런데 이 '해동'이라는 표현이 넓게 퍼져 있으면서 가장 유명한 것이 원효의『대승기신론소』(大乘起信論疏)이다. 이 책은 중국에까지 크게 알려진 명저로 흔히『해동소』(海東疏)라는 약칭으로 통용한다. 원효스님을 우리는 해동법사라고 부르거니와 이와 같은 명칭은 8세기 중반부터 나타나고 있다.

발해의 '해동성국'을 언급하면서 발해가 크게 발전, 번성하였다는 사실만을 주목할 것이 아니고 기본적으로 '해동'의 뜻이 갖는 역사성을 검토해야 한다는 입장에서 전후 자료를 일별해 보았다. 만약에 발해가 말갈족이 통치한 국가라면 '해동성국'이 가능한가에 대한 의구심은 '해동' 용례를 포함하여 위의 사료에서 모두 밝혔다. 고구려유민이 있고 문화가 있었기에 '해동'이 들어가는 '해동성국'이 된 것이다. 여기에 말갈인도 당연히 포함된다. 발해가 당나라에 유학생을 보내고 인재들의 활약으로 9세기에는 발해의 국력이 크게 높아졌다.

당의 빈공과(賓貢科)에 신라와 발해의 인재들이 합격하고 활동하면서 양국이 경쟁하였고, 870년대 쟁장사건(爭長事件)을 유발시켰다. 신라와 발해는 당에서 높은 직을 차지하려는 경쟁을 벌였으며 당나라는 등거리 외교 차원에서 신라인이 앞에 놓이면 다음은 발해인을, 그리고 발해인이 앞에 가면 신라인을 뒤에 배치하는 정책을 취하였다. 빈공과는 9세기 전반에 실시한 과거제로 외국인을 대상으로 실시한 시험이다. 빈공과에 합격한 급제자가 신라인이 80이라면 발해인은 10명 정도가 된다고 본다. 신라인들의 급제자 수가 매우 많지만 발해도 그다음을 차지하고 있어 융성기의 발해는 신라와 경쟁하는 사이라는 것을 알 수 있다.

제3절 러시아 연해주 발해유적 조사와 발굴

1. 발해사를 위한 고고학 발굴의 필요성

우리나라 역사학계가 발해사 연구에 더 큰 관심과 열정을 쏟을 수 없는 높은 장애물로서 발해사를 연구하면서 현장을 답사하거나 발굴할 수 없는 연구 환경을 들 수 있다. 사실 우리나라에 앉아 사료나 연구성과 등을 연구하는 것은 무방하지만 진취적인 학구열은 현장감에서 나오게 된다. 그런 점에서 발해사를 관망하게 되면 우리나라에는 발해 영토가 한 뼘도 없어 답사나 발굴은 불가능하게 된다.

더구나 냉전체제하에서 공산권의 자료는 특수한 경우가 아니면 볼 수도 없어 발해사 연구자는 매우 적은 수의 연구층을 이루고 있다. 이 점은 고구려사 연구도 비슷한 환경에 있으나 신라와 백제사 연구에 있어서는 발해사보다는 연구 환경이 좀 낫다고 할 수 있다. 북한 학계는 우리나라의 입장보다는 냉전하에서도 중국, 러시아와 외교관계가 있어 시기에 따라 다소 유연성이 있어 보인다. 중국 내에서 북한은 한때이기는 하지만 지난날 동북지방의 조사·발굴에 참여하여『중국동북지방의 유적발굴보고(1963~1965)』를 출간하고 후편으로『돈화 육정산 무덤 떼』도 발표하였다. 북한의 함경도 지역에는 발해의 고분과 토성, 사원 등의 유적이 있으므로 발해 왕경에서 출토하는 유적·유물만큼 호화로운 편이 아니라 하여도 조사를 통해 귀중한 자료를 생산하고 있다. 최소한 발해사를 연구하는 데는 우리나라 연구 환경보다는 유리한 입장에 있다. 더구나 발해사가 고구려사와 상호 역사의 맥이 연결되므로 중국 측의 연구자료를 통해 도움을 받을 수 있다.

이 모든 점들을 종합해 보면 우리나라에서 발해사나 고구려사를 냉전체제하에서 연구한다는 것은 매우 어려운 여건이었고 그렇기 때문에 한동안 한국사 연구의 시대마다 미묘한 부분에서는 일본 학계가 내놓은 학문업적에 눈길을 돌려야 하는 시기도 있었다. 일본 학계가 공산권의 자료들을 이용해서 논고를 발표하였기 때문에 직간접으로 그곳이 학술자료의 제공처가 되기도 하였다. 1980년대 말 동구권의 공산체제가 붕괴되고 소련의 공산권 종주국의 지위에 대변혁이 이루어지면서 이념 지향의 사상 통제가 느슨해지기 시작하였다. 중국도 소련도 개방의 속도를 조절하며 학술서적의 유통과 여행 허가에 자유로운 모습이 나타났다. 공산권의 개방정책에 따라 학술자료의 접근이 다소 용이해지면서 발해사와 고구려사를 연구하는 분야에 커다란 변화가 일기 시작하였다. 주요 학술자료를 과거 공산권 지역에서 직접 구매하거나 각 나라와 공동으로 교환하는 방식도 대두하였다. 따라서 일본 학계로부터 오던 공산권의 자료가 다소 빛을 잃기 시작하였다. 특히 우리나라의 고고학계나 고대사학계가 새로운 학술자료를 섭렵할 수 있는 기회를 맞게 되었다.

필자는 일찍부터 미국의 지도교수와 친구, 동료로부터 꼭 필요한 자료는 시간이 늦어도 구해서 볼 수 있는 입장이었다. 문제는 발해 지역의 답사나 발굴을 추진하는 데 많은 난제들이 놓여 있거니와 그 대상이 한 나라가 아니기 때문에 추진방식이 동일할 수가 없다는 점이다. 발해 지역의 영토가 중국, 북한, 러시아 연해주 등으로 매우 넓고 상대국가의 학술체계와 운영방식도 서로 다르므로 개별국가마다 나름의 행정 관행을 살펴야 했다.

문헌만으로는 절대 부족한 발해사의 편린들은 결국은 유적 조사와 발굴을 통해 나온 유물로부터 자료를 획득하게 된다. 신·구당서와 『속일본기』 그리고 우리나라의 『삼국유사』 등에 실려 있는 사료만으로는 발해사 복원은 매우 성글 수밖에 없어 고고학 발굴자료를 통해 비교적 생생한 사회상을 그려 내게 된다. 이미 중국이나 러시아 그리고 북한에서는 대소의 발해 유적 발굴을 통하여 관련 자료를 발표한 바 있고 계속해서 발굴을 추진하고 있다. 일제는 중국을 침공하면서 과거 만주 일대에 흩어진 발해유적들을 조사·발굴하였다. 지난날 소위 '만선사관'에 깊이 관여하였던 학자들이 주가 되어 발해 왕경 지역의 주된 유적들을 발굴하였다. 주지하는 바와 같이 발해는 수도를 4번 천도한 것으로 이해하는 견해가 주류를 이루고 있다. 처음에는 698년경 돈화현의 오동성에 수도를 정하였고 천보(天寶) 연간(742~756)에 중경인 화룡현의 서고성으로 1차 천도를 하였다. 이 서고성에서 남쪽으로 3km 정도를 가면 우리에게 익숙한 해란강이 있다. 그다음에는 천보 말년인 756년에 상경으로 천도한 것으로 알려지고 있다. 이것이 2차 천도로 이곳은 흑룡강성 영안현의 동경성으로 상경 용천부의 유지이다. 『신당서』 발해전에는 당 덕종(德宗) 정원 시기에 동남쪽에 있는 동경으로 이사하였다는 기록이 있다. 정원 원년이 785년인데 대흠무는 정원 9년(793)에 죽었으므로 3차 천도는 정원 초년으로 보고 있다. 이 동경이 훈춘의 용원부 또는 책성부이며 용원부의 동남은 바다에 접하는데 일본도(日本道)라고 알려져 있다. 마지막인 제4차 천도는 일반적으로 794년에 다시 북쪽의 상경으로 옮긴 것으로 본다. 상경은 210여 년이 넘는 발해사의 2/3에 해당하는 160~170년 간의 수도로 왕궁지를 포함해서 발해의 주요 유적·유물을 보유하고 있다.

과거 일제 때 일인 학자들은 위에서 언급한 지역에서 대소의 유적·유물을 조사하고 발굴하였다. 예컨대 동아고고학회가 1939년에 간행한 『동경성─발해국상경용천부지의 발굴조사』 같은 보고서가 대표적인 책이다. 일본이 발해사에 깊은 관심을 갖는 것은 일본사서에 발해와의 사신왕래 교역 등 많은 자료가 있기 때문이며 해양왕래를 통한 교섭사에서 괄목할 만한 업적을 내고 있다. 우선 발해전에 일본도가 나오기 때문에 일본 고대사에서 교역사의 내용이 한층 정치해지고 있다. 발해가 일본의 역사가 아님에도 불구하고 일본은 발해 고고학의 발굴을 통해 일본 고대사의 대외 교섭과 교역의 실태에 천착하고 있다. 발해를 자기 나라 영역으로 갖고 있는 중국, 북한, 러시아는 각각 발해의 유적들을 조사하거나 발굴하면서 자신들의 연구업적을 쌓을 수 있는 기회를 활용하며 국제무대에서 자기주장을 하고 있다.

문제는 우리나라만 발해사 연구에서 여러 가지 장벽에 부딪치고 있다는 점이다. 개혁개방 후 필자는 비교적 이른 시기에 중국의 발해유적들과 고구려유적을 답사하며 공동연구나 공동발굴 등 여러 각도에서 협력이 가능한지 여부를 확인하고자 하였다. 그러나 개방정책과 학술활동이 함께 동행하는 것은 불가능하다는 사실을 알게 되었다. 오히려 초기에는 발해유적들을 비교적 자유롭게 볼 수 있었고 동행하는 중국 측 학자들도 별 어려움이 없이 유적지를 함께 답사하였다. 시간이 지나면서 우리나라 학자들의 발해유적지 답사나 박물관에서 허락하에 찍을 수 있는 사진촬영도 어렵게 되었고 어느 때는 유적지 근처에도 접근이 허용되지 않고 멀리서 사진을 촬영해야 하는 시기도 있었다.

우리나라 학자들이 중국에 있는 발해유적을 생동감 있게 체험한다는 것은 불가능하였다. 발해유적의 핵심 자료들이 중국에 있음에도 조사나 발굴에 어떤 형태의 협조조차 불가능하다는 결론에 이르자 방향을 틀어 대상 지역을 러시아 쪽으로 옮겼다. 당시 북측의 사정도 중국과 비슷한 양상을 보여 주었다. 러시아는 개혁개방 후 외국과의 학술교류나 발굴 등에서 아주 적극적이었다. 물론 연해주의 발해유적 등은 중국에서 보는 발해유적과는 규모에 있어서나 질적 평가가 동일 수준은 아니었다. 그 점에서 오히려 매력 있는 연구 대상이 되었다. 변방에 있는 말갈족의 문화를 접하면서 발해 문화의 또 다른 본질을 이해할 수 있고 포시에트만을 오갔던 발해와 일본의 사절단과 교역의 흔적을 추적할 수도 있다는 희망을 갖게 되었다. 우리나라 학자들이 어려운 여건에서 발해사를 공부하지만 가장 중요하면서 절실한 과제 가운데 하나는 발해 영토에 들어가 손에 흙을 묻히면서 발굴을 시작하는 일이다. 국내 학계도 마찬가지지만 국제학회에서도 발해사를 논의하게 되면 발해유적 발굴을 해 본 사람만이 자신감 있는 논고를 발표할 수 있다. 우리가 발해사를 우리 역사로 품으며 연구하고 아끼고자 한다면 해외에 나가서라도 발굴을 해야 한다. 발해의 흙을 손과 발에 묻힐 때 발해의 역사는 다시 숨을 쉰다.

2. 대륙연구소의 중국과 연해주 발해유적 조사

대륙연구소는 장덕진 회장이 동북아의 경제협력과 공동번영을 주창하고 경제개발 참여에 깊은 관심을 갖고 출발한 연구소이다. 우리나라의 두만강 북부, 중국의 동북부, 러시아의 연해주 일대는 유엔개발계획(UNDP)이 주목하는 동북아 개발계획의 핵심 기지로 주목받는 지역이다. 역사적으로 이곳이 바로 발해가 건국하고 융성한 국력을 과시하던 해동성국의 땅이고 우리나라 옛 선인들의 숨결이 깃든 영혼의 땅이다. 동북아의 경제개발과 번영을 논의하고 이 지역에 관심을 갖게 되면 자연스럽게 발해의 역사와 마주칠 수밖에 없다. 대륙연구소가 추구하는 연구사업이 발해의 역사와 문화를 한 단계 크게 끌어올리는 작업으로 진입하기 시작하였다. 대륙연구소가 연해주 발해유적을 발굴하고 1994년에 간행한 『러시아 연해주 발해유적』에서 장덕진 회장은 다음과 같이 언급하였다.

발해를 어떻게 볼 것인가는 이제 이 지역의 발전방향과 그 궤를 같이하면서 주변국의 역사연구 성과 및 접근방법과 큰 관련을 맺지 않을 수 없습니다.

반세기 동안의 발해사 연구를 살펴보면 현재 발해 역사를 연구하는 국가들의 주관적 시각이 각각의 연구성과에 깊숙이 영향을 미치고 있음을 쉽게 찾아볼 수 있습니다. 따라서 그 연구의 갈래 또한 다양한데 중국 학계의 소수민족 변방정권설, 러시아의 말갈 중심의 독립국가설, 그리고 또한 일본의 전통적인 만선사로의 연구시각 등이 남북한의 발해사 연구와 큰 거리를 두고 진행되어 왔습니다.

이제 발해의 역사는 그 주체가 누구였는가 하는 진부한 논의에서 탈피하여 동북아의 과거와 현재 그리고 미래를 연결하는 역사의 고리가 되어야 할 것입니다.

우리는 위의 글을 통해서 대륙연구소가 발해사를 과거의 역사로만 인식하지 않고 발해 지역의 현재와 미래의 번영에 큰 관심과 기대를 걸고 있다는 사실을 알게 된다. 일찍이 대륙연구소는 중국이 개방정책을 펴던 1989년에 중국에 있는 우리나라 역사와 문화를 탐방하는 조사단을 후원하였고 이에 따라 강만길 교수, 소설가 박경리 선생, 필자, 그리고 조선일보의 김태익 기자가 답사에 참가하였다. 천안문 사태 직후의 북경 시내와 박물관 방문, 장춘·길림 지역의 고구려유적, 하얼빈의 동북열사기념관, 연변대학 방문 등에서 보고 들은 초창기 중국 방문의 견문은 필자에게 많은 상념을 안겨 주었다. 강만길 교수와는 대학에서 함께 재직하고 있어 평소에도 역사에 관한 많은 대화가 있었다. 박경리 선생과는 초면이지만 비교적 진술한 대화를 하면서 여행하였기 때문에 박 선생의 독특한 인생관이나 역사관의 일면들이 차분히 드러나는 장면들을 목도하게 되었다. 가장 강하게 드러나는 점

연변대학 방문
오른쪽부터 강만길 교수, 정판용 부총장, 박경리 선생, 필자, 김태익 기자.

은 일본에 대한 반일감정의 표출인바 답사 중에 박 선생은 『염철론』을 읽으면서 때때로 필자에게 반일정서를 이야기하였다.

필자가 깜짝 놀란 점은 이번 답사여행이 박 선생으로서는 해외로 나가는 첫 번째 여행이라는 점인데 이 사실을 말하면서 웃곤 하였다. 연변대학 방문 시에 정판용 부총장이 우리 일행을 안내하며 설명해 주었는데 박 선생은 그때 자신의 소설 『토지』 한 질을 대학에 기증하였다. 필자가 이 이야기를 잠시 거론하는 것은 당시 대륙연구소가 대륙의 역사와 문화 위에서 경제발전의 구상을 크게 그리고 있었다는 사실을 적시하려는 데 뜻이 있기 때문이다. 필자는 개인적으로 장 회장과 만나 발해유적 조사와 발굴이 중국에서는 불가하다는 사실을 전하였고 장 회장도 이를 이해하고 러시아 연해주 쪽으로 마음을 가다듬고 있었다.

당시에 중앙대학교의 김성훈 중국연구소 소장은 이 지역 유엔개발계획의 경제구상을 잘 아는 전문가로 자연 발해사에 관심을 갖고 있었다. 김 소장은 '러시아과학원 극동분원 역사·고고·민속학 연구소'와 발해유적 조사에 대하여 체결한 사업이 있었던바 장 회장은 김 소장으로부터 이 연구사업을 이관받게 되었다. 대륙연구소가 본격적으로 발해유적 조사와 발굴에 참여하게 되면서 우리나라 고고학과 고대사학계에 새로운 연구풍토의 바람이 일게 되었다. 한 번도 두 발로 갈 수 없던 지역을 답사하고 한 번도 두 손으로 발굴할 수 없었던 발해유적에 뜨거운 학문의 열정을 쏟게 되었다.

1991년 12월 31일 저녁에 필자는 대륙연구소의 이병석 상임이사와 삼다도에서 만나 발해유적 조사에 대해 많은 의견을 나누었다. 이병석 이사는 장덕진 회장의 뜻에 따라 나에게 발해유적 조사의 단장직을 맡아 줄 것을 요청하였다. 필자는 제의는 고맙지만 대학교의 일도 있어 생각할 시간을 달라고 부탁하였다. 1992년 1월 13일 장덕진 회장과 러시아과학원 극동분원의 라린(Larin) 소장 간에 발해사 등과 관련된 협정서가 정식으로 체결되었다. 협정서는 5개 항으로 이루어졌다. 주된 내용은 ① 협정서의 목적으로 학자교류, 야외 조사를 포함한 고고학의 공동연구, 근대사 연구 등을 언급하였고, ② 공동연구의 내용으로 원시사회와 발해 시기의 고고학 발굴, 고고학과 근대사에 대학 공동연구 과제의 출판, 그리고 상호 관심사에 대한 학술회의 조직에 대한 준비를 하며, ③ 연구진들은 기왕에 정해진 논의에 쌍방이 함께 참여하고, ④ 재정의 문제로 학자들과 초청학자들에게 지급되는 경비와 양 기관에서 수행하는 고고학 야외 조사비용에 대한 규정을 두었고, ⑤ 고고학의 유물들을 활용하는 방안으로 러시아에서 발굴한 유물들을 한국의 대륙연구소에 대여할 수 있다는 내용이다. 이 협정서는 양 기관 간에 맺은 최초의 문건으로 대략적인 목적과 목표를 문서화하였다는 데 의미가 있다.

이 협정서에는 나오지 않았지만 이 안을 만드는 과정에서 러시아 학자들에게 발굴 등 정식으로 활동하는 기간에는 1인당 활동비로 50달러씩 지급한다는 내용이 논의되었다. 사실 당시는 소련 정부의 붕괴로 1992년도 과학원 예산이 책정되지 않고 있어 연구원들의 급여 등이 지급되지 못하는 어려운 사정이 있었다. 협정서에는 밝히지 않았지만 대륙연구소가 북한이나 중국의 발해 전문가를 지명할 경우 러시아과학원이 초청해서 공동활동에 참여시킬 수 있도록 하고, 그 경우 비용은 대륙연구소가 부담하는 것으로 상호 이해하였다. 러시아의 정치·경제 사정을 고려하여 특히 연구자들에게 가능한 한 연구에 도움이 되도록 재정지원에 크게 신경을 썼다. 위와 같이 서명 과정을 마친 후 대륙연구소는 동년 4월 4일에 러시아의 라린 소장과 샤프쿠노프(E. V. Shavkunov) 박사에게 한국 방문 초청장을 발송하였고 4월 6일에 러시아의 연구소는 두 사람이 방문한다는 회신을 보내왔다. 이에 대륙연구소는 6월 우리나라 발굴조사단의 인원을 통보해 주었다.

필자는 장덕진 회장과 이병석 상임이사를 만나 대륙연구소가 추진하는 발굴조사단의 단장을 맡기로 최종 결정하고 부단장은 상의하여 능력이 탁월한 김성훈 소장을 임명하였다. 우리 대표단은 러시아 일행이 우리나라에 입국하기 하루 전에 회의를 열고 양 기관이 합의한 사항들을 확인하면서 면밀히 검토하였다. 1992년 6월 29일 라린 소장과 샤프쿠노프 박사가 한국에 입국하면서 대륙연구소의 장 회장이 이 이사 등과 면담 후 우리 조사단과 유적 조사와 발굴에 대한 전반적인 문제들을 논의하였다. 이번에 방한한 러시아의 샤프쿠노프 박사는 러시아에서 발해사 연구의 제1인자이고 향후 우리 팀과 함께 조사와 발굴에 참여할 동반자이다. 여기서 간단히 소개를 한다면 그는 러시아에서도 시베리아 고고학 연구의 최고 권위자인 오클라드니코프(A. Okladnikov)의 제자로 1953년 레닌그라드 대학 동양학부 3학년이었을 때 오클라드니코프가 이끄는 고고학 탐험대의 일원으로 생애 처음 극동러시아 지역을 방문하였다. 이 시기 이전에는 누구도 실질적으로 극동러시아에 있는 발해유적을 발굴하지 않은 상태였다. 그때 첫 번째 작업이 그에게 깊은 인상을 주었고 그것이 계기가 되어 발해국의 역사와 문화에 대단한 흥미를 갖게 되었다. 따라서 그는 1955년 대학을 졸업하고 블라디보스토크에 와서 1958년부터 1960년까지 발해 지역에 대한 최초의 발굴작업을 하였다. 이 발굴결과로 그는 1968년에『발해국과 연해주 지역의 발해 문화유적지』라는 책을 간행하였다. 그의 연구활동은 여진문화까지 그 영역이 확대되었지만 그럼에도 불구하고 그는 평생 발해사 연구와 발굴에 심혈을 기울였다. 그는 연구의 결과를 내면서 기왕의 비단길 이외에 북부 교역로로 담비가죽(모피)길(Sableway)을 명명하였다. 그것은 중앙아시아와 발해 극동의 여러 나라를 연결시켜 주는 교역로로 그는 중세의 유적지를 발굴하면서 이란, 아랍 심지어 비잔틴의 유물까지 발굴한 바 있다. 샤프쿠노프는 이에 따라 담비가죽길이 일본에까지 연결되었고 소위 발해인들이 말하는 '일본으로 가는 길'(The way to Japan)은 결국 신라의 영역과도 연결된다고 보았다. 그는 이 점이 바로 한국, 중국, 일본, 미국 등 외국 학자들이 발해사에 관심을 가져야 할 이유라고 보았다.

우리나라 조사단과 회의와 논의를 거친 후에 양 기관은 1992년 7월 3일 구체적인 내용을 담은 새로운 협정서를 체결하였다. 협정서의 내용은 다음과 같다.

협정서

한국의 '대륙연구소'와 '러시아과학원 극동분원 역사·고고·민속학 연구소'는 발해유적과 관련하여 하기와 같이 공동발굴작업의 실시에 합의하였다.

1. 1992년 9월 중 2주간의 기간으로 연해주 내 발해 발굴을 위한 탐사를 공동으로 실시한다.
2. 대륙연구소는 탐사작업과 관련하여 호텔급 숙박비용을 제외한 약 50$의 비용을 탐사작업 참여자 1인마다 1일 기준으로 지급한다.
3. 러시아 측은 탐사작업과 관련하여 교통 및 숙식, 경호를 책임진다.
4. 한국 측은 탐사와 관련된 제반 설비 및 기구를 조달한다.
5. 양 기관은 1993년에 연해주 지역 내에서 발해유적의 공동발굴작업을 실시한다. 발굴 대상 유적, 기간 및 재정, 발굴단 구성 등과 관련한 제반 구체적인 조건에 관해서는 추후 협의한다.
6. 1993년 공동발굴작업 수행 시 한국 측 참가인원은 총 9명, 러시아 측은 15~20명으로 한다.
7. 유적 발굴작업은 한국 측과 러시아 측이 각각 독립적으로 실시한다. 발굴작업 완료 후 양 기관은 제반 관련 자료를 교환하며 출판권을 갖는다.
8. 발굴작업의 성과와 관련하여 양측은 공동출판을 모색하기로 한다. 출판비용은 한국 측이 부담한다.
9. 양 기관은 발굴작업의 성과와 관련하여 한국의 '대륙연구소'와 '러시아과학원 극동분원 역사·고고·민속학 연구소'를 쌍방의 유일한 공동탐사기관으로 명문화한다.

대륙연구소의 장 회장과 러시아의 라린 소장 간에 체결한 이 협정서에 따라 한국과 러시아의 관련 학자들이 준비작업에 박차를 가했다. 그런데 협정문의 마지막 9번 항목은 일반인이 보기에는 선뜻 이해가 되지 않는 문안일 수가 있다. 양 기관을 서로 유일한 공동탐사기관으로 명문화한다는 것은 연해주에서 발해유적을 발굴할 때에 라린 소장의 연구소는 한국의 대륙연구소만을 공동발굴기관으로 인정한다는 뜻이었다. 이 점에 대해 다시 간단히 언급하자면, 기본 협정서 외에 협력사업을 하기 위해 일반조항 9개 항목과 특별조항 4개 항목이 합의되었다. 예컨대 특별조항 ①에는 다음과 같은 문구가 있다.

양 기관은 공동의 학문연구사업에 상대기관의 사전 동의가 전제되지 않은 다른 기관과의 협력을 배제한다.

위의 항목은 앞에서 본 기본 협정서 마지막 항목과 연결되는 문안이다. 이것은 개방 후 우리나라 학술단체가 러시아에서 활동을 개시하면서 서로 과중한 경쟁이 야기되는 과정에 러시아 측 연구소가 한때 곤란을 겪은 단면의 일부를 보여 준다. 양 기관이 이 사실을 인지하였기 때문에 협정서의 관련 조항에 이 사실을 적시하면서 혹시 모를 불협화음을 예방하고자 한 듯하다.

7월 5일 러시아 측 대표단이 출국하자 우리 조사단은 협정서 문안을 토대로 향후 계획을 검토하기 시작하였다. 우선 양 기관이 합의한 것은 1992년 9월에 공동답사를 실시한다는 것과 1993년에는 공동발굴을 시행한다는 중요 사항이었다. 발해 영역이 모두 공산권의 나라들이고 이념의 장벽 때문에 답사를 할 수 없었던 저간의 사정을 감안해서 공동답사에 정성을 들였다. 공동답사를 위한 제1차 모임은 8월 3일 오전 7시에 뉴월드호텔에서 개최되었다. 답사단의 명단은 다음과 같다.

김성훈 부단장, 문명대 · 김호일 · 강인구 · 한규철 교수, 김은국 간사, 정연욱 연구원 우리 답사단은 8월 23일부터 9월 15일까지 중국과 러시아 연해주 지역 발해유적 답사를 앞두고 답사에 필요한 제반 사항을 확인하고 점검해 보기 위해 모임을 가졌다. 답사 지역의 유물지도를 확인하고 중국과 러시아 연해주의 발해 고분 분포를 참고하며 아울러 발해사 연구성과와 연구동향, 불교문화 등에 대해서 의견을 나누었다. 답사 지역이 우리나라와 다른 생활권이므로 풍토병 등 예방주사와 일상생활에 필요한 물품도 세심하게 챙기도록 하였다. 필자는 이 답사에서 많은 사진들을 촬영하여 연구에 참고토록 하고 연구소에 모든 자료를 제공하되 연구자 개인도 똑같이 자료를 공유할 수 있도록 하였다. 다음 회의 때 발해사의 연구와 고분 등을 각각 나누어서 발표 토론하고 참가자 모두의 의견을 수렴키로 하였다.

제2차 답사모임은 8월 13일 오후 4시 강남의 대가에서 있었다. 1차 때와 같이 답사자 전원이 나왔고 김대광 부장과 동행할 기자 두 분도 참석하였다. 이 모임에서 한규철 교수가 '각국의 발해사 연구현황과 중심쟁점'을 발표하고 강인구 교수가 '발해의 고분'을 소개하였다. 이 외에 연해주 지역의 탐사지도와 유적을 소개하여 출발 전에 발해사 전반에 관한 논점을 일단 정리하였다. 중국 답사는 여러 여건상 답사에 어려움이 있으므로 신중한 접근과 자세가 필요하다는 데 모두가 동의하였고 우리가 답사할 지역이 경우에 따라서는 오지에 있으므로 현지에 도착 후 답사 지역을 선정·통보해 줄 것을 당부하였다.

제3차 모임이자 조사단 결단식이 8월 22일 6시에 만리장성에서 답사단 전원 참석하에 뜻깊게 거행되었다. 장덕진 회장이 단원에게 위촉장을 수여하였고 인사말을 하였다. 이후 만찬까지 이어지는 장도를 축하하는 연회가 되었다. 장덕진 회장은 대륙연구소가 누구도 시도하지 못한 발해사의 유적 조사와 발굴을 시작하였다는 사실에 자부심을 갖는다며 조상이 남긴 대륙의 역사를 잘 연구해 달라고 부탁하였다. 결단식 이후에 우리는 조사단원 총 13명을 두 팀으로 나누어 중국과 러시아 연해주 지역을 답사하기로 하였다.

중국으로 가는 답사단은 8월 23일부터 9월 2일까지의 일정으로 김성훈 부단장, 문명대 교수, 강인구 교수와 필자 외에 MBC의 조항민·이수용·전동건 기자와 조선일보의 임현찬·박해현 기자가 참가하였다. 주요 답사 지역은 장춘, 길림, 돈화, 영안, 화룡, 훈춘, 삼령둔 고분 등이었다. 러시아 답사단은 8월 30일부터 9월 2일까지 일정으로 여기에는 김호일 교수, 한규철 교수, 김은국·정연욱 연구원이 참여하면서 러시아의 라린 소장 연구소의 연구원들을 만나 의견을 나누도록 하였다. 두 조사단은 각각 일정을 소화하고 연해주 블라디보스토크에서 만나 연해주의 발해유적을 공동으로 조사하기로 사전 조율하였다.

필자는 중국의 발해유적을 답사하면서 사료에서 알 수 없고 느낄 수 없는 많은 식견과 감흥을 접하였다. 역시 두 발로 걷는 답사가 생생한 역사를 소생시킨다는 사실을 다시 확인하였다. 이념이 다른 나라이자 남의 땅이 된 발해 지역의 역사가 우리나라에서 연구 활기를 잃은 것은 너무나 안타깝다. 우리나라의 선대 스승도, 그리고 선배들도 발해 지역의 구석구석에 있는 유적·유물들을 직접 보지 못하였으니 발해사를 글로 쓴다는 것은 지난한 일임에 틀림이 없다. 답사하는 학자들은 토론하면서 우리가 어렵게 얻은 자료들을 십분 활용해서 동료, 후학들에게 도움을 주는 글을 쓰자고 다짐하였다. 중국의 발해 유적과 유물을 볼 때도 갈 수 있는 곳이 있고 허락되지 않는 곳이 있어 참으로 안타까웠다. 흑룡강성 영안의 상경에서 왕궁터는 보았지만 정작 보고 싶었던 육정산 고분군은 갈 수가 없었고 접근이 불가능하였다. 뒤에서 다시 언급할 기회가 있겠지만 육정산 고분군에서는 발해 제3대 문왕 대흠무의 둘째 딸 정혜(貞惠)공주묘가 발견되었는바 벽화와 묘비 등 학

육정산 정혜공주묘

술적 가치가 있는 유물들이 출토되었다. 그리고 문왕 대흠무의 넷째 딸 정효(貞孝)공주묘는 연길에서 가까운 화룡현에서 마찬가지로 벽화와 묘비 등이 출토되어 발해 초기 역사를 연구하고 복원하는 데 좋은 자료가 되었다. 그러나 이들 고분군이 있는 지역은 답사가 불가능하여 가져간 관련 자료를 대조하는 것으로 위안을 삼았다. 사실 답사에서 유물 못지않게 중요한 것은 인문지리 환경을 관찰하는 것인데 이것 역시 눈으로 보면서 상호 작용을 염두에 두기 때문에 답사단으로서는 유익한 시간이 되었다.

필자가 중국의 발해유적을 답사하면서 자주 생각했던 점은 발해의 수도 규모나 왕릉급의 유적이 중국에는 있지만 러시아의 연해주 일원에는 그와 같은 유적이 없다는 사실이다. 바로 이 사항이 이번 답사와 다음에 있을 발굴에서 면밀히 검토해야 할 논점이다. 고구려의 후예와 말갈인들이 힘을 합쳐 발해를 건국한 이후 중앙과 지방에서 쌓아 올린 문화의 축적이 바로 유적이고 유물들이다. 행정조직의 통치상 수직으로 내려오는 계통상의 유물이 있을 수 있고 대내외적으로 교류의 흔적으로 나타나는 유물들이 존재할 수도 있다. 중국과 러시와 연해주의 발해유적을 답사할 때 두 지역을 서로 비교하고 보완해서 발해사의 근간을 다시 세우는 것은 아주 의미 있는 작업이다. 우리가 중국과 러시아 연해주에서 답사하거나 발굴할 때 출토되는 유물이나 유적들이 모두 말갈족의 문화인지 향후에 꼼꼼히 살펴볼 필요가 있다.

필자는 여기서 중국 답사 마지막에 일어난 예상치 못한 비행기 운항 때문에 답사단 모두가 큰 곤욕을 치른 일을 간략하게 언급하려고 한다. 장춘에서 철도편으로 하얼빈에 도착한 우리는 일정에 따라 러시아 항공편으로 블라디보스토크로 가게 되어 있었다. 그런데 뜻밖에 비행기를 탈 수 없는 일이 일어나 긴급히 표를 구해 철도편으로 일단 수분하까지 갔다. 그곳에서 한낮을 보내고 밤 열차를 타는 절차를 밟았다. 당시 수분하에는 자그마한 시골풍의 역이 있으나 편하게 쉴 만한 시설은 부족한 편이었다. 시간 여유가 있으면 수분하 일대도 답사해 볼 만하였지만 연해주로 가야 하므로 중국 국경과 러시아 국경을 넘는 것이 무엇보다 큰 과제였다.

김성훈 부단장은 혼신의 노력으로 답사단 일행이 기차를 타도록 고생하며 일을 성사시켰다. 개혁개방 후의 중국과 러시아의 변방 지역을 지나면서 주민들의 생활 단면을 보고 생각하는 것도 망외의 수확이다. 지금 서 있는 수분하를 오게 되리라고는 꿈에도 생각해 본 적이 없기에 고생은 되지만 한여름 뜨거운 시골거리를 거닐다 보니 아주 낯선 풍경도 있다. 흙길에 서서 돼지고기를 파는 모습은 참으로 신기하면서 마음이 조마조마하였다. 한여름의 뜨거운 햇볕 아래 놓여 있는 고기가 상하기라도 하면 어떻게 하나 하는 걱정이 마음속에서 떠나지 않는다. 소박한 서민의 풍경이 좀처럼 뇌리에서 사라지지 않는다. 이처럼 조용했다가 날이 저물고 기차를 탈 시간대가 되자 탑승객이 구름처럼 몰려들기 시작하여 순식간에 역과 주변이 아수라 장이 되고 사람마다 들고 온 짐이 하늘을 덮는다. 중국인, 러시아인들이 들고 있는 짐들은 어마어마한 양이다.

우리 조사단은 한곳에 모여 언제 떠날지 모르는 기차를 바라보고 있는데 희미했던 가로등이 별안간에 꺼지고 어둠 속 기차를 타려는 사람들의 고함 소리가 온 천지를 뒤흔든다. 우리 조사단원도 깜깜한 속에 기차를 타러 가며 서로 이름을 부른다. 나는 그 혼란 속에 조선일보의 박해현 기자가 "단장 님, 이쪽입니다"라고 몇 번 외치는 소리를 듣고 그리로 갔다. 서로 타려고 밀고 당기는 속에 기차 안에 들어가니 여기저기 커다란 짐들이 산처럼 쌓여 있고 먼저 자리를 잡으려고 극심한 혼란이 계속된다. 둘러보니 조사단원들이 모두 보여 안도의 숨을 쉬는데 김성훈 부단장은 갖고 있던 촬영기가 일부 부서져 있는 것을 나에게 보여 준다. 신기하게도 가로등이 들어와 차 안이 밝게 되었는데 짐을 두는 선반에도 사람이 타고 또 누워 있다. 기차는 이렇게 사람과 짐을 싣고 러시아 국경을 넘었다. 조사단원이 한마음으로 서로 아끼면서 단합하였기에 험난했던 시간을 무난히 벗어나게 되었다. 극심한 혼란과 어둠 속에서 이름을 부르며 서로 도와주던 그 아름다운 정경은 언제나 마음 깊이 깔려 있다.

9월 3일 중국과 연해주 조사단이 블라디보스토크에서 만나 합류하였고 우리는 러시아 연구소의 박물관을 참관하면서 샤프쿠노프 박사와 홀리예프 등으로부터 이야기를 듣고 향후 일정을 토론하였다. 토기와 장신구 등 생활 사의 여러 모습을 알 수 있는 유물들이 짜임새 있게 전시되어 있던 아르세 니예프 박물관에도 가서 관련 유물들을 둘러보며 연해주 박물관들의 발해 유물 전시와 연구 상황을 살펴보았다.

우리가 이번 답사에서 계획하였던 목표는 이듬해에 있을 발굴 지역과 유적을 폭넓게 보면서 범위를 좁혀 나가는 작업이었다. 9월 4일부터 9월 9일까지 연해주에서 주요 유적들을 러시아 학자들과 답사하면서 러시아 측의 견해를 가능한 한 많이 청취하였다. 블라디보스토크를 배편으로 떠나서 슬라뱐카, 포시에트만 일대를 답사하였다. 개방 직후였지만 국경 근처에는 길에 군인들의 초소가 보였고 가마니로 막은 초소의 시설은 다소 열악해 보였다. 밭이나 들판을 답사하다 보면 사기그릇 파편이 종종 보이고 일부 파편에는 수(壽)와 복(福) 자가 선명하게 보여 우리들의 가슴을 뭉클하게 흔들었다. 우리의 선조들이 경작하던 밭이고 1930년대 중앙아시아로 떠나면서 잔해만 남은 파편들이 여기저기서 뒹굴었다. 밭 가운데 조그마한 움막집이 있는데 문을 여니 그 일대에서 수집해 모아 놓은 사기그릇들과 깨진 조각들이 시선을 끈다. 답사하다 보면 주인 없는 밭에 자그마한 옥수수가 성장하다 멈춘 모습으로 초라하게 바람을 맞고 있다. 주인을 잃은 옥수수 알이 떨어지고 그 땅에서 다시 싹이 나다 보니 아주 빈약한 모습의 옥수수 밭으로 방치되어 있다. 밭을 거닐며 마치 이 옥수수 밭이 발해사의 잔흔처럼 느껴지며 그 자리에서 멍하니 서 있게 된다.

포시에트만 일원은 우리가 유심히 살피면서 관심을 가져야 할 지역이다. 인근에 있는 크라스키노 성터 유적은 형태가 비교적 잘 보존되어 있어 헬리콥터를 빌려 타고 유적 일대를 지상과 공중에서 촬영하였다. 이곳은 발해로 들어가는 해상의 관문이 되고 발해와 일본의 사신들이 왕래하는 소위 '일본도'의 길목이다. 발해에 관심 있는 주위의 모든 나라의 학자들이 온전하게 남아 있는 이 크라스키노성을 발굴하기를 원하는 것은 그럴 만한 충분한 이유가 있기 때문이다. 우리는 시간을 좀 더 할애해서 성터 내외를 답사하였다. 이후에는 야영생활을 하면서 답사를 하려고 계획하였다. 어차피 그다음 해에는 야영캠프를 설치해야 하므로 사전에 연해주의 기후에 적응해 볼 시간을 가지려 하였으나 계속 비가 오는 관계로 네주노를 주된 캠프로 삼아 주변 답사를 진행하였다. 발해시대의 성뿐만 아니라 여진시대 토성인 아나니에프스카야 성지도 답사하였다. 특히 우수리스크에서는 발해의 솔빈부 행정 중심지로 알려진 샤이긴 성터를 찾아보았고 이미 발굴을 한 코프이토 사원과 코르사코프카 불교 사원 일대를 답사하였다.

코르사코프카 사지는 주변의 평지가 비옥한 땅이고 옆으로 강물이 흐르는 좋은 환경을 갖고 있다. 다만 오랜 세월 방치되어 있어 사지 일부가 허물어져 강가로 무너져 내리고 있어 발굴이 시급해 보였다. 콘스탄티노프카 유적을 마지막으로 답사하면서 연해주 발해유적을 돌아보는 일정을 마무리하였다. 블라디보스토크로 돌아온 우리는 9월 10일부터 그다음 날까지 '러시아과학원 극동분원 역사·고고·민속학 연구소'에서 러시아 측 연구원들과 지금까지 답사한 유적들의 성격과 특성을 논의하고, 그러한 평가 위에서 이듬해에 실시할 발굴에 대해서 의견을 나누었다.

필자는 러시아 연구원들과 답사하고 의견을 나누고 토론을 거치면서 많은 연구원들이 우리나라 학자들과 공동으로 조사하고 연구하는 작업에 정말로 성의껏 도와준다는 사실에 깊은 감명을 받았다. 솔직히 말해서 이번 답사는 두 나라의 학자들이 처음 만나는 행사였고 발해사에 대한 양국 학자들의 견해가 동일하지 않았다. 필자는 시간이 날 때마다 러시아 학자들에게 발해사의 다양한 관점을 말해 주었고 고구려와 통일신라의 역사를 모르면 발해의 역사를 바르게 보지 못한다는 점을 누차 강조하였다. 샤프쿠노프 선생은 발해와 일본 간의 교역에 일찍 눈을 뜨고 있었지만 앞에서 언급한 고구려, 통일신라의 역사를 간과하고 있었다. 이번 답사를 계기로 적어도 러시아 학자들이 지니고 있었던 발해사가 말갈족의 역사라는 고정관념에 일정 변화가 일어나기 시작하였다.

필자는 블라디보스토크를 떠나기 전에 우리 측 학자들과 의견을 나누면서 연해주 발해유적을 발굴할 수 있는 대상이 고분, 성터, 불교 사지, 행정부지 같은 유적이라는 데 의견을 같이하였다. 우리 조사단은 일정을 마치고 9월 13일 하바롭스크를 출발하여 서울로 돌아왔다. 우리 답사단은 귀국 후 중국과 연해주의 발해유적을 답사한 제반 실상을 전문가와 국민들에게 알리기 위해 8월 말경부터 조선일보 지상에 10여 차례 이상 역사와 유적을 소개하기 시작하였다. 우리나라 학계에서 고고학, 미술사, 고대사 분야가 한 팀을 구성해서 해외 발해유적을 답사한 것이 초유의 행사였으므로 발해사의 현황을 적극 알리기로 하였다.

3. 러시아 연해주의 발해유적 발굴

중국과 러시아 연해주의 발해유적을 답사하고 귀국한 뒤에 필자는 1992년 9월 17일에 그간의 활동 상황을 종합해서 답사보고서를 대륙연구소에 제출하였다. 가장 중요한 점은 이듬해에 발굴할 지역과 대상을 선정한 점이다. 우수리스크 지역에서는 사지를 발굴하고 크라스키노 지역에서는 고분을 발굴한다는 논지이다. 특히 크라스키노 지역은 숙소를 마련할 장소가 마땅치 않아 야영을 하되 컨테이너 같은 시설물을 배치하는 것이 효과적이라는 의견을 제출하였다. 보고서에는 북한 학자들을 초청해서 발해의 역사를 남과 북이 함께 발굴하고 연구하는 공동의 장을 차제에 조성하는 것이 사업의 성격에 부합한다는 점도 제기하였다. 이번 답사에서 우리는 북측 학자들이 6월에서 7월에 걸쳐 콘스탄티노프카 유적 발굴에 참여하였다는 사실을 알았기 때문에 우리 측이 러시아 학자들과 발굴을 할 때 북측의 학자들을 초빙하는 것이 발해사 학술교류에 도움이 된다고 판단하였다. 북한의 함경도 일대에 있는 발해유적을 연구한 북측의 학자들도 연해주의 발해유적을 발굴조사 하는 것이 향후 연구에 반드시 필요한 사안임을 알고 있었다. 북측 조사 연구원을 초청하는 일은 러시아 연구소에 일임하기로 하였다.

답사에서 귀국한 우리는 이듬해의 연해주 발굴을 준비하는 체제로 돌아서면서 계획에 따라 회의를 개최하고 발굴지 선정에 따른 대책을 마련하기 시작하였다. 10월 1일 발굴조사와 관련하여 예비조사의 필요성과 발굴준비 상황을 점검하였고 10월 13일 회의에서 발굴 장소로 그동안 준비해 왔던 크라스키노와 남우수리스크 사지를 최종 선정하였다. 컨테이너 2개를 제작하기로 하고 발전기 등은 러시아 측의 협조를 받기로 하였다. 11월 11일 한국국제교류재단의 연구지원차 내한한 러시아 연구소 측의 이블리예프 박사를 초청하여 러시아 내 발해사 연구성과를 듣고 영상자료도 보며 토론하였다. 12월 3일에 2차 워크숍을 개최하여 발해유적에 관해 종합적인 정리를 완료하였다.

발굴단은 2개 팀으로 나누어 발굴하되 발굴단원은 해당 발굴단장의 건의를 받아들여 최대한 협조하기로 하였다. 그러나 예비조사 과정에서 우리가 간과한 점들이 나타나 급히 보완을 하기로 하였다. 발전기를 가동하지만 버너연료를 위한 석유구입은 반드시 이행해야 하고 계속된 비 때문에 긴 장화와 우의를 모두 구입해야 하는 등 일상생활에 불편함이 없도록 준비해야 했다. 경호의 문제도 매우 중요한 사안인데 이 점에 대해서는 샤프쿠노프 박사가 총을 소지하면서 타처의 도움을 받기로 하였다.

1993년 2월 2일 르네상스호텔 23층에서 3차 워크숍을 개최하여 예산안을 검토하고 장비 목록을 다시 작성하였다. 이날 강인구 교수가 건강상의 이유로 발굴단장인 필자에게 발굴에 참여가 어렵다는 장문의 편지를 보내와서 바로 대륙연구소와 상의하였다. 필자는 매우 안타깝지만 강 교수의 사의를 받아들이고 공주대학교의 이남석 교수를 대신 참여시키기로 하였다. 이날 3차 회의에는 언론사에서 발굴에 참여할 기자단도 참석하였다. 인적 사항은 MBC에서 조항민·이수용·전동건·이상룡 기자, 조선일보에서 박해현·최보식·임현찬 기자이다. 이번 발굴이 해외에서 실시하는 우리나라 최초의 발굴이고 더구나 발해유적에 손을 대는 초유의 발굴이므로 자세하고 투명하게 발굴의 진행 과정을 국민에게 알리는 것도 언론의 사명이라고 보았다.

발굴을 앞두고 러시아 연구소 측과 발굴예산에 관해 여러 차례 논의가 이어졌다. 1993년 1월 25일 자로 라린 소장은 필자에게 다음과 같은 서신을 보내왔다.

귀측의 예산안 및 발굴 기간 조정안은 잘 받아 보았습니다. 이에 우리 측의 검토의견을 약간의 수정 사항을 포함하여 하기와 같이 통보 드리는 바입니다.

먼저 북한 학자 초청 문제와 관련하여 북한 고고학자들의 긍정적인 참여의사를 1차적으로 확인하였음을 알려 드리는 바입니다. 그러나 북한 학자들의 답신에 의하면 아직 상부의 구체적인 방침이 정해지지 않아 대기 상태임을 우리 측에 통보해 왔음을 알려 드립니다.

금년의 발굴과 관련한 귀측의 예산안 및 예산 조정안의 경우 우리 측 학자들의 견해에 따르면 러시아 연해주의 5월 기후가 비교적 쌀쌀하므로 이러한 제반 여건을 고려하여 코르사코프카 사지와 남우수리스크 지역 발굴에 참여하는 A팀 일정의 경우 먼저 단기간에 걸친 남우수리스크 발굴을 종료하고 코르사코프카 사지를 발굴하는 것이 좋을 것으로 사료되어 귀측에 일고를 권하는 바입니다. 아울러 A팀의 전체 발굴 일정과 관련해서는 아무런 이견이 없으나 크라스키노 고분군 지역을 포함하여 양 팀의 기존 발굴 일정에 발굴 종료 후 발굴 지역에 설치할 각종 설비 및 시설 정비를 포함하여 전체적인 사후 처리작업을 위해 우리 측 학자들의 사후처리 기간을 4일간(6.18.~21.) 추가하는 것이 좋을 것으로 보입니다.

라린 소장의 의견은 일면 타당성이 있는 제안이므로 우리는 회의 때 이점도 검토하고 넘어갔다. 우리가 발굴비용으로 계산한 예산을 러시아 측이 5만 6055달러로 알려와 우리 측이 다시 검토하여 약간 손을 본 후 시행하기로 하였다. 이번 연해 주 발해유적 발굴의 총예산은 러시아 측의 예산을 포함하여 약 1억 5400만 원으로 결정되었다. 이 예산에는 항공료, 출국경비, 철도요금, 장비구입비, 화물운송비, 예방주사비, 숙박비, 식비, 각종 배터리, 취사기구 등이 포함되었다. 이 가운데서 식품과 관련된 화물을 먼저 현지로 운송해야 하였고 발굴단원은 유행성출혈열 및 뇌염 예방주사를 사전에 모두 맞도록 하였다. 4월 1일 5차 워크숍을 개최하여 출국 전 준비할 모든 사항을 최종 점검하고 발굴단원 인선을 완료하였다. A팀과 B팀의 발굴단원과 기자단의 이름은 다음과 같다.

A팀(코르사코프카, 남우수리스크 사지)
발굴책임자: 문명대 교수
발굴단원: 이동철·박선영·유근자·임석규·김은국·정연욱 연구원

B팀(크라스키노 고분)
발굴책임자: 최무장 교수
발굴단원: 한규철·이남석 교수, 김동우·박순호·조준영·양정석·한성욱 연구원
기자단: MBC 이상룡·송요훈·최종걸·서태경 기자 / 조선일보 최보식·김창

종 기자

　인선이 확정된 후 5월 13일 오후 6시에 만리장성에서 장덕진 회장 이하 대륙연구소의 임직원과 발굴 참여인원이 참석하여 발해유적 발굴단 결단식을 거행하였다. 장 회장은 민족의 대륙 역사를 새롭게 쓰고 복원할 발굴이 성공적으로 이루어지기를 바란다는 축사를 하였고 심중의 핵심인 대륙으로의 꿈과 희망을 강하게 표현하였다. 필자는 작년의 답사와 오늘에 이르기까지의 전 과정을 속속들이 인지하고 있어 다음과 같은 인사말을 하였다.

존경하는 장덕진 회장님!
오늘 한국과 러시아 발해발굴 공동조사단을 만들어 주시고 격려해 주시는 열의와 성의에 단원을 대표해서 감사의 인사를 드립니다.
잊혀져 있는 발해사의 인식을 일깨우고 민족의 혼을 불어넣는 거대한 사업을 후원해 주시는 후의에 보답하기 위해 우리 전 발굴단은 민족사를 다시 찾으려는 겨레의 사명감을 바탕으로 최선의 노력을 다할 것을 약속드립니다.
이번 발굴은 우리 학계가 처음으로 시도하는 해외 발굴입니다. 우리 스스로가 발해 역사와 문화를 직접 발굴하지 않고서는 국제적인 발언권을 행사할 수 없다는 뼈아픈 자성에 되돌아볼 때 이번 발굴은 그 의의가 여간 큰 것이 아닙니다.
외국 학자와 공동으로 발굴하는 첫 번째 발굴이라는 사실을 인지하고 전 단원은 다시 한번 마음을 가다듬어 이번 발굴이 유종의 미를 거둘 수 있도록 적극 협조하여 주실 것을 부탁드립니다.
다시 한번 장덕진 회장님께 감사의 인사를 드리고 이번 발굴이 이루어지도록 뒤에서 많은 고생을 아끼지 않으신 대륙연구소의 원호식 이사 이하 전 임원께 고마운 뜻을 표하고자 합니다.

이날 저녁의 결단식은 참으로 보기 좋은 학술행사장의 모습이었다. 발굴 참가자 모두가 심기일전의 자세로 발해사를 찾아 공부한다고 의기투합하여 활력이 넘쳐 나고 있었다. 필자는 김성훈 부단장한테 그동안 많은 고생을 하였다는 인사를 하면서 유종의 미를 거두자고 하였다. 발굴단원, 그리고 공동 후원하는 기자단에게도 많은 협조를 부탁한다며 고마움의 뜻을 밝혔다.

우리 발굴단(A)은 1993년 5월 15일 서울을 출발하여 일본의 니가타를 경유하여 블라디보스토크에 도착한 후 우수리스크로 갔다. 비가 쏟아지는 가운데 예정된 숙소로 가니 침대 등 시설이 다소 열악하여 마침 인근에 있는 우수리스크호텔로 숙소를 옮겼다. 투숙객이 별로 없고 시설은 다소 낙후하였지만 가격 등이 합리적이어서 발굴 기간 내내 큰 불편 없이 작업을 하였다. 숙박지를 변경한 것은 러시아 연구소 측에도 통보하였다. 5월 18일 발굴에 들어가기에 앞서 발굴단원, MBC와 조선일보 기자단 등 전원이 모인 자리에서 고불식을 간단히 진행하였다. 장소가 연해주 땅이므로 러시아 학자들에게도 우리나라에서 발굴을 할 때 이와 같은 행사가 있다는 사실을 알려줄 필요도 있었다. 문명대 발굴대장의 인사, 필자와 라린 소장의 축사 후에 불교식으로 개토식을 거행하였다. 러시아 학자들은 처음 보는 의식이라며 아주 흡족해하였다. 코르사코프카 사지는 우수리스크 시에서 서북쪽 32km 지점에 위치해 있으며 S자형으로 흘러가는 강물로 인해 계속되는 침식 과정에 있었다.

사지 주변은 10만여 명의 인원이 식생활을 하는 데 충분한 넓은 평원이 있고 토양은 연해주 내에서 가장 좋은 지질이라는 평을 받고 있다. A지역

코르사코프카 사지 발굴 원경

을 중심으로 해서 자연석이 있는 곳을 B지역으로 하고 동서 20m, 남북 5m
의 트렌치를 설치하였다. 그리고 명문기와가 출토되었다는 동쪽 끝 밭 가운
데를 C지역으로 하여 10m의 트렌치를 설치하고 시굴에 들어갔다. 시굴결과
B, C지역은 교란이 심하고 선대 한인들의 생활도구였던 쇠문고리 등이 출토
되어 A지역만을 발굴하게 되었다. A지역은 5m 정방형의 9개 방으로 설정하
여 세분된 지역은 A-1~9로 표지토록 하였다. 표토를 제거하고 발굴을 시작
한 지 일주일이 지난 5월 25일에 A-7지역에서 완형에 가까운 봉황연꽃무늬
수막새기와와 암막새기와의 윗부분이 출토되었다.

완형의 와당들이 출토되면서 이 유적이 일단 발해시대의 것이라는 사실
을 확인하게 되었다. 발굴을 하면서 많은 와당이 출토되었고 건물이 무너지
면서 쌓인 기와층이 온전하게 보존되어 건물의 규모와 성격을 파악할 수 있
었다. 특히 철제 풍탁(風鐸)이 그 지역에서 나와 이곳이 사지라는 것을 가리
키고 있다. 이 외에도 치미편이 나오고 귀중한 와당이 상당량 출토되었다.

 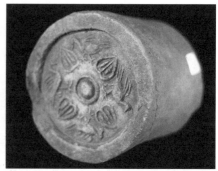

봉황연꽃무늬 수막새기와

6월 4일 발굴 정리와 수습을 한 뒤 6월 5일부터 10일까지는 남우수리스크 사지를 시굴하였다. 도로를 사이에 두고 유치원 유구를 A지구, 공원 유구를 B지구로 정하고 트렌치 작업을 하였다. A지구에서는 상층에서 금나라 기와가 출토되었으나 그 하부에 발해유적이 있는가는 더 조사를 해야 알 것 같다. B지구도 2구의 초석이 노출되어 있는데 이를 중심으로 동서남북의 방향으로 트렌치를 넣었다. 동쪽으로 심심간(心心間) 650cm에서 각각 초석이 1개씩 노출되었지만 그 외의 초석은 발견하지 못하였다. 이곳의 유물도 A지구와 비슷하나 발해유적인지에 대해서는 더 세밀한 조사가 필요하다.

여기서 우리는 코르사코프카 사지에서 출토된 유물과 건물지의 규모를 볼 때 6m 사방의 아담한 정방형 건물은 막새기와, 곱새기와, 철제 풍탁 등 불교미술품들이 출토되었기 때문에 금당(金堂)과 탑의 용도와 관계 있을 것으로 추론하려고 한다. 발굴을 지휘한 문명대 교수는 금당으로 보기에는 규모가 작아 탑일 가능성을 배제할 수 없다고 보고 다음과 같은 견해를 『러시아 연해주 발해유적』에서 언급하고 있다.

3층 건물로 보기는 어렵고 중층 건물일 가능성이 있는데 이 경우도 목탑으로 볼 수 있을까 하는 문제이다. 2층 건물의 목탑은 다보탑일 경우다. 법화경 견보탑품(見寶塔品)에 출현하는 다보탑은 다보불과 석가불(多寶釋迦二佛竝坐)이 하나라는 진리를 포함하는 사상으로 바로 2층탑으로 상징하는 것이다. 불국사 다보탑도 바로 2층이며 일본의 모든 다보탑이 2층인 사실은 이를 잘 알려주는 예이다.

발해의 불교사상은 법화사상이며 불상도 이를 상징하는 이불병좌상(二佛竝坐像)이 상당수 있는 점이다. 이를 전제로 하여 만약 이 사지의 건물이 2층 건물이라면 2층 다보탑일 가능성이 많을 것 같다.

어쨌든 간에 2층 건물이라면 다보탑일 가능성이 많으며 단층 건물이라면 금당이라고 보아야 할 것이다.

문 교수는 이 건물을 정면 3간, 측면 3간으로 보고 이웃한 아브리코스 사지의 정면 4간, 측면 4간과 비슷하다고 보았다. 이번에 출토된 와당에서 특이한 것은 곱새기와가 4점이나 나오고 곱새기와의 표면 무늬가 막새기와와 동일하게 봉황과 연꽃무늬를 엇갈리게 묘사한 점이다. 신라시대의 곱새기와도 완형은 없으며 동국대학교 박물관이 강원도 선림원지에서 발굴한 곱새기와도 파손된 것이다. 상경 용천부 사지나 아브리코스 사지에서 나온 곱새기와도 불완전한 유물임을 감안하면 이번 발굴에서 곱새기와가 완형으로 4점이나 출토된 것은 매우 귀중한 예가 된다. 특히 우리가 주목하는 것은 와당에 봉황새가 연꽃과 대칭되어서 묘사된 점인데 이 점도 주목해서 성찰할 대목이다.

주지하는 바와 같이 봉황은 암수 한 쌍으로 나타나는데 불교미술에서 왕실의 상서로운 문양으로 종종 표현되었다. 코르사코프카에서도 수막새기와

발해 크라스키노 고분 발굴 모습
왼쪽부터 이남석 교수, 필자, 최보식 기자.

에 봉황 2마리가 나타나는 것이 있고 4마리가 조각된 것이 있어 발해를 둘러싼 주변 나라들의 유물과 비교해 볼 필요가 있다. 신라에는 경주 감은사의 봉황무늬 수막새기와가 대표적이나 상호 연관성은 신중히 검토해야 한다. 이번에 출토된 와당을 보면 고구려 연꽃무늬가 섬세한 선으로 변모한 것이 발해 연꽃무늬이고 와당의 봉황새는 신라의 봉황새와 유사하므로 문화의 교류를 상념해야 의미가 통하게 된다. 그러나 이번 출토 유물을 감안하면 인접국가에서는 볼 수 없는 문양의 배치 등이 독특하므로 이런 점은 발해 문화의 특성으로 돌려야 할 것이다.

발해 고분 발굴단(B)은 1993년 5월 22일부터 6월 20일까지 크라스키노성 남쪽의 고분들을 발굴하였다. 크라스키노는 러시아 연해주의 최남단에 위치하며 포시에트만의 가장 안쪽에 자리 잡고 있다. 크라스키노 성지는 이 일대에서 가장 주목받는 성지이며 해변에서 북으로 700m의 거리에 있고 북쪽의 크라스키노 마을에서 2.5km 떨어져 있다.

이번에 발굴한 고분은 성의 남쪽에 있으며 해변에 가까운 거리에 있는 것이 특징이다. 고분군은 동서의 길이 약 2km, 남북의 너비 500m의 범위에 약 250여 기의 고분이 3개 군으로 나뉘어 분포해 있다. 전체 고분이 있는 곳에서 약간 서쪽에 있는 유적들을 발굴하였다.

이 고분군은 해안의 저지대를 성토하여 봉분을 조성하고 봉분상에 매장유구를 설치하는 봉토 토광묘의 형태를 취하고 있다. 우리는 발굴에 앞서 연해주 일원의 발해시대 묘가 중국에서 보는 왕족이나 귀족의 무덤인 석축묘가 아니고 토광묘 계통이라는 점을 인지하고 있었으므로 이 묘제의 성격을 알고자 하였다. 실제로 우리나라 학자들이 발해시대 토광묘 계통의 묘를 직접 발굴해 보지 못하였으므로 이 점도 발해사를 종합적으로 구성하고 이해하는 데 큰 도움이 되었다. 고분을 발굴한 이남석 교수는 다음과 같이 내용을 간추려 말하고 있다.

따라서 묘제적 측면에서 조사된 6기의 고분은 순수 토광묘로 조영된 것과 석재의 적석으로 꾸민 묘, 그리고 이들 두 형식의 속성을 공유하고 있는 중간 단계의 형태, 세 가지 유형으로 구분할 수 있겠다.

그런데 6기의 고분에서 나타난 매장방식은 각각 나름의 차이를 지니고 있다. 즉 장법에서 부분적으로 독특한 화장의 형태가 발견되기 때문이다. 가장 주목되는 것은 (가)호분과 (나)호분, (다)호분이다. 이들은 묘실 내에서 직접 불을 지핀 흔적을 남기고 있다. (가)호분의 경우 묘실 내에 석재 약간을 바닥에 두고 그 위에 시신을 안치한 후 여기에 불을 지핀 것으로 보인다. 이러한 형상은 (다)호분에서 보다 뚜렷하게 나타나는데 묘실 내에 불에 탄 숯이나 불에 심하게 달궈진 철정들로 미루어 시신을 묘실 내에 안치하고 직접 화장을 한 것으로 추정할 수 있는 형태를 남기고 있다. 그러나 1호분과 2호분은 묘실 내에서 화장의 흔적을 전혀 확인할 수가 없다. 물론 1호분과 2호분은 묘실 내에 남겨진 유품이 전혀 없기 때문에 장법의 정확한 실상을 추정하기는 어렵다. 다만 (가), (나), (다)호분이 직접 묘실에 화장의 흔적을 남긴 것과는 차이를 보인다는 것뿐이다.

위의 내용을 요약하면 이번에 발굴한 발해묘제는 토광묘 계통이 많다는 것과 일부에서는 묘에서 화장을 하였다는 것, 또 일부는 화장의 흔적이 없다는 것이다. 그런데 일반적으로 묘에는 부장품이 없기 때문에 개별 묘의 성격을 이야기하는 데 어려움이 있다. 이 시기에 부장한 전통이 없는 것인지 아주 하층민의 묘라 부장품이 없는 것인지는 단정할 수가 없다. 발굴 중에 출토된 발해삼채편을 보면 적어도 발해 말기의 유품으로 볼 수 있는 유물이 있는가 하면, (가)호분에서 나온 희녕원보(熙寧元寶)는 11세기 중후반, 정화통보(政和通寶)는 12세기 초반 시기의 것으로 추정된다. 그렇다면 이들 고분군은 상당한 시간의 폭을 지니면서 조영되었다는 것을 알 수 있다. 이 점에서 이 교수는 다음과 같이 묘의 선후를 밝히고 있다.

따라서 이번에 조사한 고분의 조영 순서는 일단 2호분이 가장 이른 것으로 판단할 수 있다. 이어 1호분이 조영되고 이 1호분의 봉분 자락에 (나)호분, (다)호분, (라)호분이 조영된 후 가장 늦은 시기에 (가)호분이 조영된 것으로 조사된 고분의 선후 순서 배열이 가능하다.

필자는 발굴한 고분의 구조와 선후관계를 면밀히 보면서 연해주의 토광묘 계통의 실상을 이해하는 것이 가장 중요한 과제라고 생각하였다. 이왕 발굴을 하는데 화려한 유물이 나오면 고분을 평가하는 데 도움이 되겠지만,

발해의 중앙부와 거리가 먼 이 지역에서 왕릉, 귀족급에 해당하는 고분은 기대할 수 없어 오히려 이 지역의 고분 형태를 파악하는 것이 연구의 본질에 해당한다고 보았다. 우선 연해주의 이번 조사발굴에서 돌을 이용해서 축조하는 석축묘 계통이 없다는 것은 문화를 조성하는 주민의 성향과 밀접한 관계가 있다. 일반적으로 말갈인의 묘가 토광묘 계열이라는 것은 잘 알려진 사실이다. 경우에 따라서는 발해 하층민들의 묘라고 볼 수도 있다. 지금까지 우리나라 학자들은 발해 시기의 석축묘든 토광묘든 발굴을 직접 해 본적이 없다. 이번에 시도한 발해 고분 발굴은 우리나라 학자들이 우리 손으로 직접 땅을 파고 조사하였고, 러시아 학자들과의 공동발굴이었기에 학문과 행정에 큰 수확을 거두었다. 발해사에 관하여 국제학회에서 발굴을 시행한 연구토대를 근거로 자신 있게 학계의 주장을 펴게 되었다. 발해의 주민과 그 구성을 논할 때 많은 의견이 나오지만 결국 가장 오랫동안 생활습관이 남아 계승되는 것 가운데 묘제와 장법이 있다는 사실은 지나간 역사에서그 예를 쉽게 찾을 수 있다.

4. 북한 학자들의 발해유적 발굴 참여

1945년 일제가 항복하고 해방이 된 이후에도 남과 북은 이념이 다르고 정치체제가 다른 환경 속에서 학문교류 역시 단절되었다. 필자는 개혁개방 이전에도 유럽한국학학회(AKSE)나 세계 동양학대회에 종종 참가하면서 북측의 학자들이나 통역관들을 만나며 간혹 간단한 대화를 한 바 있다. 몇몇 학자들은 초면이 아니어서 말은 많이 하지 않았지만 반갑게 인사하며 근황을 묻곤 하였다. 필자는 항상 고대사를 포함하는 역사학이나 언어 등 우리나라 말에 관한 분야는 남과 북이 자료교환이나 학자들이 만나 의견교환과 토론을 해야 한다는 입장을 견지해 왔다. 이러한 관점에서 러시아 연해주에서 발해유적을 조사하고 발굴하는 데 북측 학자들을 참여시키는 것은 학계를 위해서 좋은 계획이라고 믿고 대륙연구소에 의견을 전달하였다. 전후 사정을 경청한 장 회장은 북측의 발굴 참여를 긍정적으로 보고 최종 승인하였다. 남북이 발해유적 발굴에서 상면하고 함께 조사·발굴한 사실은 매우 중요하므로 그 과정을 간략하게 기술하도록 하겠다.

앞에서 간단히 언급한 바와 같이 초청하는 문제와 그 절차는 일단 러시아의 라린 소장에게 일임하기로 하였다. 이에 따르는 모든 비용은 대륙연구소에서 책임을 맡았다. 행정적으로 문제를 해결하는 것은 라린 소장의 일이지만 초청해서 오는 분들은 북쪽의 학자들이라 자연 샤프쿠노프 박사와 협의를 하곤 하였다. 처음에 북측 학자들을 초청하는 문제가 나오자 샤프쿠노프 선생은 아주 긍정적으로 보고 웃으면서 좋은 일이라고 환영을 하였다. 시간이 흐르면서 초청 건이 가시권에 들어오자 샤프쿠노프 선생은 다소 걱정하는 눈빛을 보이곤 하였다. 물론 북측 학자들이 온다면 행정절차에 따라 북측 학자들의 숙소 등 입장을 배려해야 하며 이 점에 대해서 필자는 전적으로 러시아 연구소 측의 의견을 존중하였다.

우리 발굴단이 코르사코프카 발굴을 시작할 때 러시아 쪽 발굴팀은 강 건너 쪽의 크로노프카 마을에 있는 유치원에 본부를 두고 가까이에 있는 코프이토 산상사지를 조사·발굴하였다. 우리 발굴단이 우수리스크호텔에 유숙하고 있었지만 음식 때문에 점심과 저녁을 러시아팀이 있는 곳에서 먹게 되었다. 한인 아주머니를 주방장으로 오게 해서 음식을 조리하는 형식으로 발굴단의 건강을 챙기도록 하였다. 따라서 서울에서 가져온 모든 음식 재료와 간식들은 이 유치원 방에 가득히 쌓여 있었다. 한 가지 없는 품목은 러시아

술인 보드카였다. 당시 러시아에서는 술을 살 때 한 사람당 한 병씩만 살 수 있었고, 종일 발굴에 참여하는 우리는 술을 사러 갈 시간이 없었기에 크게 관심도 두지 않았다.

그러나 북측의 학자들이 올 가능성이 아주 높아지자 필자는 모처럼 북측 학자들을 만나는데 혹 상면해서 식사하게 될 때 건배라도 할 수 있게 보드카를 준비하자고 하였다. 날을 택해 필자는 정연욱 연구원과 차를 타고 우수리스크 시내와 그 주변까지 다니면서 술을 한 병씩 사기 시작하였다. 어느 상점 앞에서는 긴 줄에 서서 정 선생과 함께 한 병씩 구입하였다. 반나절을 돌아다니며 구입한 술이 25병쯤 되어 마대에 가득 차게 되자 음식 재료를 쌓아 둔 유치원으로 가서 인계하고 발굴지로 떠났다. 북측 학자들이 도착하였다는 전갈을 받은 필자는 샤프쿠노프 박사와 문명대 교수를 만나 북의 학자들을 만나는 장소 등을 상의하였다. 우리가 발굴하러 연해주에 왔고 북측도 발굴차 이곳에 왔으므로 러시아 발굴 지역으로 가서 만나는 것이 옳다고 의견을 모았다. 그런데 샤프쿠노프 선생은 남과 북의 학자들이 만나는 것을 걱정하며 회의 내내 근심스러운 표정을 짓는다. 필자는 샤프쿠노프 선생한테 해외 학술모임에서 여러 번 북의 학자들을 만났음을 말하고 너무 걱정하지 마시라고 오히려 위로의 말을 하였다.

사실 북측 학자들을 초청하면서 필자가 걱정을 한 것은 혹 사정으로 오지 못할 수도 있지만 기왕에 러시아 연구소에 지급한 초청 건 비용 문제가 있어 이 점이 오히려 마음에 걸리곤 하였다. 대륙연구소에서는 남북의 학자들이 만나 발굴을 논하는 것이 연구소와 학계, 그리고 국민들에게 보기 좋은 소식이 되므로 이 계획이 성사될지에 큰 관심을 보이곤 하였다. 우리가 라린 소장과 이 문제의 진척 상황을 때때로 대륙연구소에 알리기는 하였으나 북측의 학자들이 연해주에 도착해서 발굴지에 도착했음을 확인한 다음에야

한국·북한·러시아 발굴단

대륙연구소에 최종 통보해 주었다.

필자는 샤프쿠노프 선생, 문명대 교수, 정연욱 연구원과 같이 근처에 있는 산상의 코프이토 사지를 오르기 시작하였고 기자단도 이 사실을 아주 관심 있게 지켜보고 있었다. 그런데 샤프쿠노프 박사는 산을 오르다 멈추면서 무슨 약을 먹으며 일절 말을 하지 않는다. 필자는 대략 짐작은 하였지만 구체적인 내용을 알지 못한 채 그의 행동을 유심히 보며 걱정도 하였다. 필자는 정연욱 연구원에게 남북의 학자들이 함께 발해유적을 발굴한다는 것이 우리 학계에 발해사를 한 단계 높이는 계기가 된다는 점을 조용히 이야기해 주라고 말하고 분위기를 차분하게 가라앉히는 데 노력하였다. 나지막한 산상에 오르자 러시아 발굴단과 북쪽의 학자들이 보이고 필자는 북측의 유병홍 단장을 비롯한 학자들과 만나 반갑게 인사를 나누었다. 서로 인사를 나누고 이번 발굴에 우리 팀이 여기서 가까운 코르사코프카에서 작업을 하고 있으며 귀한 발해와당이 출토되고 있다는 점을 알려 주었다. 우리는 북측의

북한의 김종혁 선생, 유병홍 단장과 필자.

학자들과 기념촬영을 하며 화기애애한 분위기 속에서 발해사에 대해서 환담을 하였다. 기자단은 이 일련의 흥미 있는 발굴단 소식을 취재하고 남북 발굴단의 만남을 크게 보도하였다.

우리가 북측의 학자들과 만나 사진을 촬영하고 또 서로 학문 이야기를 나누는 모습을 본 샤프쿠노프 선생은 그제야 안심을 하면서 밝은 표정으로 돌아왔다. 북측의 발굴 참가자 5인은 유병홍 단장, 김종혁·한인덕·이창언·이윤철 선생이다.

북측 인사 가운데 김종혁·유병홍·한인덕 선생은 북쪽에서 출판되는『조선고고연구』에 종종 글을 발표하였고, 특히 김종혁 선생은 발해 관련 논문을 짭짤하게 쓴 것으로 알고 있다. 필자가 간혹 수인사를 하더라도 유병홍, 김종혁 등 연배가 있는 분들에게 말을 건네는 편이었고 상호 누가 되지 않게 하려고 조심을 하였다. 북측 인사들도 우리들에게 예를 갖추어 학자다운 풍모를 보여 주었다.

북측 학자들을 숙소에서 만나 식사를 하게 되었을 때 유 단장은 몸이 약간 불편하다고 하면서 발굴지에 오면서 마신 우유가 몸에 맞지 않은 것 같다고 말한다. 실제로 연해주의 여기저기 길가에서 병에 담은 우유를 햇볕이 뜨거운 속에서 길에 놓고 파는 노파들이 있다. 필자는 유 단장에게 가공된 우유만을 마시도록 권유하고 우리가 가져온 상비약들이 있으니 러시아 학자들과 상의해서 언제든지 사용해 달라고 당부하였다. 그뿐만 아니라 우리가 가져온 모든 식량과 음식 그리고 식수가 이곳에 있으니 조금도 마음 쓰지 말고 필요시 항상 사용해 달라고 이야기하였다. 북측 인사들이 이 모든 것을 서울에서 가져온 것이냐고 묻기에 선편으로 모두 가져왔다고 답하였다.

필자는 첫 번째 식사 자리이기 때문에 함께 발굴하는 축하의 인사를 하려고 술을 달라고 하였다. 식사하며 기다려도 술을 가져오지 않기에 물으니 술이 없다는 것이다. 나는 정연욱 연구원과 반나절 우수리스크 일대를 다니며 사 온 것이 20여 병이나 되기에 그래도 몇 병은 있겠지 하는 생각이었는데 알고 보니 그날 밤에 몇 사람이 모두 마셨다는 것이다. 필자가 술이 없는 연유를 말하니 북측 학자들이 박장대소하며 고개를 끄덕이고 러시아인들의 음주벽을 재미있게 이야기한다. 식후에 필자는 샤프쿠노프 선생에게 서운한 마음을 이야기하고 술을 마시는 것은 좋으나 이 술은 북측 인사들이 왔을 때 사용한다는 것을 모두 알면서 어떻게 한두 병도 남기지 않고 전부 마실 수 있느냐고 이야기하였다. 그가 잘못된 일이라고 하기에 더 이상 말하지 않았다. 발굴현장에서 일어날 수 있는 대소의 일 가운데 작은 일에 속하는 일화이다. 필자는 북측의 유 단장에게 가능한 한 식사시간을 조정해서 발굴단원들이 조우하는 일을 피하도록 하겠다고 말하니 웃으면서 편한 대로 하시라고 답한다. 그러나 점심, 저녁시간이 모두 작업시간과 연결되므로 종종 모두 만나게 되거나 약간 중첩되는 때가 있어 서로의 발굴 이야기로 꽃을 피웠다.

우리는 연해주에서 발해유적을 발굴하면서 발해사의 외연을 넓히고 있고 북측은 인접한 연해주에 와서 러시아의 발해유적을 발굴하면서 북측 자료의 한계성을 극복하고 있다. 남북이 모두 중국에서는 발해유적을 조사하거나 발굴하지 못하는 상황에서 연해주에 나와서 함께 발해유적을 발굴하며 발해사가 우리나라 역사라는 공통인식을 향유하고 있다는 것이 너무나 기쁘고 자랑스러웠다. 발굴을 완료하고 철수하면서 필자는 북쪽의 학자들에게 앞으로 언제 어디서나 또 만나자며 작별의 악수를 하였다.

발굴단원은 6월 18일 모두 귀국하였고, 6월 24일 대륙연구소의 장 회장은 발해유적 발굴단원을 위한 해단식 겸 만찬을 만리장성에서 베풀며 발굴의 성과를 찬양하였고 특히 남북의 학자들이 만나 발굴한 사실을 거듭 칭송하였다.

발해유적 발굴은 러시아 연해주에서 시행하였기에 행정적으로도 어려운 점이 한두 가지가 아니었다. 더구나 큰 비용이 드는 해외 발굴이었기에 대륙연구소는 이름에 걸맞은 연구사업을 일단 성공리에 완수하였다. 국민들에게 발해사를 다시 보게 하는 계기를 만든 점에서 학계에도 도움이 되는 연구사업이었다. 그리고 주요 언론이 이를 상세하게 보도한 것도 국민들에게 발해사 인식을 크게 각인시킨 요인이었다. 발굴단의 발굴성과 보고는 대륙연구소의 잡지 『전망』 8월호에 참여 교수들이 각각 담당 분야에 걸쳐 요점을 정리해서 발표하였다. 정식 보고서에 앞서 궁금해하는 국민들을 위해 해외 발굴성과를 알리는 데 목적을 두었다.

5. 연해주 크라스키노 성터 발굴

1993년에 1차로 러시아 연해주에서 발해유적을 발굴한 우리는 이듬해에 있을 2차 발해유적 발굴에 대해서 관련 전문가들의 의견을 듣고 유적지를 선정하는 일에 몰두하였다. 연구자들 모두 크라스키노 성지를 발굴하기를 원하였으며 만약에 이 성의 발굴을 우리나라에서 하지 않으면 일본이나 다른 나라에서 하게 될 것 같다고 말하였다.

필자는 이미 코르사코프카 사지와 발해 고분을 발굴한 바 있으므로 이번에 성터를 발굴하는 것이 순서로도 맞다고 생각하였다. 성격이 다른 유적을 발굴하는 것은 지적 호기심을 유발하고 새로운 유물을 발견하는 것은 생생한 사료가 되므로 더없이 값진 도전이 된다. 우리는 연해주를 답사하는 초기부터 크라스키노성을 주목하였고 이 성이 지니고 있는 역사성으로 보아도 발굴의 첫 번째 대상으로 여길 만하였다. 학구적인 열기를 감안하더라도 당시의 발해사 자료를 더 다양하게 구할 수 있는 데는 이 크라스키노성이 최적의 유적임이 틀림없었다. 중국에서 발해유적을 조사하거나 발굴할 수 없고 북한 지역에서도 발굴이 불가능한 가운데 이 크라스키노성은 발해와 일본의 사신들이 내왕하던 항해의 길목에 위치하고 있어 모든 국내외 학자들이 주목하던 성지였다. 학문적 대상의 여건은 아주 훌륭한 발굴목표였지만, 행정적인 절차를 거쳐야 할 양측의 합의 건에 다소의 난점이 있었다. 발굴비용이 그 가운데 하나인데 우리 발굴단은 대륙연구소가 전폭적으로 지원하는 비용으로 양측의 발굴을 진행시켜 왔다.

우리 발굴단은 발굴예산을 책정할 때나 정산할 때 대륙연구소와 합의하고 결정하는 과정을 반드시 거치면서 연구사업을 수행하였다. 여기서 소소한 이야기를 언급할 필요는 없지만 연구원들의 수당 건은 간단히 짚고 넘어

가는 것이 향후 양국의 발굴협조를 위해서도 참고가 될 수 있다. 개혁개방 시기에 러시아의 경제는 다소 힘들었고 그 여파는 연해주의 연구소에도 전해져 연구원들의 사기도 많이 저하된 상태였다. 대륙연구소나 우리 발굴단이 이 사정을 충분히 인식하고 배려하는 의미에서 연구원들의 발굴활동비를 하루 50달러로 산정한 것이다. 물론 연구소를 운영하려면 운영비 등이 있어야 정상적인 활동이 가능하므로 예산이 필요하다는 것은 모두가 알고 있는 사안이었다. 연구원들의 활동비를 50달러씩 배정한 것도 이 가운데서 일부가 연구소 운영에 보탬이 될 수 있도록 길을 터 주기 위해서였다. 대체로 우리가 예상했던 것은 활동비의 절반 또는 1/3 정도를 연구원들이 받을 수 있을 것으로 믿고 있었다.

우리가 1993년에 발굴을 마치고 출국하기 전에 양국의 연구자들이 모여 회식하는 자리에서 필자는 러시아 연구자들이 받은 활동비 내역을 듣고 깜짝 놀랐다. 회식 자리의 연구원들은 밝은 표정이 아니었고 다소 침울하였다. 이 문제는 사실 연구소 내부의 일이긴 하지만 양측이 상호 합의한 하루 활동비 50달러는 양국의 연구원들이 모두 아는 사실이므로 속으로 쉬쉬할 일이 아니었다. 더구나 필자는 러시아 연구원들이 이번 발굴을 통해 그래도 봉사한 만큼의 금액을 받을 것으로 기대한 터라 순간 연구원들을 보기가 부끄럽고 민망하였다. 나는 떠나기 전에 라린 소장을 만나 진위를 묻고 강한 유감을 표명하였다. 라린 소장은 내년에는 대륙연구소에서 직접 비용을 지불할 수 있도록 하겠다며 미안하다고 말했다. 연구소가 어렵기 때문에 소장인들 하고 싶어서 그렇게 했겠는가 싶지만 연구원 처우에 대해 계약서를 쓴 우리 입장에서는 한여름 내내 뙤약볕 아래서 함께 발굴한 연구원의 고생한 보람이 무너진 듯해서 마음이 너무 아팠다.

필자가 이 이야기를 언급하는 것은 누구를 꼭 비난하려는 뜻이 있어서가 아니고 어려웠던 시기에 연구소를 운영하던 실상을 언급하는 것이 이해에 도움이 될 것으로 믿어 기술한 것이다. 그나마 연구원들이 필자의 언행을 잘 이해해 주고 연구원과 러시아를 사랑한다는 점도 알고 있다는 사실에 다소 위안이 되었다. 만약 이듬해에 다시 발굴을 한다면 이 점은 시정해야 할 사항이므로 주의하기로 하였다.

1994년도 여름에 시행할 크라스키노 발굴 협의를 위해 필자는 5월 25일부터 31일까지 블라디보스토크의 러시아 연구소를 방문하였다. 1993년 발굴 때 양측이 합의한 문건이 있어 이를 토대로 1994년 발굴에 관한 합의문을 작성하였다. 크라스키노 성지는 두만강에서 약 60km의 거리에 있으며, 훈춘으로부터는 약 40km의 거리에 위치해 있다. 크라스키노는 포시에트만의 안쪽에 자리를 잡고 있으며 천연의 환경 이점을 지니고 있어 발해와 일본의 사신이 이곳을 거쳐 간 것으로 알려지고 있다. 200여 년간 발해사신이 34회나 일본을 내왕하였기 때문에 크라스키노 성지는 일본과의 사신왕래와 교역의 중심지였으며 그 일대는 발해의 주요 항구였다. 아직도 일부 논의가 있지만 이 지역은 발해의 염주(鹽州)로 비정되고 있고 크라스키노 성지는 바로 염주의 치소로 인식되고 있다.

크라스키노성은 둘레가 약 1400m 되는 평지성이며 동서 330m, 남북 380m의 크기로 북쪽이 다소 좁고 남쪽이 더 넓은 사다리형의 모습을 갖고 있다. 성벽은 돌로 쌓으면서 흙을 섞은 토성이며 동과 서, 그리고 남쪽에는 문이 설치되어 있으나 북쪽에는 문이 없다. 이번 발굴은 북쪽의 서북 모서리에서 러시아 발굴단과 함께 진행하였다. 우리 측 발굴단원은 필자가 단장, 김성훈 소장이 부단장을 맡고, 문명대 교수가 A팀, 이남석 교수가 B팀을 맡아 발굴을 지휘하였다. 명단은 아래와 같다.

A팀: 문명대 교수, 김창균·임석규·유근자·이동철 연구원

B팀: 이남석·한규철 교수, 한성욱·조원창·김동우·이현숙 연구원

필자는 발굴단원을 선정할 때 문명대 교수, 이남석 교수와 상의하고 각각 발굴을 지휘하는 발굴대장들의 천거를 거의 그대로 수용하였다. 어느 발굴이든 연구원들 간에 의사소통이 자유롭고 단원들이 화합하는 분위기가 좋을수록 발굴성과가 높기 때문에 이번에도 인화를 중시하였다.

이번 크라스키노 성지 발굴에서 당초 계획 중 변경된 것은 원래 고분을 발굴하기로 한 목표를 바꾸어 B팀도 넓은 성내를 함께 발굴하기로 한 점이다. 이것은 러시아 발굴팀과 우리나라 발굴단과의 논의에서 자연스럽게 합의되었다. 우선 양국의 학자들 사이에 발굴방법 그리고 유적보존이라는 관점에서 상호 커다란 차이가 있다는 사실을 시간이 갈수록 알게 되었다. 예컨대 성지가 매우 넓어 유물의 분포상태를 이해하기 위해서는 경우에 따라 트렌치를 넣게 되는데 러시아 학자들은 기본적으로 트렌치 개념을 갖고 있지 않았다.

효율적인 발굴을 위해서 세밀한 발굴은 하더라도 성내의 유구분포를 알기 위해 주요 지역을 설정해서 십자형의 트렌치를 넣게 되면 유적·유물의 성격을 파악하는 데 큰 도움을 받는다. 그렇게 일을 진행시켜야 불필요한 시간 낭비도 줄일 수 있다. 그러나 러시아팀은 한쪽에서 발굴을 시작하면 계속 잇대어 발굴을 확대하는 양식을 취하고 있어 발굴에 많은 시간, 많은 비용을 소비해야 하는 난점이 있었다. 고분 발굴에서도 역시 유구보존 등에 차이점이 있어 이번에는 이남석 교수팀도 넓은 성내의 일부 지역을 발굴하기로 방침을 바꾸었다. 오히려 성의 내부를 발굴하는 것이 성지의 성격이나 구조를 밝히는 데 도움이 되고 발굴의 효과도 기대할 수 있다고 보았다. 생

개토제 광경   양국 국기가 걸린 발굴단 텐트 전경

각해 보면 러시아 발굴단의 입장도 우리가 역지사지 입장에서 고려해 볼 필요가 있었다.

러시아 측도 우리가 이야기하는 트렌치 관련 발굴을 모르는 것이 아니고 아마도 내심 관심을 갖고 있는 것 같은데 문제는 혹 발굴 후에 상부의 감독이 있을 수 있어 매우 조심하는 듯하였다.

우리 발해유적 발굴단은 7월 23일 김포를 떠나 직항으로 블라디보스토크에 도착하였다. 그동안 하바롭스크나 니가타를 경유해서 블라디보스토크로 가던 일정을 생각하면 큰 여정의 변화이다. 에콰도르호텔에 짐을 풀고 러시아 발굴팀과 발굴계획을 점검하고 협조 사항을 확인하였다. 다음 날 아르세니예프 박물관에 가서 발해 관련 유물들을 보면서 서로 의견을 나누고 러시아 연구원들과도 토론을 하였다.

필자는 이 박물관을 갈 때마다 렌코프 연구원의 사진을 늘 눈여겨보게 된다. 젊어서 많은 활동과 기여를 한 공이 있어 박물관 전시에 올라 있다는 사실에 고마움을 표시하곤 하였다. 발굴할 때 그는 늘 앞장서 크고 작은 일을 맨몸으로 처리하며 헤쳐 나갔고 한번 삽질을 할 때면 다른 사람보다 2~3배의 양을 퍼내곤 하였다. 건장한 그는 늘 웃으며 밝은 모습을 보여 주었다.

고불식 광경

발굴단 야영지 전경

25일에 우리는 모든 준비를 마치고 슬라뱐카를 경유해서 크라스키노에 도착하였다. 러시아팀이 미리 와 있어 식당이며 컨테이너 등도 정돈되어 있고 좀 떨어진 곳에 간이 화장실도 새롭게 만들었다. 우리 발굴단은 즉시 텐트를 설치하였고 대원들은 텐트 위나 나무 위에 태극기와 러시아 국기를 같이 걸고 단합을 다짐하였다.

펄럭이는 양국의 국기를 보면서 학문연구에 국경이 없어야 하는구나 하는 느낌이 순간순간 자그마한 잔물결을 일으킨다. 26일 발굴 지역을 정비하고 발굴 시작 전 고불식을 거행하며 발굴이 순조롭게 진행되고 연구원들이 건강하기를 기원하였다.

러시아 발굴단의 볼딘도 우리나라식으로 예를 드렸다. 전해에 함께 발굴하였던 사이라 아주 화기애애하게 의식을 마치고 발굴에 들어갔다.

성의 북쪽과 서북쪽은 성지에서도 비교적 높은 위치이며 러시아가 오래전에 발굴했던 금당지로 추정되는 곳을 중심으로 문명대 발굴대장은 서쪽을 담당하고 이남석 발굴대장은 동쪽을 맡아 발굴을 시작하였다. 발굴단의 야영지는 북에서 남으로 흐르는 추카노프카 강가 위에 위치하고 있어 아침저녁으로 발굴단이 오고 갈 때 유속이 빠른 50m의 강을 보트를 이용하여 건너곤 하였다.

날씨가 덥고 때로 비가 오는 속에서도 발굴단은 발해 성지를 발굴한다는 사명감을 갖고 정말 열심히 조사를 하며 발굴작업을 진행시켰다. 발굴작업이 정상 속도를 내는 와중에 8월 4일 석축 북쪽에서 삼채그릇편, 방추차, 완형의 수막새기와 등이 출토되었고 5구역 중심부 부근의 지표 아래 50cm 지점에서 완전한 금동불수(金銅佛手)가 발굴되면서 발굴단의 사기가 오르기 시작하였다. 8월 6일에는 8구역 석축 안에서 완전한 금동보살상이 출토되어 발해의 불교문화와 조각을 연구하는 데 좋은 자료를 얻게 되었다.

이 외에도 용두형 귀면와와 치미편이 출토되면서 고구려계의 적색기와가 물받이 형태로 출토되었다. 적심석을 찾고 곱새기와가 출토되면서 중문지를 확정한 것도 이번 발굴에서 나온 수확이었다. 유적을 발굴한 문명대 교수는 대석축 금동보살입상, 금동불수, 삼채편 등을 거론하며 그곳에 고구려의 영향을 받은 8세기 중엽의 사찰이 있었던 것으로 보고 있다. 그는 2004년에 출간한 『러시아 연해주 크라스키노 발해 사원지 발굴 보고서』에서 초미의 관심을 끄는 금동보살입상을 다음과 같이 언급하고 있다.

금동불상의 협시보살로 추정되는 금동보살입상이다. 꽂이가 달린 연꽃대좌 위에 서 있는데 오른쪽 무릎을 살짝 굽히고 허리를 비튼 삼곡(三曲) 자세를 나타내는 입상이다. 머리에는 보관을 쓰고 있지만 현재는 형태가 불분명하다. 얼굴은 갸름하고 예쁜 모양인데 코가 오뚝하게 돌출하여 인상적이며, 두 눈과 입은 작고 가늘게 묘사하여 신비로운 미소를 띠고 있어서 7세기 말 내지는 8세기 보살상과 비교된다. 상체는 벗은 나목형인데 목에 정교하고 가는 목걸이 연락장식이 묘사되었고 젖가슴이 신체에 비해서 강조되었으며 허리는 가는 사실미를 보여 주고 있다. 하체는 허리에서 허벅지에 걸쳐 도티

금동보살입상

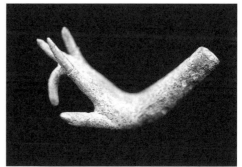

금동불수

(dhoti)형의 꽉 조인 천의를 입고 있으며 오른 다리를 살짝 굽혀 농염한 육감적 묘사를 하고 있어서 7세기 말의 안압지 혹은 금동3존불의 협시보살과 8세기의 차명호 소장 금동보살입상과 동일 계통임을 알려 주고 있다.

오른손은 내려 오른쪽 어깨에서 팔을 감아 흘러내린 굵은 천의 자락을 잡고 있고 왼손을 들어 연꽃 봉오리를 잡고 있어서 이 보살상이 관음보살일 가능성을 시사해 주고 있다.

발굴로 세상에 나타난 이 불상을 발해 최고의 불·보살상으로 간주한 문 교수는 이어 출토된 금동불수에 대해서도 아래와 같이 언급하였다.

금동불상(또는 보살상)의 오른손에 끼웠던 금동불상의 오른손이다. 손목이 달려 있는 이 손은 알맞은 두께로 만들어졌는데 손등의 양감도 알맞고 손바닥도 양감이 뚜렷하며 손금까지 묘사되었다. 특히 손가락은 날씬하고 정교하

연꽃 봉오리 장식

게 만들어졌는데 엄지는 살짝 굽혀 구부린 장지를 맞댈 듯이 묘사했고 둘째 검지는 곧게 뻗었고 무명지는 살짝 아래로 뻗은 데 비하여 새끼손가락은 위로 살짝 들어 변화의 묘미를 최대한 살리고 있다. 손가락 끝들은 날씬하게 묘사하였는데 손톱까지 묘사하여 정교성을 자랑하고 있다. 곳곳에 녹이 남아 있지만 찬란한 금색은 그대로 보여 주고 있어서 정교하고 우아하며 날씬하고 아름다운 손으로 최고 수작임은 누구도 부인할 수 없다.

이 손의 주인은 엄지와 중지를 맞댄 아미타하품중생인(阿彌陀下品中生印)을 짓고 있어서 아미타불 내지 관세음보살상의 수인일 가능성이 있다.

이번 크라스키노 발굴에서 문명대 교수팀이 발굴한 위의 불상 관련 유물들은 우리 발굴단이 최초로 사지에서 조사하고 발굴한 귀한 불교예술품으로 평가되고 있다. 이 유물들은 고구려, 통일신라 그리고 당나라의 유물들과 비교해서 검토할 여지가 있다. 발굴자는 고구려, 통일신라와의 친연성에 무게를 두고 있어 향후의 연구성과가 주목된다. 이남석 교수가 발굴한 지역에서는 다량의 기와가 출토되었는바, 그 가운데서도 6종류의 막새기와가 출토되어 막새기와 연구에 귀한 자료를 제공하였다. 발굴에서 치미는 2개체분이 수습되었고 출토 위치도 건물의 좌우로 구분이 된다. 조사된 건물지의 하부구조는 단칸 방형의 규모를 갖춘 것이지만, 이 치미의 존재로 보면 지붕은 사모형보다는 팔작형으로 화려하게 축조되었다고 볼 수 있다. 이번 발굴에서 출토된 연꽃 봉오리 장식은 처음부터 발굴단원들 사이에서 큰 관심을 끌었던 유물이다.

이들 유물은 건물지 북서쪽과 북쪽의 와적층에서 출토되기 시작하였는데, 복원하면서 연꽃 봉오리 장식으로 나타나게 되었다. 전체 연꽃 봉오리 장식의 도상복원을 통하여 추정된 하단부의 규모는 추정 너비 61cm, 추정 높이 33.5cm이며 중단부 연판과의 사이에는 1조의 돌대를 중심으로 약 3.5cm 너비의 중단부 받침이 형성되어 있다. 이번 발굴에서 불상유물과 더불어 이 연꽃 봉오리 유물은 단연 발굴단 사이에 화제의 주인공이 되었다. 이남석 교수는 이와 관련하여 보고서에서 다음과 같은 견해를 밝히고 있다.

이와 같이 당대에서부터 송대에 이르기까지 불교건축에서 정·측면 1칸의 건물에 치미와 연봉상륜 장식이 시설된 예는 자주 확인할 수 있다. 이는 당시 불교건축에 있어서 매우 성행하던 양식의 하나로 판단하는 데 중요한 자료를 제공할 수 있는 것이므로 주목된다. 크라스키노 건물지에서 확인된 연봉상륜 장식도 이러한 맥락에서 불교 사원 건축에 사용되었던 부재로 판단되며 앞으로 이와 관련된 자료의 검토가 이루어져야 할 것으로 판단된다.

연꽃 봉오리는 전각건물의 용마루에 장식된 장엄기구이며 크라스키노 성지의 사원이 성의 북쪽 다소 높은 위치에 자리 잡았기 때문에 성내에서 연꽃 봉오리가 용마루에 걸쳐 있는 모습을 보면 위엄과 장식의 극치였을 것이다. 크라스키노 발굴에서는 위에서 언급한 주요 출토품 이외에도 가마 내에 있는 기와, 철종편 등 많은 유물들이 나옴에 따라 발해 문화를 연구하고 복원하는 데 귀한 자료가 되었다.

발굴이 종료될 즈음에 조선일보와 KBS 취재팀이 발굴현장에 와서 취재를 하며 발굴된 유물을 보고 감탄을 하였다. 원호식 이사도 발굴후원 때문에 많은 고생을 하였는데 이곳 현장에 와서 발굴 과정과 야영지 등을 둘러보고 또 출토된 유물을 보며 매우 만족한 듯 기뻐하였다. 15일에 필사는 기자단과 발굴에 관한 회견을 하였으며 우리나라 학자들이 연해주에 와서 발해유적을 직접 발굴한다는 의미가 어디에 있는지 중요 근거와 요점을 거론하였다. 조선일보 8월 23일 자에는 우리 발굴단이 연해주에서 발해유적을 발굴한 성과를 상세하게 보도하며 의미를 부여하였다.

필자는 이번 발굴을 마치고 러시아 연구진과도 많은 의견을 교환하였다. 물론 발굴하면서 출토된 유물들의 의미와 성격을 여러 각도에서 설명해 주었다. 그동안 러시아 연구원들의 관점은 말갈족문화에 쏠려 있었는데, 그 연구경향에 어떤 변화가 있을 것인가를 주시해 왔던 필자는 러시아 연구원들이 발굴을 진행하면서 우리나라 학자들의 발해사 연구 의견을 많이 경청하며 수용하는 학적 자세를 종종 목도하게 되었다. 발해사가 말갈족의 역사라는 도식이 무너지고 발해사의 근본 사료, 그리고 고구려, 통일신라, 당나라, 일본 등지의 자료를 넓게 보아야 한다는 사실에 전적으로 동감하였다. 순수 학문교류와 토론이 이념의 장벽에 갇혀 있던 역사의 본래 모습의 본체를 세상에 드러나게 만들었다.

샤프쿠노프 박사는 통일신라에 더 주목해야겠다는 말을 하고 이블리예프, 홀리예프, 겔만도 고구려의 문화를 다시 보아야 한다는 데 동의하였다.

온돌문화가 고구려 문화인데 이를 외면하면 온돌문화의 연구가 실종된다는 사실을 인지하기 시작하였다. 발해의 역사가 말갈족의 역사이고 발해가 당나라의 지방정권이라는 중국 학계의 견해가 연해주 발해유적 발굴에서부터 흔들리기 시작하였다.

우리나라 학자들도 지금까지의 발해유적 조사와 발굴을 하면서 말갈족의 문화, 고구려계의 문화, 통일신라계의 문화, 당나라와 일본 등의 문화요소를 점검하는 경험을 갖게 되었다. 중앙의 귀족문화와 지방의 토착문화 양식도 눈으로 보고 발로 다니면서 비교하였다. 크라스키노의 발해 고분을 발굴하면서 말갈족 계통의 토광묘를 천착하는 기회를 가진 것은 일본 측의 『유취국사』에서 언급한 말갈부락의 모습을 연상시킨다. 반면에 크라스키노 발굴에서 출토된 고급스러운 불교조각 미술품의 유물들이 고구려, 통일신라 문화와 연계된다는 견해를 접하게 되면 발해사의 근본 문제 해결은 초보적 연구에서 실마리를 찾는 것이 첩경임을 알게 된다.

중국의 중학교 교과서에서는 발해의 귀족들이 장안에서 공부를 하고 돌아가 요직을 맡고 중원문화를 보급하는 데 힘을 기울였으며, 당나라와 발해는 문물과 제도가 같은 집안이라는 뜻의 '거서본일가'(車書本一家)를 언급하였다. 발해는 문물제도 측면에서 당나라와 동일하다는 것이다. 그러나 이 사실은 고구려를 외면한 채 실상을 가렸다는 점에서 비판을 받게 된다.

제 3 장

중국의 동북공정과
고구려사 논쟁

제1절 중국의 동북공정과 고구려사

1. 동북공정의 출현과 그 의미

발해사를 중국 말갈족의 역사이자 당나라 지방정권이라고 간주한 중국이 20여 년이 지나서 이번에는 우리나라의 고구려사를 비롯하여 대륙에 위치하였던 고대국가의 역사를 중국사라고 주장하는 연구계획을 발표하였다. 발해의 역사 문제가 중국의 개혁개방 이전의 산물인 반면에 고구려 역사 문제는 개방 이후에 등장하였다는 점에서 차별성이 있다. 전자는 이념의 장벽 속에서 정보의 통제 때문에 시간이 지나면서 우리가 인지하게 되었지만 후자인 고구려사 문제는 학술정보의 취득이 신속한 전파를 타고 있어 우리나라 역사학계와 국민들에게 곧바로 전달되었다. 고구려사를 자랑스럽게 가슴 깊이 품고 있는 국민들에게 고구려사는 민족의 진취성과 웅혼한 기상의 표상이었다. 중국과 중국 학계의 경솔한 처사에 온 국민의 분노가 폭발하면서 고구려사가 민족 정체성의 중심축임을 만천하에 선언하였다. 한국의 여러 고대사학회, 동·서양사학회, 한국사연구회, 역사학회, 각 분야의 시대사학회, 언론사, 시민단체 그리고 전 국민이 일치단결하여 중국의 역사왜곡을 강하게 비판하였다. 중국에 대항하며 분노하는 물결이 온 강산을 뒤덮고 있었다.

흔히 '동북공정'이라 하는 이 명칭은 '동북변강역사여현상계열연구공정' (東北邊疆歷史與現狀系列硏究工程)이라는 대과제에서 유래하였다. 이 연구사업은 중국사회과학원에 속하는 '중국변강사지연구중심'(中國邊疆史地研究中心)에서 수행하는 국책사업이다. 그 명칭을 다시 보게 되면 그 뜻은 '동북변강의 역사와 현상계열(여러 사회과학 등)의 연구 프로젝트'라는 의미이다. 따라서 '동북공정'이라는 말은 맨 앞쪽에 있는 '동북'(東北)이라는 말과 맨 마지막에 있는 '공정'(工程)이라는 말을 따와서 합쳐 만든 것이다. 여기서 '동북'은 중국의 동북3성을 가리키며 지난날 부르던 만주 지역이다. 오늘날 중국에서는 만주라는 명칭은 사용하지 않고 있으며, 요령성, 길림성, 흑룡강성이 바로 동북3성이다. 따라서 '동북변강역사'라는 것은 동북3성의 변강역사라는 뜻으로 그 역사는 동북3성의 고대사에서 현대사까지 전 역사가 대상이 된다는 의미이다. 여기에 덧붙여 연결되는 정치, 경제, 사회, 강역 등의 현상계열까지 연구하는 대형 과제이므로 '동북공정'이 고구려의 역사만을 대상으로 연구하는 과제는 아니다. 동북3성의 고대사에서부터 변강의 현대사에 이르는 여러 분류사 가운데 고구려사도 주요 과제의 항목에 들어 있다. 고구려 연구를 사실에 근거해서 한다면 어느 과제가 어느 항목에 들어 있더라도 문제가 될 사안이 아니다. 핵심은 고구려의 역사가 중국 소수민족의 역사이고 고구려가 중국의 지방정권이라는 판에 박은 연구선전물이었고, 이에 대하여 우리나라 역사학계와 온 국민들이 중국 학계의 역사가와 중국 정부를 비판하며 정도를 걸을 것을 촉구하게 되었다. 실로 고구려사가 우리나라 역사에서 자리 잡고 있는 거대한 위상 때문에 고구려사를 왜곡하는 동북공정이 마치 그 전부인 것처럼 잘못 이해한 점도 있었다. 실제로 오해 이상을 초래할 만큼 동북공정에서 주장하는 내용은 우리나라 국민과 역사학계에 자존심을 훼손하는 큰 충격을 주었다.

2002년 2월에 중국은 동북공정을 발표하였다. 발표 이전에 나온 세계사나 초급중학 교과서에는 서술 내용이 다소 미흡하지만 고구려사를 우리나라 역사로 기술하고 있다. 예컨대 2001년도 의무교육 초급중학교 교과서인 『세계역사』제1권에는 신라의 통일과 조선왕조의 수립이라는 제목으로 다음과 같은 내용을 기술하고 있다.

조선민족은 예로부터 조선반도에 거주하였다. 기원 전후에 고구려 노예제 국가가 조선반도 북부를 통치하고 있었다. 후에 조선반도 서남부와 동남부에는 또 선후하여 백제, 신라 두 노예제 국가가 나타났다. 그 후 몇백 년 동안에 반도는 줄곧 삼국이 정립하고 있는 국면에 처하여 있었다. 봉건관계가 선후하여 삼국에서 발전하기 시작하였다. 676년에 신라가 조선반도의 대부분 지구를 통일하였다.

여기에서 보는 바와 같이 중국은 고구려를 백제, 신라와 더불어 삼국으로 보고 있다. 이것은 유사 이래 모든 역사책과 역사가가 인식하고 인정해서 따르는 아주 평범한 역사사실이다. 다만 고구려가 조선반도의 북부를 차지하였다는 것은 고구려의 초기 건국과 발전을 바라보는 관점에서는 미흡한 역사서술이다. 오늘날 고구려가 환인의 오녀산성 일대에서 건국하고 후에 집안으로 천도해서 장수왕 때 평양으로 천도하고 고구려 멸망 때까지 그곳에서 통치를 하였다는 것이 학계의 정설이다. 위에서 거론한 중학교 교과서를 보면 고구려가 마치 평양에서 건국하고 조선반도 북부를 통치한 것처럼 오해를 부를 소지가 있다.

적어도 동북공정이 발표되기 직전까지는 위에서 본 바와 같이 다소 미흡한 면이 있으나 고구려를 백제, 신라와 같이 삼국으로 간주하고 있었다. 그런데 동북공정 발표로 한국사의 고구려사가 중국의 역사로 하루아침에 바뀌고 말았다. 2000여 년이나 가꾸고 믿어 온 고구려사가 일순간 사라지고 그 소중하고 자랑스럽던 대륙의 역사가 날벼락처럼 중국사로 둔갑하였다. 대한민국의 고대사 전공자를 비롯한 역사학자나 국민들이 이 사실, 이 일대 변혁의 실상을 모른 척하고 넘어갈 수 없다는 이치는 너무나 자명하다. 우리 선조들과 국민들은 숱한 역경을 딛고 나라와 역사를 지켜 왔고 오늘의 우리 역시 이 나라와 우리 역사를 지키고 가꾸어야 할 의무가 있다. 우리 국민들 한 사람 한 사람의 가슴속에 "나라는 망해도 역사는 인멸할 수 없다"는 선인들의 가르침이 살아 있고 잔혹한 일제항쟁기에도 이 정신과 교훈이 면면히 흘러 왔다. 그렇다면 우리나라의 고구려사가 히루아침에 중국사로 둔갑한 이 이상한 역사왜곡은 중국 학자들의 연구결과가 아래로부터 도출된 결론인가 아니면 중국 정부의 정책적 판단하에서 내려진 결단인가 또는 양자가 합의하에 결정한 역사왜곡인가에 대해 전후 사안을 검토해 볼 필요가 있다. 물론 학문 외적인 여러 요인들이 거론되지만 이 사항들은 결국 정부의 정책 판단에 옮겨져 논의의 대상이 될 듯싶다.

다 아는 바와 같이 중국에서 고구려사를 전공하는 학자들은 극히 소수이다. 고구려의 활동무대는 결국 동북3성이 주된 지역이지만 고구려인들의 활동 영역과 지리적 위치, 그리고 유적·유물의 출토 상황을 십분 고려하면 길림성과 요령성으로 활동범위를 좁힐 수 있다. 이 중 길림성에 연변대학이 있고, 고구려사와 발해사를 전공하는 학자들이 포진하고 있다. 한국의 역사, 언어, 문화 등 소위 한국학 연구의 요람을 중국에서 찾는다면 단연 연변대학을 거론할 수 있다.

필자가 지금까지 촉목하는 한 연변대학의 관련 교수들은 중국 학계와 우리나라 학계 사정을 비교적 공정하게 보고 있으며 특히 고구려사에 대해서도 치우치지 않는 자세를 보이고 있다. 고구려 고고학의 조사와 발굴, 그리고 유적·유물을 집중적으로 관리하는 기관으로는 집안의 집안박물관이 있고 그곳의 연구원들도 유적과 유물을 토대로 고구려사 연구에 힘을 쏟고 있다. 동북공정 발표 이후에 길림대학 통화사범학원, 동북사범대학 장춘사범학원의 연구진이 관련 논문을 활발하게 발표하고 있다. 심양의 심양동아연구중심, 요령대학, 요령성박물관도 고구려와 관련된 연구를 지속하고 있다. 그렇다고 동북3성의 학자들이 주축이 되어서 동북공정을 발표하였다고 보기에는 사업의 규모나 그 후 연구가 진행되어 나타난 출판물의 양이 방대한 편이다. 따라서 동북공정 초기에 의논이 분분하였던 이 연구사업은 중앙에서 집행하였다든가 지방의 연구자들이 스스로 하였다든가 하는 선을 넘어 사회과학원 변강사지연구중심이 성(省)급 단위의 협조하에 실행한 국책사업임이 드러났다.

기본적으로 동북공정은 동북3성이 역사적으로 중국의 영역임을 입증하려는 중국 정부의 학술연구사업으로 변경 지역의 소수민족을 관할·통치하려는 정책수단의 일환이다. 동북은 청조의 발생지이자 중국, 우리나라, 러시아가 접경을 이루고 있어 이는 중국 동북 지역의 정치사회적 안정추구가 기저를 이루는 정책이다. 소수민족들에게 해당 지역이 중국 영토임을 주지시키기 위해 역사적 명분을 통해 동북 지역을 장악할 필요가 제기되었다. 연변 일원에는 조선족이 다수 거주하거니와 조선족을 통제하고 한민족의 의식을 제거하기 위해 조선족의 삼관(三觀)교육이 설정되었다.

첫째가 역사관으로 동북 지역의 고구려, 발해 역사는 한국의 역사가 아니고 중국의 역사라는 것이다. 지역의 소위 소수민족의 역사는, 그들이 중국에 있으므로 그들의 역사가 아니고 중국 역사라는 것을 주지시키고 있다. 둘째가 민족관으로 조선족들 중 우리나라나 북한과 혈연관계가 있는 사람들이 있겠지만 그럼에도 불구하고 조선족은 중국 56개 민족 대가정(大家庭)의 일원임을 알려 주고 있다. 셋째가 조국관으로 조선족의 조국은 우리나라나 북한이 아니고 중국이라는 것이다. 소수민족의 분열을 막고 오로지 중국화로의 길로 유도하는 정책이다. 이 삼관교육도 결국은 '통일적 다민족국가론'(統一的 多民族國家論)의 일환이며 변강이론과 더불어 동북공정의 핵심 논조를 이루고 있다.

변강사지연구중심이 동북공정을 총괄하고 있는바 중국에서는 원래 대륙이나 해양의 경계가 매우 넓고 대부분의 소수민족이 중국의 변강에 거주하므로 이들의 역사와 문화를 이해하면서 중국화로 통제할 방안에 대한 연구가 오랫동안 진행되어 왔다. 1980년에 들어와 동북3성의 학자들은 중앙정부와 북경의 관련 기관에 유럽이나 러시아 등에는 변강학이 있는데 중국에는 왜 변강학이 없는가에 대해 불만과 서운함을 밝히곤 하였다.

변강에 대한 연구는 동북3성의 학자들에게 연구에 대한 열정과 자신의 지역을 학구적으로 탐구하는 기회를 갖게 하였다. 원래 변강에 관한 연구는 사회과학원 민족연구소에서 담당하며 업무를 취급하여 운남 지역인 서남이나 신강 지역인 서북에서 일련의 성과로 호응을 얻었다. 그러한 과정 중 변강 지역에서 여러 문제가 속출하게 되자 중국적 성격을 띤 변강학이 성립하게 되었다. 이후 변강에 대한 연구는 1983년에 민족연구소에서 변강사지연구중심으로 바뀌면서 독립성격으로 나가게 되었다. 2000년대에 들어와 변강학의 중요성이 크게 강화되면서 변강학이 중국사회과학원 변강사지연구중심에 설치되었다. 변강학은 2003년에 변강사지연구중심에 학과 과정이 설치되면서 2008년부터 대학원생을 받아들였다.

주지하는 바와 같이 사회과학원 내의 여러 연구소가 석·박사 과정을 개설하고 학위를 수여하면서 인재를 양성하기 때문에 변강사지연구중심에서도 변강에 대한 정책연구 이외에 변강학 전문가를 양성하는 또 하나의 중요한 교육기능을 담당하게 되었다. 이들은 각 지역의 대학에서 역사학, 정치학 등 관련 전공을 이수한 전문가보다 변강학의 이론과 실천을 보다 중시하면서 교과 과정에 차별성을 갖고 있어 향후 소수민족정책에 크게 관여하게 될 것이다. 현재 중국의 변강학이 갖고 있는 변강이론은 관련 소수민족의 역사문화와 맞지 않아 충돌 유발의 갈등을 안고 있다. 이 점은 뒤에서 통일적 다민족국가론을 언급할 때 간략하게 짚고 넘어가도록 하겠다.

동북공정이 나타난 배경이 무엇 때문이라고 중국 당국이 밝힌 사실은 없다. 다만 관행적으로 동북 지역의 안정을 위해서, 그리고 소수민족의 역사문화를 보존하기 위해서 연구한다는 원론적 입장이 간간이 나타나곤 하였다. 그러나 여기 큰 언급 뒤에 중국의 안팎에서 나타나는 개혁개방 이후의 크고 작은 사건들을 눈여겨볼 필요가 있다. 개방 이후에 중국에 거주하는 조선족들이 여건이 맞으면 한국으로 취업하러 오는 경우가 날이 갈수록 크게 증가하였다. 경제적 소득을 목적으로 취업하러 가는 국가가 다른 나라가 아니고 혈연관계가 있는 한국이므로 이러한 현상이 조선족 사회에 크고 작은 파장을 일으키게 되었다.

또 하나의 문제는 개방 이후에 우리나라 관광객이 예상보다 많게 백두산 등지를 여행하면서 양 국민 간의 생활습관과 차이에서 초래하는 문화의 갈등이 때로는 일정한 선을 넘어 마음의 충돌을 야기하였다는 점이다. 자유민주주의국가의 국민들이 누리며 생활하였던 관습이 때로는 여과장치 없이 순진한 감정을 표출하면서 중국인들과 조선족을 당황하게 만들곤 하였다. 백두산에 오른 관광객이 태극기를 흔들며 우리 땅이라고 외치거나 애국가를 부르는 것은 즐거움을 나타내는 애교로 보아 줄 수도 있으나 그칠 줄 모르는 이 현상을 중국 당국은 유심히 관찰하였다. 중국 연변을 통해 올라간 백두산이 중국 땅이라는 사실을 일부 관광객은 잊고 있었으며 흥에 취한 일부 관광객은 술을 들며 만주가 우리 땅이라고 노래를 불렀다. 한 번의 노래가 아니고 계속해서 이러한 현상이 계속되면 영토 문제가 떠오르고 자연 공안 당국의 심기가 불편하게 된다.

그다음에는 북한의 탈북민이 중국으로 넘어오면서 본격적인 사회·정치 외교 문제로 비화하기 시작하였다. 개방 후의 천안문 사태는 중국 내의 문제지만 중국 밖의 문제들도 동북 지역 안정에 일정한 영향을 주게 되었다. 중국 당국이 바라는 동북 지역의 정치 안정에 반하는 일련의 사태가 반복되었다.

원래 동북 지역의 학자들은 문화대혁명 이전에 중원만 중국이고 동북 지역을 중시하지 않고 있다며 불편한 심기를 갖고 있었다. 학자들은 중국의 근대사에서 치열한 항일투쟁의 지역이자 산실인 동북 지역을 홀대한다는 인식을 갖고 있었고 지난 시기에 근대 공업의 중심지가 심양, 장춘 등지라며 지역발전의 불균형에 이의를 제기하는 분위기가 있었다. 동북 지역을 중시하지 않던 분위기 속에서 이를 반전시키고 이 모두를 아우르는 국책사업으로 동북공정이 나타났다.

동북공정이 인문사회계열의 기초와 응용의 연구사업이라고 한다면 함께 시행한 동북진흥이 바로 경제발전의 견인차가 되었다. 동북공정과 동북진흥은 동전의 앞뒤와 같은 존재로 동북3성에서는 대형 국책사업이 되었다. 중앙정부와 성 단위의 학자들이 참여한 것이 바로 동북공정의 실상이다. 뒤돌아보면 이 동북공정은 동북의 학자들이 문화대혁명 이전부터 조금씩 연구를 한 것이 기초가 되어 중앙정부와 더불어 추진한 사업이라고 보면 된다.

동북공정은 연구사업 기간이 2002~2007년까지 5년간이며 매년 300만 위안 예산으로 총 연구비는 1500만 위안이다. 이 예산 가운데 중앙정부가 1000만 위안, 동북3성이 500만 위안을 담당하는 것으로 알려져 있다. 동북공정보다 2년 늦게 시작한 신강항목 사업은 기간이 2004~2009년까지인바

동북공정판공실 신강항목판공실

사업예산은 매년 600만 위안으로 총 3000만 위안이며 규모로 보아 동북공정의 2배의 예산을 집행하였다.

여기서 한 가지 지적하고 가야 할 점은 동북공정은 공정(工程)이라는 말을 사용하였는데 신강 지역의 연구사업 명칭은 신강공정이 아니고 신강항목이라는 사실이다. 필자가 고구려연구재단의 책임을 맡고 있을 때 변강사지연구중심을 방문한 적이 있었다. 관련 시설과 장소를 안내받아 연구소를 보는데 신강항목이라는 푯말이 붙은 방이 있어 여성(厲聲) 주임에게 그 뜻을 문의한 바 있었다.

여성 주임은 웃으면서 원래는 동북공정처럼 '공정'이라는 말을 써서 신강공정으로 하려다가 공정이라는 말보다는 항목이라는 표현이 더 좋고 부드러워서 신강항목으로 결정하였다고 말한다. 그 후에도 서남항목, 서장(西藏)항목, 북강항목 등 모두 항목이라는 용어를 써서 명명하고 있다.

동북공정은 사업 분류상 5개 부류로 나뉘어 사업을 편성하였고 하위항목으로 110개를 설정하였다. 첫째가 기초연구 부류로 기초가 되는 순수학문을 연구하는데 기초학문 분야에 110개 항목 중 73개 항목이 배정되고 있어 전체 동북공정의 틀에서 보면 큰 비중을 차지하고 있음을 보게 된다. 둘째는 당안 문헌자료연구류로 기왕에 알려진 당안과 새로운 자료, 그리고 연관되어 있는 타처의 당안자료를 엮어 내는 작업을 한다. 종합적이고 새로운 자료들의 출간을 기대할 수 있다. 셋째가 번역류이며 한국, 일본, 러시아 자료들을 번역해서 연구에 참고하는 사업이다. 넷째는 학술정보자료 구축사업으로 동북3성의 역사정보는 물론 외국의 동북연구성과도 수집하는 일을 한다. 다섯 번째는 보급독문(普及讀文)으로 일반 대중을 위한 홍보용 자료를 보급하는 일을 한다.

연구항목 가운데는 변강학의 이론연구, 민족사에 대한 이론연구, 변강의 민족 문제연구, 중외관계사연구 등 변강 지역 소수민족연구를 위한 깊은 이론을 중시하고 있다. 동북공정도 변강학의 이론 속에서 다루어진다는 사실을 우회적으로 적시하고 있다. 이 가운데 고구려사가 동북공정에서 큰 비중을 차지하며 주목을 받고 있어 변강학의 이론에 휩쓸릴 경우 고구려 본래의 역사 모습이 훼손될 가능성이 매우 높다. 종래 고구려 연구가 순수 역사가의 소관 사항이라 업적의 다과나 평가의 호불호가 학자의 학적 수준을 가름하는 잣대가 될 수 있었다. 그러나 변강이론과 사료가 잘못 응용되거나 변강이론과 소수민족의 현재와 과거사가 적격성을 상실할 경우 고구려사에 흠집이 날 수 있다. 이미 그러한 정책이 낳은 비과학적 연구물이 존재함은 연구성과물의 생명력이 오래가지 않는다는 것을 보여 준다.

그렇다면 동북공정을 이끄는 변강사지연구중심의 지도자는 누구인가 하는 의문이 일게 된다. 앞에서 잠시 살핀 바와 같이 민족연구소는 변강사지연구중심으로 기관 명칭이 바뀌었으며 제1기 주임은 옹독건(翁獨健), 2기 주임은 1986년부터 재임한 여일연(呂一燃), 3기 주임이 마대정(馬大正)으로 1994년부터 2001년까지 연구소를 책임·관리하였다. 4기 주임은 여성(厲聲)이며 2001년부터 2012년까지 동북공정을 주관하는 책임자의 위치에 있었다.

마대정이 주임일 때 여성이 부주임이었으므로 동북공정은 실질적으로 마대정 주임, 여성 주임으로 연결되는 선에서 그 운영과 활동이 활발하게 이루어진 셈이다. 동북공정이 2002년 2월에 공표되었지만 아무런 준비 없이 국책사업이 발표되고 주요 사업항목들이 공표될 수가 없으므로 내부적으로 많은 논의를 거친 후에 정책이 발표되었다고 볼 수 있다.

시간이 지나고 이제 필자가 지난날을 회고해 보니 희미하였던 말 가운데 진의가 분명하게 나타난 것이 바로 동북공정과 관계된 사안이다. 필자가 고려대학교의 행정책임을 맡은 후 북측의 김일성종합대학과 학술 건을 논의하기 위해 1999년과 2002년 두 번 평양을 방문한 바 있었다. 당시 방북 건은 절차와 시간이 많이 소요되던 시기였는데 서울에서 만난 한준광(韓俊光) 소장이 때때로 방북 건을 도와준 바 있었다.

한 소장은 중국조선민족사연구소 소장의 명함을 나에게 주었고 인사동에서 식사하면서 우리나라 역사, 연변 조선족의 역사, 그리고 특히 단군에 대해 많은 이야기를 하였다. 당시 한 소장은 삼청동에 있는 경남대학교 연구소에 잠시 있었는바 자기는 중국에 있는 관계로 북한에도 일이 있을 경우 방문을 한다고 말했다. 필자가 김일성종합대학 총장실을 방문할 때도 한 소장과 북측 인사가 함께 갔으며 평양에 체류하는 동안 필자에게 불편함이 없도록 안전에 신경을 쓰곤 하였다. 한 선생은 북쪽에 지인들이 있어 방북하는 데 큰 어려움이 없어 보였다.

두 번째 방북인 2002년 3월 31일부터 4월 10일까지 평양에서 한 소장과 몇 차례 역사 관련 토론을 한 바 있는데 이야기를 하다가 한 소장은 때때로 눈을 감고 고개를 끄덕이며 무언가를 말하려다 다음에 필자에게 상의를 하겠다고 말하곤 하였다. 귀국길에 북경에 왔을 때 한 소장은 지금 중요한 학술토론이 있는데 지금은 그렇고 나중에 그에 관해 이야기하겠다고 말을 한다.

그 당시 필자는 우리나라와 북쪽 간에 견해차가 심한 역사 문제를 언급하려고 조심을 하는 것으로 대충 짐작을 하였다. 그러나 2002년 2월에 동북공정이 정식으로 공표되고 나서야 작고한 한 소장이 가슴에 두고 말하고 싶었던 이야기가 바로 동북공정이라는 것을 알았다. 동북3성과 연계된 동북공정을 훤히 알고 있었을 한 소장이지만 법을 지키느라 마음고생을 크게 하였다. 되돌아보면 고구려 문제로 극비토론이 진행되던 시기에 한 소장이 평양에서 필자에게도, 그리고 북측의 학자에게도 진행되는 역사 이야기를 하지 못했지만, 그때 이미 동북공정의 윤곽이 자리 잡고 있었다는 사실은 유추할 수 있어 많은 상념이 떠오른다.

앞에서 동북공정을 지휘하는 주임으로 마대정 선생, 그리고 여성 선생을 언급한 바 있다. 그런데 한 가지 특이한 사항은 이 두 학자가 고구려 연구나 이와 관련된 역사 전문가가 아니라는 사실이다. 주지하는 바와 같이 마대정 교수는 1938년생으로 산동대학 역사과에서 공부하고 동 대학원에서 중국근대사를 전공한 변강학의 권위자이다. 신장·운남 등지의 변강연구와 민족분쟁 지역 담당 전문가로 중국의 국경연구와 이론 구축에 업적을 쌓고 있다. 여성 교수는 1949년생으로 서북(西北)대학에서 중·러관계사를 전공한 후 신강대학 부교수를 거쳐 변강연구와 중국대외관계사, 중동 문제를 전문으로 삼고 있으면서 변강이론을 변강사에 접목시키는 연구를 하고 있다.

일반적으로 변강 문제를 언급하게 되면 육지의 땅을 상정하게 되지만 중국이 바다와 연접한 지역이 매우 넓기 때문에 변강사지연구중심에는 해양을 전문으로 연구하는 전문가도 있다. 이국강(李國强) 부주임은 정주대학 대학원에서 해양학을 전공한 전문가로 바다의 국경과 이와 연관된 기구를 연구하는 해강학(海疆學)을 진작시키고 있다. 중국에서 변강학의 위상이 날로 높아지는 가운데 중국사회과학원은 2014년 '중국변강사지연구중심' 명칭을

'중국변강연구소'로 개칭하며 기관을 한 단계 승격시켰다. 이국강 부주임은 중국변강연구소의 서기로 승진하고 변강연구소의 각종 핵심적인 역할을 수행하고 있다.

위에서 거론한 동북공정을 이끄는 핵심 세 사람의 학문과 경력에서 보듯이 이들은 고구려 역사와 관련된 전문가가 아니다. 그럼에도 동북공정을 지휘한다는 사실은 고구려를 비롯한 역사사실의 구체적 연구 못지않게 중국적인 변강학의 관점이 반영된 연구로 연구사업이 진행된다는 것을 뜻한다고 보아야 한다. 따라서 적어도 동북공정은 순수한 학문논쟁만이 아니고 통치 차원의 정책적 관점에서 변강이론이 조선족 역사에 적용되고 그 여파가 우리나라 역사에 파장을 일으키는 작용을 하게 되었다.

혹 뒤에서 간간이 언급할 부분이 있겠지만 필자는 고구려연구재단에 관여하면서 동북공정을 책임 맡은 인사들과 학술대회의 토론이나 공적 회의나 또 기타 모임에서 여러 번 상면하면서 대화하는 기회를 가졌다. 마대정 선생은 애국자의 확고한 입장에서 사업을 주도하며 비교적 큰 보폭으로 행정을 한다. 인간적인 정과 배려가 있어 상호 신의와 약속을 중히 여긴다. 여성 선생은 소신이 반듯하고 개방적인 사고에다 합리적인 판단을 하며 논란의 핵심을 바로 챙기는 실무형의 책임자다. 이국강 선생은 말이 적으며 많은 일을 소화하는 온화한 성격의 소유자다. 상대방과 대화를 하면서 일이 성사될 수 있는 것과 없는 것을 솔직히 언급해 회의를 생산적 방향으로 유도하는 장점이 있다. 필자가 세 사람과 교류하면서 보고 듣고 경험한 장점을 극히 간단한 몇 줄로 언급하였지만 인물평이나 인품을 평하는 자리가 아니므로 후일담 같은 것은 뒤에서 기회가 되면 언급할 것이다.

2. 중국의 고구려 역사관 변천 과정

중국은 전통적으로 보수적 입장에서 우리나라의 역사를 가능한 한 객관적으로 보려는 역사관을 견지해 왔다. 중국의 정치적, 문화적 우월성을 전면에 내세울 경우에도 한국 역사의 뼈대가 되는 큰 역사의 흐름은 빠르게 인정하였다. 예컨대 기자조선을 때로 언급하기도 하고 한사군의 설치와 그에 따른 통치, 그리고 문화의 영향 등을 크게 주목하였으며 시대에 따라 교류와 전쟁 등을 상식 수준에서 언급하면서도 중국의 영향을 직간접으로 표명하는 방식을 취하기도 하였다. 근대에 와서 중국에서 고구려 역사를 연구하는 과정을 대체로 3단계로 구분해서 보면 고구려사 연구의 변화 과정을 쉽게 이해할 수 있다.

제1단계는 1930~1940년대의 연구로 많은 연구가 이루어진 시기는 아니지만 근대 역사학의 출발선상에서 중국이 고구려 역사를 어떻게 보았는지 그 관점을 찾을 수 있다. 우선 곽말약(郭沫若)은 고구려 역사를 삼국의 역사로 인식하였으며 이것은 전통적으로 우리나라의 전근대 역사학자들의 견해와 같은 것이다. 아울러 우리나라 전통 사서의 영향을 받은 일본 학자들도 고구려는 백제, 신라와 함께 삼국을 형성한 국가라고 보았다. 그러나 이 시기에 중국 학자 전체가 거의 같은 의견은 아니었다.

중국 동북지방 역사연구에 전념하던 김육불(金毓黻)은 다른 견해를 피력하던 학자 가운데서 대표적인 인물이었다. 우리는 중국의 동북공정이 추진되어 가는 과정에서 변강사지연구중심의 지도부나 동북3성의 학자들이 공히 등을 기대고 있는 저서가 김육불의 『동북통사』(東北通史)임을 알게 되었다. 1940년대에 나온 『동북통사』는 그 시기에 각종 사료와 우리나라, 일본 그리고 중국의 자료를 망라해서 동북3성의 자료가 되는 역사를 서술하였다. 일본이 만주 지역을 침략한 이후임을 감안하면 그가 저술에 임한 자세의 일단을 엿볼 수 있는 대목으로 『동북통사』의 머리말에서 다음과 같이 말하고 있다.

오늘 기이한 현상이 하나 있다. 즉 동북사 연구의 중심이 우리나라에 있는 것이 아니고 일본에 있다.

『동북통사』에는 일본 학자들이 만주 지역에서 연구하고 활동한 결과물을 다수 참고하고 있는 점이 눈에 띈다. 시라토리, 이나바 등의 견해를 소개하던 그는 그 당시 일본 학자들의 논저가 눈앞에 쌓이는 현상을 목도하며 동북 지역의 역사에 일본인과 다른 견해를 피력하였다. 중국인에게 애국심을 고취하는 역사를 집필하게 되었고 그 결과는 자연 중국 위주, 중국 우선의 역사관으로 나타났다. 그렇기 때문에 그는 "동북사가 중국사의 일부 지방사이며 그것은 지방지의 일종"이라는 입장을 견지하였다. 우리나라 학계에서는 김육불의 이러한 견해를 알고 있었지만 그의 저술이 자료편찬에 속하는 연구성격이 짙어 지방사, 지방지의 단순한 의미가 이와 같이 변화되고 변질될 것으로는 보지 않았다. 실제로 그는 『동북통사』에서 고구려에 대해 다음과 같이 언급하고 있다.

고구려 일족은 부여에서 왔으며 우리 중화민족 구성의 한 부분이고 동북 지역에서 건국한 나라 가운데 제일 오래다.

바로 여기에서 동북공정의 핵심 논리가 표출되었고 크고 작은 논쟁점이 충분히 여과되지 않은 가운데 사방으로 퍼져 나갔다. 『동북통사』는 학적 관점에서 충분히 검토된 후 인용되었어야 하는데 다소 성급하게 애국주의 역사관에 휩쓸렸다는 생각이 든다. 이와 관련하여 마대정 주임이 고구려의 귀속 문제와 관련된 글에서 언급한 부분이 있다.

이 시기에는 고구려에 대한 역사 논저는 거의 없었고 다만 지방사 저작 중에서 얼마간 언급되었을 뿐이다. 그런데 그 가운데서 상당히 중요한 것이 김육불의 『동북통사』 상권이다. 김육불 선생은 우리나라 동북사 연구의 창시자이다. 『동북통사』는 비록 고구려 전문서적은 아니지만 그 내용 중에는 고구려 민족과 정권이 동북 지역 역사에서 갖는 지위와 역할을 서술한 부분도 있다. 그는 고구려 문제에 대한 우리나라 학자들의 심도 있는 연구의 기초를 닦아 놓았다.

위의 견해는 김육불이 서술하는 고구려 역사의 사실연구보다 고구려 역사를 충분히 연구하지 않은 상태에서 고구려 역사의 성격을 평가하고 더 나아가 해석을 가한 관점에다 무게를 두고 있는 것 같다. 여성 주임도 이와 같은 문제에 대해서 아래와 같은 의견을 피력하고 있다.

종래 우리나라 학계와 중외 학자 사이에 고구려 역사에 대한 연구에서 같지 않은 관점이 있었다. 아울러 일찍부터 중·일 사이에 고구려 역사에 대한 연구, 특히 역사 귀속 문제에 대한 관점은 첨예하게 대립되었다. 일본 군국주의가 동아시아 대륙의 확장과 한반도를 직접적인 식민지로 만들기 위한 정치수요에서 출발하여 일찍 일본에서 고구려 역사에 대한 연구의 관점은 고구려를 '독립국가'로 정해 놓았다. 이에 대해 중국 학자들도 대립되는 관점을 제기하였다. 1941년 당시 사천삼대 동북대학에서 교편을 잡은 김육불 선생은 "고구려민족은 중국 동북의 소수민족이고 고구려국은 중국 동북변강의 민족정권"이라고 지적하였으며 『동북통사』 상권에서는 "고구려 일족은 부여에서 왔으며 우리 중화민족 구성의 한 부분이고 동북 지역에서 건국한 나라 가운데 제일 오래다"라고 지적하였다. 아쉽게도 그 후 고구려 역사에 대한 연구는 진정으로 전개되지 못하였다.

위의 인용문에서 나타나는 바와 같이 여성 주임도 마대정 주임과 마찬가지로 『동북통사』가 동북 지역 역사연구의 중요 자료가 되며 고구려 역사를 평가하고 해석한 부분에 대해 높은 가치를 부여하고 있다. 그러나 여기서 한 가지 꼭 지적할 관점이 있다. 일제항쟁기에 일본 학자들이 식민통치를 위해 고구려를 '독립국가'로 설정하였다는 의견은 착오이다. 백제, 신라와 마찬가지로 고구려는 삼국을 형성한 주체이고 그렇기 때문에 삼국시대라는 이름으로 온 세계가 알고 있다는 것은 역사상식에 속한다. 뒤에서 언급하겠지만 이미 고려시대 김부식이 『삼국사기』를 편찬한 사실이 이를 증명한다. 일본이 고구려를 독립국가로 만들었다는 것은 역사사실의 왜곡이며 또 여기에 대립되는 견해로 중국 김육불이 고구려를 동북의 소수민족이고 동북 변강의 민족정권이라고 평한 것도 역시 역사사실을 벗어나 내린 잘못된 평가이다.

필자가 김육불의 『동북통사』를 언급하는 것은 '동북공정'을 이끄는 마대정·여성 주임이 언급한 대로 '동북공정'에서 고구려 역사를 평가하는 사실과 역사적 의미를 모두 『동북통사』에서 찾고 있기 때문이다. 김육불은 『동북통사』에서 고구려민족은 중국 고대 변강의 소수민족이고 중국 변강의 민족정권이라고는 하였다. 그러나 후에 '동북공정'에서 나오는 연구물이나 공공기관의 안내판에 고구려가 중국의 지방정권이라고 적혀 있어 문제가 되었다. 김육불의 『동북통사』에 고구려가 중국의 지방정권이라는 말은 없다. 지난날 발해사를 평가하며 내린 지방정권이라는 말을 이번에는 고구려 역사에 그대로 결부시키는 우를 범하였다. 그러나 초기단계에서 볼 때 일반적으로 중국 학계는 고구려 역사를 우리나라 고대의 삼국시대 역사로 간주하고 있었다.

제2단계라고 하면 대체로 1950년대부터 1980년대까지의 시기를 말한다. 당시는 대체로 1단계에서 지적한 곽말약의 견해와 거의 같이, 고구려가 우리나라의 역사라는 인식이 상식으로 통하고 있었다. 물론 김육불의 선해가 있지만 하나의 의견이었으며 흔히 동양 삼국의 역사학계는 고구려 역사가 한국사라는 데 추호도 의심하지 않았다. 그렇기 때문에 중국 지도부의 모택동과 주은래도 6·25전쟁 후 중국과 북한 간의 국경획정 문제를 논의하기 위해 1958년 11월 북경에 온 김일성을 비롯한 북한 방문단에게 한국사에 대한 입장과 관점을 표명하였다. 아래의 글은 이미 이종석 박사의 「북한-중국 국경획정에 관한 연구」에서 언급한 바 있어 옮긴 글을 인용하도록 하겠다.

역사상 중국은 조선에 대해 좋지 않았다. 우리 조상은 당신들 조상에게 빚을 졌다. 중국인들은 과거에 당신들을 침략했고 호지명(호찌민)도 침략했다. 당신들 선조는 당신들의 영토가 요하를 경계로 한다고 말했으며 당신들은 현재 당신들이 압록강 변까지 밀려서 쫓겨 왔다고 생각한다. (웃으며) 첫 번째 침략은 수양제의 조선정벌인데 실패했다. 당 태종도 실패했으나 그의 아들 고종과 측천무후 대에 이르러 조선을 정벌하였다. 당시 조선은 신라, 백제, 고구려로 3분되어 있었고 그들 내부에서 모순이 발생하여 연개소문의 부하도 그를 반대했기 때문에 정복할 수 있었다. 당신들이 역사를 기술할 때 이것을 써 넣어야 한다. 이것이 역사인데 그것은 봉건제국시대이고 우리 인민

정부가 아니다.

이 같은 모택동의 발언은 당시 중국 역사학계의 의견이 반영된 결과이며 따라서 모택동은 우리나라 역사를 언급하면서 고구려가 백제, 신라와 더불어 삼국이었음을 아주 명확하게 지적하였다. 중국과 북한이 1962년에 백두산 천지를 포함한 국경 문제를 해결한 후인 1964년에 북한의 최용건 최고인민회의 상임위원장을 단장으로 한 북한 대표단에게도 모택동은 위에서 인용한 바와 같은 역사사실을 다시 언급하였다.

1963년 6월 28일에 주은래는 조선과학원 대표단을 접견하였다. 이때 중국-조선 관계를 언급하며 발언한 내용도 앞에서 본 모택동의 견해와 유사하다. 필자는 2000년 초 북경에서 설훈 전 의원을 만났을 때 아래에서 이야기할 주은래의 한국사와 관련한 발언을 듣고 뒤에 자료 일부도 본 바 있었다. 서길수 교수가 『백두산 국경연구』(여유당, 2009)라는 책에서 부록으로 실은 전문이 있어 이곳에서는 관련이 있는 부분을 언급하고자 한다.

이러한 역사 연대에 대한 두 나라 역사학의 일부 기록은 진실에 그다지 부합되지 않는다. 이것은 중국 역사학자나 많은 사람들이 대국주의, 대국국수주의의 관점에서 역사를 서술한 것이 주요 원인이다. 그리하여 많은 문제들이 불공정하게 씌어졌다. 먼저 양국민족의 발전에 대한 과거 일부 중국 학자들의 관점은 그다지 정확한 것은 아니었고 사실에 맞지도 않는다. 조선민족은 조선반도와 동북대륙에 진출한 뒤 오랫동안 거기서 살았다. 요하, 송화강 유역에는 모두 조선민족의 발자취가 남아 있다. 이것은 요하와 송화강 유역, 도문강 유역에서 발굴된 유적, 비문 같은 것들이 증명하고 있으며 수많은 조선글에도 그 흔적이 남아 있다. 조선족이 거기서 아주 오래전부터 살아왔다는 것은 증명할 수가 있다. 경박호(鏡泊湖) 부근은 발해의 옛 자취가 남아 있고 또 수도가 있다. 거기서 출토된 유물이 그곳도 조선족의 한 가지라는 것을 증명해 준다. 이 나라는 역사적으로 상당히 오랫동안 존재했다. 따라서 조선족이 조선반도에서 살았을 뿐만 아니라 동시에 요하, 송화강 유역에서도 오랫동안 살았다는 것이 증명된다. 조선족이 더 오래전에도 있었는가에 대해서는 일부가 아시아 남부에서 표류해 왔다고도 하나 이것은 또 다른 문제이다. 다만 분명한 것은 조선족 일부가 원래부터 한반도에서 거주하였다는 것이다. 도문강, 요하, 송화강 유역에서 거주한 것은 분명한 사실이며 역사기록과 출토된 유물이 모두 증명하고 있다.

주은래가 북한 대표단에게 이야기한 역사 문제는 모택동의 언급과 동일한 맥락이며 중요점을 적시하였다. 오히려 한층 구체적으로 요하, 송화강, 도문강 등을 언급하고 경박호를 이야기하는가 하면 발해도 우리나라 역사임을 전체 맥락에서 언급하였다. 이야기의 역사범위가 더욱 확대되었고 구체적인 역사사실을 열거하고 있어 역사발전의 큰 물줄기를 올바르게 파악하고 있다. 주은래는 더 나아가서 중국의 조상이 우리나라에게 잘못을 범한 점을 사과하면서 한 단계 더 깊은 중국의 역사오류를 지적하였다.

만족은 중국에 공헌한 바가 있는데 바로 중국의 영토를 크게 넓힌 것이다. 전성기에는 지금의 중국 영토보다 더 컸다. 만주보다 먼저 원나라도 한 번 크게 확장했지만 곧바로 사라져 버렸기 때문에 셈하지 않는다. 한족이 통치한 시기에는 그처럼 큰 적이 없었다. 다만 이런 것들은 모두 역사의 흔적이고 지나간 일들이다. 이런 일들은 우리가 책임질 일들이 아니고 조상들의 일이다. 다만 이런 현상은 인정해야만 한다. 그렇다 하더라도 우리는 여러분들의 땅을 밀어붙여 너무 작게 만들고 우리가 살고 있는 땅이 커진 데 대해 조상을 대신해서 여러분에게 사과해야 한다.

그렇기 때문에 역사의 진실성을 회복해야지 역사를 왜곡할 수는 없다. 도문강, 압록강 서쪽은 역사 이래 중국 땅이었다거나 심지어 예부터 조선은 중국의 속국이었다고 하는 것은 황당한 이야기이다. 중국의 이런 대국국수주의가 봉건시대에는 상당히 심했다. 다른 나라에서 선물을 보내면 그들은 조공을 바쳤다고 했고 다른 나라에서 사절을 보내와 얼굴을 대하고 서로 우호적으로 교류할 때도 그들은 조현(朝見)하러 왔다고 했고 쌍방이 전쟁을 끝내고 강화할 때도 그들은 여러분들이 신복(臣服)한다고 말했으며 스스로 천자의 나라(天朝), 위나라(上邦)라고 불렀는데 이것은 곧 불평등한 것이다. 모두 역사학자 붓끝에서 나온 잘못이다. 우리는 이러한 오류를 바로잡아야 한다.

중국의 대륙주의를 신랄하게 비판하고 우리나라가 작아지고 중국 땅이 커진 사실에 대해 조상을 대신해 사과해야 한다는 발언은 그 무게가 천 근 같다. 역사가 지은 업보를 깨끗이 지우려는 듯 모든 것이 역사가의 붓끝에서 나온 잘못임을 강조하면서 진솔하게 피력하는 자세는 최고 지도자의 덕목을 더없이 돋보이게 만들었다.

위에서 살펴본 주은래의 중국과 우리나라의 관계를 설명하는 한·중 역사의 대외교류사에는 사실의 정확성, 그리고 역사전개의 공정성과 역사의 평론이 물 흐르듯이 흘러가고 있다. 주은래의 역사 고문은 당대 석학인 전백찬(翦伯贊) 선생이며 이 발언의 요지는 아마도 전백찬의 견해라고 생각된다. 모택동과 주은래의 우리나라 역사에 대한 관점과 비평의 내용이 유사한 점을 감안하면 전백찬의 역사인식이 이 시기에 매우 큰 영향력을 미치고 있었음을 어렵지 않게 느낄 수 있다. 이 시기의 고구려를 포함한 동북대륙의 역사에 대해 전백찬 선생 같은 학자들을 비롯해서 중국 최고 지도부의 인사들은 지난날의 역사인식의 범위 내에서 큰 무리 없이 조망하였다.

제3단계는 1990년대 이후부터 지금에 이르는 시기이다. 중국이 개혁개방 이후 안팎으로 변화에 직면하면서 소위 '동북공정'이 태동하고 공표되며 가히 역사전쟁이라고 할 만큼 격론에 휩싸인 시간이었다. 동북공정은 중앙정부와 동북3성, 그리고 동북3성의 대학과 연구소, 학자들이 함께 참여한 국가적인 학술계획이자 현실정치에 응용하는 방안까지 연구하는 거대한 작업이다. 기초연구와 응용연구가 함께 진행되면서 이 정책은 곧비로 '동북진흥' 전략과 쌍벽을 이루게 되었다.

고구려 역사 등을 연구하면서 지역의 관광자원과 연계시켜 관광산업에 모든 재원이 귀결되는 순환 고리를 갖고 있다. 백두산(장백산)공정이라고 불릴 만큼 백두산은 역사를 앞세운 관광명소로 중국인에게 각인되고 있다. 앞에서 언급한 바와 같이 동북공정은 고구려 역사만을 취급하는 것이 아니고 동북3성의 역사, 그리고 동북3성의 현실적인 사회과학 전 부분을 망라하는 국책사업이다.

고구려사, 발해사 등을 연구하는 학자들은 자의든 타의든 간에 동북공정과 동북진흥정책 연구에서 자유로울 수가 없다. 다만 이 연구자들 가운데 애국주의에 깊게 빠져 역사연구 과정이나 그 결과가 극단적인 애국사관으로 몰입되면 연구결과물은 학적 생명이 길지 못하다는 평가를 받는다. 동북공정 전후에 나온 연구를 보면 새로운 자료 위에서 역사 본래의 치밀하고 공정한 자세로 연구한 결과물들은 누가 보아도 호평을 하기 마련이다.

반면에 정치적인 입장을 바탕에 깔고 애국주의에 들떠 논저를 간행할 경우 시간이 지날수록 그 업적은 명성이 쇠퇴하고 생명력을 잃게 된다. 여기서 한두 가지 예를 들겠지만 이것은 어느 연구자를 꼭 나쁘게 비판하려는 뜻이 아니다. 다만 이러한 경우가 있고 이러한 사실이 있었다는 점을 이야기함으로써 역사연구가 객관성을 지녀야 한다는 점을 강조하려는 데 뜻이 있을 뿐이다. 중국이 개방을 한 직후 앞에서 언급한 바와 같이 필자는 중국 답사 때 고구려 유적·유물 관람차 집안에 갔다. 집안박물관 연구자의 안내를 받으며 고구려의 역사, 고고학 유물·유적에 대해서 설명을 듣고 경우에 따라 질문도 하였고 간단한 의견교환도 있었다.

필자는 다시금 이 자리를 빌려 30여 년 전 당시 우리 일행을 따뜻하게 맞이해 준 집안박물관 연구자들의 후의에 고마움의 인사를 드리지 않을 수가 없다. 그 당시 광개토왕비를 안내한 경철화(耿铁華) 선생은 성심성의껏 우리 일행에게 고구려 역사와 고분, 그리고 광개토왕비의 현황 등을 설명하였다. 필자는 당시에 재일 동포학자 이진희(李進熙) 선생이 주장한 비석에 회칠한 문제 등 몇 가지를 질문하며 의견을 나눈 적이 있었다.

비각 앞을 떠날 무렵 경철화 선생은 필자에게 이 광개토왕비는 귀국의 역사이니 많은 연구를 잘하시라는 말을 하기에 웃으며 헤어진 적이 있다. 그 후 필자는 처음 집안 답사 때 경철화 선생이 언급했던 이야기와 그 아름다웠던 장면을 참으로 오랫동안 가슴에 안고 있었다. 많은 시간이 흐르고 중국에서 '동북공정'이 발표되면서 고구려 역사에 대해 동북의 중국 학자들은 취향 따라 좋은 논저들을 발표하기 시작하였다. 순수한 역사논문들이 있는가 하면 어떤 논문은 애국주의 입장에서 쓴 논지여서 역사적 사건의 전후를 설명하려면 문제점이 나타났다.

필자는 한참 후에 경철화 선생의 『중국고구려사』(中國高句麗史)가 출간된 것을 보고 참으로 많은 것을 생각하며 마음 아픈 느낌을 받게 되었다. 고구려 역사가 한국의 역사에서 중국의 역사로 탈바꿈한 것은 물론 책 제목도 『중국고구려사』로 등장하였다. 일반적으로 중국의 시대사를 간행할 때는 한(漢)나라 역사, 당(唐)나라 역사, 명(明)나라 역사라고 하지 각각 앞에 중국이라는 이름은 붙이지 않는다. 중국 당나라 역사라고는 명명하지 않으며 중국 청나라 역사라고 이름 붙인 저서도 본 적이 없다. 경철화 선생이 그나마 애국 입장에서 글을 쓰면 칭찬도 받고 그리고 비판도 받을 수 있지만 무슨무슨 주의(主義)에 빠지게 되면 결국 극단적 애국주의로 떨어져 평생의 학문 업적에 치명상을 입게 된다. 강맹산 교수의 '일사양용론'도 애국주의 때문에 나온 산물이고 유자민 교수의 만리장성 동단론도 고고학을 깊게 이해하지 않으면서 마찬가지로 애국주의에 함몰되어 학적 가치를 상실한 경우에 해당된다. 근년에 위존성(魏存成) 교수는 중국에서의 고구려 연구가 한쪽으로 너무 기울게 연구되는 현상에 우려를 나타내고 있어 애국주의 입장에서만 고구려 역사 등을 연구하는 분위기에 일침을 놓고 있다.

이 시기에 나온 기관의 업적물로는 중국변강사지연구중심에서 간행한 『고대중국고구려역사총론』(古代中國高句麗歷史總論)과 『고대중국고구려역사속론』(古代中國高句麗歷史續論)이 있다. 필자가 보기에 이 두 책이 간행된 과정과 내용을 일별하면 『총론』과 『속론』의 책이 어떤 성격을 담고 있는 고구려 연구서인가를 알 수 있을 것 같다.

먼저 『총론』은 1996년 하반기 중국사회과학원 중점연구 과제로 입안되고 1997년 연말 과제 설계요구에 따른 초고가 완성되었다. 이 과정에서 집필자들은 길림성 고구려유적을 조사하고 동북3성의 고구려사와 동북지방사 연구자들과 교류하면서 연구를 진행하였다. 1998년 6월 통화에서 열린 '제1회 전국 고구려 학술연구토론회'와 1998년 12월 장춘에서 개최된 '중국 동북지방사 학술토론회'에서 이 책의 구성과 입론에 대한 의견을 들은 뒤 연구자들은 원고 수정을 거쳐 2001년 2월 책을 출간하였다. 한 책의 주제와 구성을 놓고 전국의 고구려 연구자와 지방사 연구자들이 통화와 장춘에서 학술모임을 갖고 토론 과정을 거친 점은 많은 의견을 듣는 기회가 되므로 논문을 가다듬는 데 도움이 되었을 것이다. 그러나 돌이켜보면 이러한 입론 과정이 '동북공정'의 출발과 밀접한 관계가 있음이 드러나고 내용도 결국은 고구려 역사가 중국사라는 귀결점에 방점을 찍게 되었다.

『속론』이 나오게 된 것은 2001년 6월에 장춘에서 '동북변강 역사와 현상에 관한 연구공작 좌담회'에서 『총론』 출판이 훌륭하였다는 의견이 나오고 일부 잡지에 평이 실리면서 후속 연구를 진행하기로 하였기 때문이다. 양보융(楊保隆)이 여러 의견을 들은 뒤 『속론』을 쓰기 위한 10가지 측면에 관한 의견을 내놓은 것이 『속론』의 뼈대가 되었다. 2002년 7월 『속론』이 동북공정의 2002년 연구주제로 선정되었다. 집필자는 마대정, 이대룡(李大龍), 경철화, 권혁수(權赫秀)로 구성되어 2003년 3월 초고가 완성된 후 같은 해 책을 출간하였다.

변강사지연구중심에서 간행한 『총론』과 『속론』의 내용이 결국 '동북공정'에서 추진하고자 하는 연구방향의 길잡이라는 사실은 원고를 집필한 연구자들이 변강사지연구중심의 마대정 주임과 소속 연구원들이라는 점에서 그 본래의 취지가 그대로 드러난다. 여기에 외부연구로 권혁수와 화립(華立), 경철화가 참여하였다. 학문연구에는 누구나 참여할 수 있지만 그 연구 분야를 총람해 보면 동북공정을 이끄는 연구진들 중 고구려 역사를 전공하는 학자들이 거의 없다는 공통된 점이 있다. 그럼에도 불구하고 대형 국가연구사업을 진행한다는 것은 고구려 역사가 지니고 있는 독특한 성격의 역사사실이 우리나라 전체 역사와 깊은 상호관계에 있다는 점을 중국 학자가 거론할 수 없음을 시사한다.

한 나라의 역사는 연구의 결과가 오늘을 사는 국민들에게 생생하게 피부에 닿는 감정이 흐르는 역사이어야 실감이 난다. 고구려의 온돌문화가

수산리 고분 벽화의 색동옷

2000년을 지나면서도 우리나라 국민들에게 일상생활의 한 주요 요소로 자리를 잡고 있는 것이 단적인 예가 된다. 고구려 고분에는 색색깔의 채색이 있는 색동옷이 보이는데 이것이 바로 우리나라 어린이나 어른의 옷깃에 그대로 계승되고 있어 문화의 전승을 잘 보여 준다.

때로는 이것이 기업이나 사업의 상징물로 채택됨으로써 색동 디자인이 우리나라 문화의 특색으로 전 세계에 퍼지고 있다. 간단하게 예를 든 고구려의 문화도 우리나라의 역사와 우리 국민들의 문화에 깊숙이 배어 있기 때문에 중국의 문화와 차별성이 있다는 사실을 곧바로 인지하게 된다.

이 고구려의 역사와 문화를 중국의 역사와 문화로 하루아침에 바꾸려고 시도하는 무리가 따르면서 『총론』과 『속론』에서 언급하는 고구려 연구는 피상적인 껍데기일 뿐 알맹이가 없는 역사왜곡의 주의(主義)주장에 함몰되고 말았다. '통일적 다민족국가론'의 이론에 탄탄한 역사사실을 결부시키는 과오를 범했고 소수민족 변강이론에 이를 적용하여 민족과 강역의 논리가 어긋나는 모순이 드러났다.

2000년 전에 출현한 고구려는 근 700년간 존속한 국가이며 중국의 왕조 가운데 여기에 대비해서 함께 논의할 국가는 없다. 중국의 왕조 가운데서는 200~300년간 존속한 왕조가 가장 오랜 기간 동안 통치한 편에 속한다. 근간에 중국의 변강학에서 제시하는 변강이론으로는 고구려의 국가성격, 영역, 민족 등의 시공간을 설명하지 못한다. 종합해서 말한다면 그 이론은 고구려 역사에 적용할 수가 없다. 고구려 역사를 전공하지 않으면서 강역이론으로 고구려 역사를 쓰려고 하면 성과물은 결국 사상누각이 된다.

3. 통일적 다민족국가론(統一的 多民族國家論)과 고구려

중국은 한족을 포함해 56개 소수민족으로 구성된 나라다. 중국문명을 일으킨 화하족(華夏族)인 한족이 변화·발전하는 과정에서 전쟁·융합·통합의 과정을 거치며 인국의 영토와 주민을 자국의 영토 안으로 편입시켰다. 한족의 우월주의와 관련해서는 멸청흥한(滅淸興漢)의 구호까지 등장한 바 있으나 지금에 와서 청나라를 물리치고 한나라를 일으키자는 외침은 찾아볼 수 없다. 실로 현재의 중국 영토를 크게 확대시킨 주인공은 한족이 아니라 원 대의 몽고족이고 청나라의 만주족이 역사의 주인공이다. 방대한 중국 영토의 변방에는 한족보다도 소수민족들이 활동하며 중국의 민족으로 귀속되어 생활하고 있다.

중국의 동북 지역에 우리나라의 국민과 혈연관계가 있는 조선족이 거주하고 있는 것이 그 좋은 예가 된다. 56개 민족들을 분열·대립이 아닌 포용과 화합으로 통일시키는 정책은 중국 정부의 상위정책이다. 소위 말하는 '중화민족대가정'을 만드는 목표가 구체적으로 나타난 것이 '통일적 다민족국가론'이다. 소수민족 하나하나를 중국민족으로 통합하려면 숱한 과제가 눈앞에 쌓이게 된다. 그들의 언어, 문화, 풍습, 교육 등 한족의 역사문화와 다른 차이점을 원만하게 융합하거나 독자화를 유지시키는 작업은 결코 쉬운 일이 아니다.

변강의 소수민족이 한족과 민족융합을 하고 문화융합을 거쳐 역사를 이룬 강역이 중국 영토가 된다는 것이 '통일적 다민족국가론'의 기본 핵심이다. 이에 따라 때와 장소, 시간을 달리해서 존재하는 소수민족을 통제·운영하기 위해서 변강의 다민족을 아우르는 변강학과 변강이론이 나타났다. 고구려 역사가 중국사이고 고구려가 중국 소수민족의 지방정권이라는 '동북공정'의 주장에는 '통일적 다민족국가론'과 '변강이론'이 기저에 깔려 있다. 그런데 고구려 역사는 2000년 전부터 시작해서 약 700년간 존속한 고대국가의 전 과정인 반면에 '통일적 다민족국가론'이나 '변강이론'은 현재 중국에서만 논의되는 학설이라는 점에서 서로 어긋나거나 충돌하는 문제점이 노출되고 있다.

그렇다면 고구려 역사에 적용하는 '통일적 다민족국가론'의 실상은 무엇인지 검토할 필요가 있다. 고구려 역사를 중국사라고 주장하고 고구려민족을 중국민족이라고 외치는 근저에는 사실 파악이나 연구결과의 전후맥락이 부실하고 이론이나 주의주장에 너무 기대기 때문에 우리나라의 역사, 상식과는 너무 벗어나 있다. 중국에서 고구려 역사를 중국사로 간주하는 데는

'통일적 다민족국가론'의 이론 적용이 만능의 해결사로 등장한다. 강역과 민족 그리고 역사전개를 변강이론에 맞추어 대입시키고 있어 논지의 결과는 항상 천편일률적으로 동일할 수밖에 없다.

'통일적 다민족국가론'의 인식이 중국에 등장한 것은 1954년 헌법에 반영되면서부터이고, 이는 중국 내의 민족 문제를 해결하는 기틀을 닦았지만 이후 특별한 진전이 없다가 중국의 교육 과정 및 교과서 개발체계의 변화 과정에서 그 모습이 나타났다. 제1단계 교과서는 일강일본(一綱一本)의 원칙으로 하나의 교학대강(敎學大綱)에 따라 하나의 교과서를 사용하는 과정이다. 1978년 역사교학대강에서 처음으로 '다민족 통일국가' 개념이 명시되었다. 56개 민족을 하나의 중국, 하나의 중국민족으로 융합·통일하자는 교육이 시작되었다.

제2단계 교육 과정은 1986년에 일강다본(一綱多本)의 원칙으로 하나의 교학대강에 따라 복수의 교과서를 채용하는 방식이지만 교과서 편집은 국가교육위원회가 지정한 기관만 실시하므로 자유경쟁 원칙의 검정제와는 차이가 있다. 1988년에 9년제 의무교육 전일제초급중학교 역사교육대강(초심본)에서 '통일적 다민족국가'를 전면에 내세우게 되었다. 역사교과서에 이와 같이 반영되려면 자연 그 이전부터 역사정책의 방향이 논의되었다는 것을 의미한다. 1985년까지 중국민족사 관련 학술회의가 세 차례 개최되었고 1980년대 후반에는 중국이 진한 이래 '통일적 다민족국가'였다는 논리가 자리를 잡았으며 이 논리의 바탕 위에서 중국의 민족 관련 연구가 확산되기 시작하였다.

중국의 역사교과서에 '통일적 다민족국가론'이 등장한 것은 위에서 언급한 과정을 거친 중국 정부의 소수민족정책의 핵심 사항이다. '통일적 다민족국가론'은 소수민족이 다수 거주하는 변경 지역의 영토와 역사전개, 그리고 문화발전의 총론을 연구하는 변강학으로 나타났고 변강이론도 '통일적 다민족국가론'을 지탱하고 지원하는 학문 영역으로 발전하게 되었다. 56개 민족에게 중국의 영토관, 민족관, 역사관을 교육하면서 국가관을 주지시키는 정책의 뒤에는 영토관이 굳게 자리 잡고 있으며 소수민족을 하나로 통합시키려는 큰 그림이 중화민국대가정 만들기의 목표이다. 윤휘탁 교수는 그의 『신중화주의』(푸른역사, 2006)에서 다음과 같이 언급하였다.

'통일적 다민족국가관'에 의하면 중국은 한족과 비한족이 서로 경쟁하면서 분열되기도 했지만 기본적으로 대일통의 오랜 전통에 의해 여러 민족이 단결·융합하면서 통일적인 국가, 즉 '통일적 다민족국가'를 형성해 왔다는 것이다. 이 논리에 따르면 오늘날 중국영토 안에 존재했거나 존재하는 모든 민족은 '중국'이라는 역사공동체를 형성하는 데 일정한 역할을 해 왔다는 것이다. 그래서 중화인민공화국 내에 존재했거나 존재하는 모든 민족은 모두 중국을 구성하는 중화민족이고 그들의 역사 속에서 행해 왔던 모든 역사적인 활동이나 그들이 세운 왕조들은 모두 중국의 역사적 내용이고, 중국의 왕조이고 각각의 왕조들이 관할하고 있던 각각의 강역들의 총합이 역사상 중국의 강역이라는 것이다.

위의 내용에서 언급하는 '중국에서 각각의 왕조들이 관할한 강역의 총합이 중국의 강역'이라는 말은 우리가 흔히 일상에서 사용하는 강역의 뜻과는 다소 거리가 있다. 다시 말해서 중국이 현재 갖고 있는 영토가 강역이라고 생각하는 것이 올바른 인식이자 법의 상식이지만 중국의 강역에 관한 변강학의 이론은 현재의 강역을 뛰어넘는 중국화된 강역이론을 제시하고 있다.

고구려 역사를 중국사라고 주장하는 논거에는 역사사실로만 왜곡하는 문제만이 아니고 이해하기 어려운 변강이론을 사료에 적응시키는 데서 야기되는 혼란이 담겨 있다. 주지하는 바와 같이 중국 학계는 역사상 중국 강역에 관한 견해로 다섯 가지를 제시하고 있지만 이 가운데서 가장 논란이 많으면서 관심을 끄는 것은 담기양(譚其驤)과 백수이(白壽彝)의 견해다. 먼저, 『중국역사지도집』을 편집한 담기양은 중국의 역사상 강역을 아편전쟁 이전의 판도가 컸던 청나라 시기의 강역으로 보고 고금을 관철하는 역사활동의 지리적 범주로 간주하였다. 그는 「역사상의 중국과 중국역대강역」이라는 논고에서 다음과 같이 말하고 있다.

우리는 청나라 왕조가 완성한 통일 이후 제국주의가 중국을 침략하기 이전의 청왕조의 판도에서 구체적으로 말하면 1750년대에서 1840년대 아편전쟁 이전 시기의 중국의 판도는 우리나라 역사 시기의 중국의 범위로 해야 한다. 소위 역사 시기의 중국은 이 범주에 해당한다. 몇백 년도 좋고 몇천 년도 좋고 무릇 이 범위 안에서 활동한 민족은 모두 중국 역사상의 민족으로 우리는 인식하였고 이 범위 안에서 건립된 정권은 중국 역사상의 정권으로 인식하였다. 간단히 말하면 이 범위를 벗어나면 중국의 민족도 아니고 중국의 정권도 아니다.

위의 인용문에서 보는 바와 같이 아편전쟁 이전의 가장 영토가 넓었던 판도가 중국의 역사상 강역이라고 주장하고 이 시기 이전까지 중국은 역사발전을 통해 자연스럽게 강역을 형성하였다고 말한다. 외부의 큰 영향 없이 자연스럽게 강역을 형성하였다는 것을 언급하는 것은 제정 러시아가 '아이훈 조약'과 '북경 조약'을 통해 획득한 우수리강 이동이나 흑룡강 북쪽 땅이 실은 중국 영토라는 사실을 강조하려는 데 목적이 있다. 그렇기 때문에 서구 자본주의 열강이나 제국주의가 중국 영토를 침략한 결과 나타난 현재의 국경은 자연스럽게 형성된 강역이 아니므로 중국 강역을 대표할 수 없다고 보는 것이다. 그는 1840년대를 기준으로 중국 역사의 강역과 민족을 언급하면서 이 기준의 경계를 넘은 정권이나 민족, 또는 부족은 어떻게 이해할 것인가를 고구려를 예로 들어 설명하고 있다. 우리나라의 압록강과 두만강의 국경선이 역사적으로 볼 때 자연 발전하면서 형성된 결과이고 제국주의의 참여가 없었다면서 아래와 같이 논하고 있다.

고구려가 압록강 이북에 있을 때 우리는 고구려를 중국 국경 내의 한 소수민족이 세운 국가로 본다. 전한 말년에 건국하고 후한 시기에 강성해진 고구려를 우리는 흉노, 돌궐, 남조(南詔), 대리(大理), 발해와 같이 보고 있다. 고구려가 압록강 북안 지금의 집안현 경내에서 건도하고 강역이 압록강 양안을 차지하고 있는 시기의 고구려 전체 강역을 우리는 중국의 강역으로 처리한다. 그러나 5세기에 이르러 수도를 평양으로 옮긴 이후의 고구려를 중국 영토 내의 소수민족 정권으로 볼 수 없으며 인국으로 처리해야 한다. 고구려의 압록강 이남의 영토뿐만 아니라 압록강 입구의 요수 이동의 영토도 이웃국가의 영토로 해야 한다.

위의 인용문을 자세히 살펴보면 국경과 관련해서 커다란 전제조건을 제시하고 있다. 압록강, 두만강으로 이어지는 강역이 역사적으로 자연 발전하면서 형성되었을 뿐만 아니라 제국주의 참여가 없었다고 하면서 그의 강역 논리인 1840년의 중국 국경선을 압록강, 두만강에다 적용하고 있다. 고구려의 수도가 집안에서 압록강을 건너 기원후 5세기에 평양으로 천도된 것은 고구려 자체의 역사발전 진행과 관련된 사실이고 고구려 역사 700여 년 전체의 관점에서 고찰할 사안이지 오늘날 중국의 국경선과 섞어서 논의할 문제가 아니다.

그럼에도 불구하고 그는 1840년대가 중국의 판도 가운데 가장 광대한 영토를 소유하던 시기였고 이때는 이미 압록강, 두만강 북쪽의 강역이 중국의 역내 지역이므로 고구려가 있었던 압록강 북안의 집안을 비롯한 모든 강역과 역사가 중국의 영토이고 중국의 역사라는 것이다. 그러나 평양으로 천도한 고구려의 역사는 중국의 영토도 아니고 역사도 아니라는 논법이다. 이러한 강역이론이라면 이유야 어떻든, 그리고 역사성격이 어떻든 간에 고구려 역사는 압록강, 두만강을 경계로 강 북쪽 집안의 고구려는 중국사가 되고, 강 남쪽 평양의 고구려만이 우리나라 역사가 된다.

고구려의 역사가 700여 년간 존속하며 동북아 지역에서 강력한 왕권을 유지하며 발전한 왕국이라는 것은 역사를 공부한 학자들은 익히 알고 있는 기본적인 역사상식이다. 앞에서도 잠시 언급하였지만 고구려가 존속했던 700여 년 동안 중국에서 200~300년을 유지한 나라가 몇이나 되는지 자문해 보아야 한다. 700여 년간 중국에서는 30여 개의 나라들이 흥망성쇠를 거듭하였고 당나라도 300년을 넘지 못했다는 사실을 고구려 역사와 견주어 비교해 보면 고구려 역사의 위상이 적어도 동북아 역사의 발전 과정에서 어떤 위치에 있었는가를 곧바로 인식하게 된다.

우리나라 역사에서는 북방사이자 대륙사에서 강렬한 인상을 남긴 고구려 역사가 훼손되고 왜곡되는 현실의 연구 분위기는 매우 애석하고 잘못되었다고 본다. 물론 담기양의 논리는 영토를 기준으로 적용할 때 고구려 역사가 중국과 한국의 역사로 양분된다는 논리이지만 뒤에서 언급하게 될 소위 일사양용론(一史兩用論)을 주장한 것은 아니다. 그러나 그의 강역이론에서 고구려 역사를 예로 들면서 논지를 전개하였기 때문에 고구려 역사의 발전 과정과 그의 강역 논리가 충돌하게 되었다. 강역이론이라면 강역이론으로 마무리를 하여야지 자기들이 말하는 고구려 소수민족의 역사와 문화를 칼로 무를 자르듯 재단하는 것은 역사학문의 영역을 벗어난 정치상의 논리에 불과하다.

담기양의 이론과 쌍벽을 이루는 또 하나의 논조는 백수이의 견해이다. 그는 일찍이 다음과 같이 말하고 있다.

황조(皇朝)의 관점으로 역사상의 국토 문제를 처리하는 것은 잘못이므로 중화인민공화국의 국토범위로 역사상의 국토 문제를 처리해야 한다.

그는 중국의 강역은 중국 국경 안의 각 민족이 진행하는 역사의 활동무대로, 우리가 기술하는 중국통사에서 사용하는 과거와 현재의 역사활동의 지리적 범위라고 밝혔다. 이 견해는 담기양의 의견과 다른 점이고 그는 중국 국경 안의 소수민족인 다민족이 활동한 무대가 강역일 뿐만 아니라 다민족의 과거와 현재의 역사활동이 미치는 지리적 범위라고 상당히 포괄적으로 규정하고 있다.

다민족이 거주하는 현재의 영역은 물론 그들의 과거 영역까지 거론하면서 역사활동을 논의하게 되면 중국의 강역과 역사의 범위는 상상을 초월하는 범위로 확대되고 중국의 변강이론은 소수민족의 역사와 충돌을 하거나 분란을 야기할 수밖에 없다. 이것은 역사의 팽창주의이고 국가의 패권주의이다. 이 견해에 따르게 되면 강역에 문제를 떠나 과거의 고구려 역사나 오늘날 중국에 거주하는 조선족의 현재와 그들의 과거 역사와 영역이 모두 중국의 역사와 강역이 된다는 논리다.

중국의 '통일적 다민족국가론'은 56개 민족을 통합하고 관리하는 차원의 통치이념일지는 모르지만 이 이론은 허다한 모순점을 내포하고 있다. 이 문제는 우리나라의 역사와 관련된 중대한 문제가 엮여 있으므로 뒤에서 다시 논급하려고 한다. 담기양과 백수이의 논리가 중국 내에서도 찬반이 있을 수 있는데 이 와중에 고구려 역사를 양분해서 보려는 일사양용론(一史兩用論)이 나타나게 되었다. 그러나 변강이론의 혼선이 확대되면서 뒤를 이어 잡다한 견해가 속출하였다.

'일사양용론'은 기본적으로 고구려 역사가 중국 영토 내에 있을 때는 중국사가 되고 우리나라 영역에 있을 때는 한국사가 된다는 논조이다. 700여 년 존속한 고구려 역사가 압록강, 두만강을 경계로 각각 중국과 한국의 역사로 양분된다는 견해지만 이것은 고구려 역사의 정통성을 망각한 상식 밖의 주장이다. '일사양용론'을 주장하거나 지지하는 학자들 가운데는 연변대 강맹산 교수도 있다.

그는 이 견해를 주장하면서 네 가지 기준을 제시하고 있는바 그 요점을 들면 다음과 같다. 첫째, 국제법으로 정해진 현재의 국경을 그 기준으로 국경 내의 과거와 현재의 역사를 그 국가의 역사에 포함시킨다는 것이다. 이 기준으로 보면 고구려는 중국과 우리나라 양국의 판도에 들어가는 국가라는 것이다. 둘째, 고대국가의 정치, 경제, 문화의 중심이 어느 곳에 있는가를 기준으로 삼는다는 것이다. 고구려는 427년에 집안에서 평양으로 천도한 바 있는데 이 사실을 적시하는 것이다. 셋째, 민족의 혈연관계와 문화의 계승성을 살피면서 고구려의 멸망으로 그 유민들이 중국으로 흩어져 간 점을 부각시키고 있다. 넷째는 중원왕조와 고구려의 관계를 고구려 역사 귀속의 기준으로 보면서 조공과 책봉을 거론하고 있다.

이와 같은 기준을 제시한 그는 「고구려사의 귀속 문제」라는 논문에서 다음과 같이 언급하였다.

이상의 사실에서 보면 고구려사도 한국사의 일부분이다. 총체적으로 고구려 역사는 중국사이고 다음은 한국사이다. 그러므로 고구려 역사는 마땅히 '일사양용' 하여야 한다. '일사양용'은 필자의 새로운 관점이 아니라 우리나라 사학계에서 일찍부터 이 원칙을 썼다.

원래 강맹산 교수는 고구려 역사가 한국의 고대사라는 인식을 갖고 있었다. 이보다 훨씬 앞서 연변대의 원로학자인 박문일 전 총장은 1979년 장춘의 학술회의에서 고구려가 조선민족의 역사라고 발표한 바 있었다. 이것은 당시 학술연구 분위기가 최소한의 양식을 허용하였음을 보여 주는 좋은 예가 된다.

그러나 강맹산 교수는 종래의 자신의 관점을 버리고 1999년부터는 고구려 역사의 '일사양용론'을 주장하기 시작하였다. 위의 문장에서 알 수 있듯이 강맹산 교수는 '일사양용론'을 주장하였지만 고구려 역사는 중국사가 우선이고 다음이 한국사라고 말하는 것으로 보아 고구려사의 우선순위를 중국 쪽에 두고 있다는 느낌을 받게 된다. 여기서 우리가 관심 있게 보아야 할 관점의 하나가 '일사양용'이 자기만의 주장이 아니고 중국사학계에서 일찍부터 이 원칙을 썼다고 언급한 부분이다.

이 같은 주장이 나오는 시기를 살펴보면 '동북공정'의 준비가 막바지에 다다른 무렵이며 고구려 역사의 귀속 문제에 관한 그의 주장이 이 의견으로 나온 것일 듯싶다. 필자가 지난 시간을 되돌아보니 '동북공정'이 공표되기 전에 강 교수와 상면하며 고대사에 대한 의견을 주고받은 적이 있으나 그는 '동북공정'에 대해 일체 언급한 바가 없었다.

강 교수가 서울에 있을 때 그는 고려대학교에서 필자의 개인 연구실을 쓰면서 많은 학술자료를 보고 있었다. 혹 강 교수를 만나 잠시라도 이야기를 나누게 되면 그가 고구려사를 우리나라 역사로 인식한다는 인상을 받곤 하였다. 필자는 학자마다 자유로운 입론의 주장이 있고 견해차도 있으며 창의적인 연구결과에도 상호 차별성이 있다는 사실을 잘 알고 있다. 이 문제를 필자가 꺼내는 것은 과거의 논고에서 고구려 역사를 한국사의 범주에 넣었던 강 교수가 필자와 차 한잔하는 자리에서도 비슷한 관점을 보였던 터라 그 후에 고구려 역사를 '일사양용'의 입장에서 본다는 주장의 논고를 보았을 때 많은 생각에 잠긴 바가 있기 때문이다.

필자는 그의 입론 과정을 충분히 이해하려는 입장이고 공무관계상의 공과 사를 구별하여 연구하는 시도에는 언제나 동참하고자 한다. 그러나 한 가지 분명히 말해 둘 것은 고구려 역사는 장장 700여 년을 이어 온 독자적인 단대사이자 단절된 적이 없이 통사의 성격을 지닌 한국 고대의 역사라는 사실이다. 삼국을 형성한 세 기둥 가운데 하나가 바로 고구려이며 이 역사의 내력과 전승 과정의 발전 모습은 우리나라 『삼국사기』에 기록되어 있다.

고구려 역사를 '중국 고구려' 역사로 만들려는 중국의 강역이론은 그것이 담기양의 견해든 백수이의 주장이든 또는 '일사양용'이든 그 어느 이론도 고구려 역사를 중국사로 둔갑시키는 역할을 할 수 없다. '통일적 다민족국가론'은 중국이 소수민족까지 아우르는 통일과 화합을 목표로 하는 정책이다. 소수민족의 일상생활을 보살피고 그들의 현재 생활풍습과 그들 선조의 유습을 보전시키는 것이 '통일적 다민족국가'에서 외치는 통일임이 분명하다.

그러나 '동북공정'에서 나타나고 있는 고구려 역사의 예를 놓고 보면 이것은 '통일적 다민족국가론'과는 정반대의 길을 가고 있고, 소수민족의 현재와 과거를 존중하는 정책이 아니며 의도적으로 무시하거나 억압하려는 반지성적 행위로 나타나고 있다. 말은 '통일적 다민족국가론'으로 포장되어 있으면서 속으로는 소수민족의 현재와 과거 역사를 지워 버리거나 왜곡하거나 침탈하는 것으로 비춰지는 것은 말과 행동이 여일하지 않다는 것을 보여 준다.

'통일적 다민족국가론'을 지탱하는 변강이론으로는 56개 민족의 통합을 이루기 어려우며 그것은 중국화한 중국만의 영토팽창주의를 지향하는 수단 일 뿐 중화민국대가정을 만든다는 원대한 목표와는 거리가 너무나 멀다. 영토는 영토대로 주민은 주민대로 각각의 의미와 활동 영역이 분명한데도 시공을 넘나들며 무리한 강역이론만으로 본질을 파악하려는 것은 역사의 본질을 벗어난 작업이다.

이와 같이 현존하는 중국의 어느 이론으로도 고구려 역사 문제를 명쾌하게 설명할 수 없는 난제에 대해서 전 통일부 장관 겸 국가안전보장회의 사무처장이었던 이종석 박사는 회고록 『칼날 위의 평화』(개마고원, 2014) 속에 답을 내놓고 있다. 필자가 고구려연구재단을 맡고 있을 때 이 박사를 만난 적이 있으나 현직을 떠나 회고록에서 그의 이야기를 듣게 되었다.

한편 우다웨이 부부장은 한국에 왔을 때 나에게 중국이 왜 동북공정을 추진하는지 시사하는 발언을 했다. "한국에서 간도가 조선 땅이라고 주장하지 않는다면 우리도 고구려가 중국의 소수민족국가였다고 주장하지 않을 것입니다." 중국은 한국의 민족주의 정서가 연변 조선족자치주에 미치는 영향을 우려하고 있으며 이에 대응해서 동북공정의 일환으로 고구려·발해를 억지로 자기 역사로 편입시키려고 하고 있다는 뜻을 내비친 것이다. 나는 대답하지 않았다. 굳이 대답할 내용도 없었다.

위의 기록을 보면 중국의 우다웨이 부부장은 우리나라에 와서 간도가 조선 땅이라고 주장하지 않으면 중국도 동북공정에서 고구려가 중국의 소수민족국가였다는 이야기를 하지 않겠다고 말했다는 것이다. 결국 간도의 귀속 문제가 복잡해질 것을 우려해서 고구려·발해가 중국사라고 주장하였다는 뜻이다. 이것은 학문 차원의 회의나 학술논쟁이 아니라 정치적 책략의 소산이며 그 방책임이 드러난 셈이다.

중국은 이 사실을 역사를 빙자해서 호도하였고 연변 조선족자치주가 있었기 때문에 일찍부터 발해사에 손을 대다가 뒤에는 고구려사까지 동원해서 간도 문제에 대비한 것이다. 동북공정이 발표되면서 우리나라의 전 국민이 고구려 역사를 지키자며 들고 일어섰고 중국의 주장을 강하게 비판하자 우다웨이 부부장이 내한해서 2004년 8월 24일 최영진 외교부 차관과 5개 항의 「구두양해사항」에 합의하였다. 내용은 다음과 같다.

① 고구려사 문제가 양국 간의 중대현안으로 대두된 데 유념
② 고구려사 문제의 정치화 방지노력
③ 조속한 학술교류 개최를 통해 문제 해결
④ 역사 문제로 한중 우호협력관계의 손상 방지노력
⑤ 중앙 및 지방 정부 차원에서의 고구려 관련 기술에 대한 한국 측의 관심에
　　이해 표명, 필요한 조치를 취해 문제 복잡화 방지

이 구두합의를 계기로 양국 정부는 고구려 역사의 왜곡 문제가 얼마나 우리나라 국민들에게 분노와 좌절을 주었는지 깊이 깨닫게 되었다. 우리 학계와 국민들은 중국의 처사를 맹비난하며 항의를 계속하였다. 8월 27일에는 자칭린 정치협상회의 주석이 내한하여 후진타오 국가주석의 구두 메시지를 노무현 대통령에게 전달하는 과정을 밟았다.

우리는 중국 정부의 구두양해나 메시지가 고구려 역사 문제를 바로 해결하는 방안이라고 보지는 않았다. 다만 분노의 항의 수준을 다소 낮추는 데

는 기여를 하였다. 우다웨이 부부장이 간도 문제를 거론하면서 동북공정과의 연계성을 언급하였지만 우리도 동북공정이 발표된 뒤에 학술적인 문제 이외에 무언가 있는 것이 아니냐는 의구심은 가지고 있었다. 그러나 고구려 역사를 간도 문제와 연결시킨 과제라는 것을 인지한 것은 너무나 충격적인 사실이다. 결국 간도 문제는 통일적 다민족국가론이나 변강이론으로는 해결할 수 없는 커다란 과제임이 드러났고 향후에는 세인의 이목을 받는 국가의 대사가 되었다.

제2절 고구려사 논쟁과 고구려연구재단의 출범

1. 고구려연구재단의 설립 과정

중국의 '동북공정'이 공표되고 고구려 역사가 중국사라는 내용이 우리나라에 소개되면서 우리나라는 중국에 대한 분노와 충격을 있는 그대로 표출하였다. 우리나라 고대사를 전공하는 학자는 물론 역사학 분야의 모든 학자들과 언론인들이 역사왜곡의 극치라며 중국 학계를 비판하였고 온 국민들이 국가의 정체성을 모독하는 행위라며 항의 시위를 하였다.

대한민국 역사의 고향인 북방대륙의 웅혼한 기상에 흠집이 나는 것을 우리나라 국민들이 수수방관하지 않았다. 정부도 큰 관심을 표명하며 사태의 추이를 면밀히 살피고 있었다. 고구려 역사를 지키고 보호하자는 데 전 국민들이 일치단결하는 모습은 국민이 오늘의 대한민국을 만든 국력의 상징임을 여실히 보여 주었다.

나라가 어려운 상황에 처할 때마다 이 땅의 국민들이 지도자들 못지않게 국난 극복에 나서 난제를 해결한 예는 부지기수다. 외환위기로 어려움을 겪자 온 국민이 금 모으기 운동을 펼친 것은 우리 국민들의 자랑이자 애국운동의 표본이 되었다. 필자는 이 광경을 목도하면서 마음속 깊은 감동을 역사에 승화시키곤 하였다. 고구려 역사를 지키자고 단결하며 외치는 애국심의 발로는 우리나라 국민들의 역사관과 애국관이 아주 자랑스러운 시민의식 속에 녹아 있다는 사실을 있는 그대로 보여 주었다.

한국 고대사를 전공하는 학계의 중진들이 모여 대책을 논의하기 시작하였다. 최광식 교수, 여호규 교수, 임기환 교수, 송기호 교수, 공석구 교수, 조법종 교수, 박경철 교수, 전호태 교수, 한규철 교수 등이 '중국의 고구려사

왜곡 대책위원회'를 만들어 최광식 교수와 한규철 교수가 공동대표를 맡게 되었다.

이 시기에 일본의 역사교과서 왜곡 문제가 있어 일본의 '역사교과서 바로 잡기 운동본부'의 안병우 교수가 적극 협조하였고 고구려연구회의 서길수 교수, 시민단체의 박원철 변호사도 큰 힘을 보태 주었다. 특히 한국사를 연구하는 학회가 공동성명을 발표하며 역사왜곡을 규탄하였는데 최광식 교수가 쓴 『중국의 고구려사 왜곡』이란 소책자에는 학회 이름이 다음과 같이 나오고 있다. 경기사학회, 고려사학회, 대구사학회, 부산경남사학회, 역시교육연구회, 전남사학회, 조선시대사학회, 한국고고학회, 한국고대학회, 한국고대사학회, 한국미술사학회, 한국사연구회, 한국사학회, 한국역사민속학회, 한국중세사학회, 호서사학회 등이 공동으로 참여하였다.

우리가 자랑스럽게 여기는 것은 시민단체가 자발적으로 고구려사를 지키자며 항의운동을 전개한 일이다. 우리나라의 대소 언론지가 대중국 항의 기사를 성심성의껏 보도하기 시작하였다. 2003년 12월 12일 '우리역사 바로알기 시민연대'가 백만 명 서명운동을 개시한 후 2004년 1월 13일에 백만 명의 명단을 중국대사관에 전달하였고 2003년 12월 29일 홍사단, 광복회 등 50여 시민단체가 '고구려 역사 지키기 범민족 시민연대'를 결성하면서 이번에는 천만 명 서명운동을 시작하였다.

사이버외교사절단 반크가 12월 19일, '고구려 부흥 프로젝트―21세기 대한민국 서희 찾기' 운동을 전개한 것은 인터넷을 활용한 국제활동이라 학계와 국민, 그리고 정부로부터 호의적인 반응을 얻었다. 서울에 있는 고구려성인 아차산성은 발굴조사가 끝나면서 세인의 주목을 받고 있었는데 구리시 시민단체가 2004년 1월 16일 아차산성의 국가사적지정 고구려 역사 유적공원 설립을 건의하였다. 1월 19일에는 역사사랑모임 회원 90명이 세종문화

회관에서 중국의 고구려사 왜곡에 항의하는 성명서를 발표하는 등 전국적으로 고구려 역사를 지키려는 거국적인 운동이 전 국민의 호응을 받았다.

2003년 말경에 최광식 교수가 필자를 찾아와서 '동북공정' 이야기를 하다가 이에 대처하는 학술단체를 만들게 될 때 책임을 맡으셨으면 한다는 의견을 조심스럽게 밝혔다. 당시 필자는 정년을 앞두고 밀린 논고 등을 정리하느라 매우 분주한 일정을 보내고 있었다. 필자는 처음에는 완곡하게 사양하며 능력 있는 중진들이 나서서 일을 추진해야 된다고 의견을 제시하였다. 그러나 최 교수는 필자를 천거하는 것이 최 교수 자신만이 아니고 중진들의 의견을 종합한 결과라며 거듭 수락을 촉구하였다. 아울러 관계 기관에도 필자 이야기를 전했다는 말을 하기에 필자가 생각할 시간을 달라고 즉석 결정을 미루었다. 최 교수는 중국 쪽 책임자의 경우를 들면서 학문경력과 행정력을 두루 거친 필자가 꼭 책임자가 되어야 한다는 입장을 견지하였다.

필자는 평소 정치권과는 일정한 거리를 두며 생활한다는 자그마한 신조를 가지고 대외활동에는 다소 엄격한 선을 지키는 편이었다. 그러나 이번 고구려 역사전쟁 건은 정치권에 입문하는 것이 아니며 당연히 역사학계가 나서야 할 일이었다. 필자 또한 평생을 고대사 공부에 몸담고 있으면서 어려울 때 외면하는 것이 도리가 아닌 것도 분명했다. 필자는 평생의 학문 도반인 문명대 교수, 이융조 교수의 의견을 들으며 마음을 정리하려고 하였다.

2004년 1월 19일 안병영 교육부총리가 필자에게 전화를 해서 논의가 많은 고구려연구센터 건을 도와 달라고 요청하였다. 필자는 평소 안 부총리의 학문업적과 실무행정에 대해 큰 신뢰를 갖고 있었기 때문에 승낙하는 쪽으로 가닥을 잡았다. 1월 27일 안 부총리와 조찬이 예정되어 있어 중앙청 국무위원 식당으로 갔다. 이 모임에는 장을병 한국정신문화연구원 원장, 그리고 이만열 국사편찬위원장도 참석하였다.

안병영 부총리의 이야기는 다음의 세 가지로 요약할 수 있다. 첫째는 고구려연구센터는 민간기구로 한다는 것이다. 둘째, 이 기구를 한국정신문화연구원이나 국사편찬위원회에 두지 않는다는 것이고, 셋째, 필자를 지명하면서 책임을 맡아 달라는 부탁이었다. 그 당시 장을병 원장은 안 부총리에게 한국정신문화연구원의 명칭을 변경하는 문제를 제기하며 협조를 요청하였다. 식후에 우리는 장관실로 가서 차를 들며 추진위원회 총회를 2월 4일에 하기로 날짜를 정하고 공청회는 2월 12일에 개최하기로 결정하였다. 추진위원회 회의를 교통이 좋다고 시내에서 하지 말고 모든 사람들이 편하고 소박하게 느낄 수 있도록 고려대학교에서 열기로 하였다. 마지막으로 안 부총리는 재단의 일에 두 기관장들이 협조해서 중복되는 일이 없도록 하고 필자에게는 두 기관의 고유 업무를 인정해서 상호 협조해 달라고 당부하였다.

2월 4일 2시에 고려대학교에서 고구려연구센터 추진위원회 총회가 개최되었다. 안병영 부총리가 교육부의 관계자와 함께 참석하였다. 이성무 전 국편위원장이 필자를 추천하였고 이융조 교수가 동의해서 만장일치로 추진위원장으로 선임하였다. 필자가 선임되는 것을 본 후 시간이 지나자 안 부총리는 자리를 비웠고 우리는 재단에 대해서 많은 토론을 하였다.

우리는 소위원회를 구성하기로 하고 이 일은 위원장에게 일임하기로 하였다. 그다음이 명칭 문제였는데 가장 논의가 많은 분야였다. 그 자리에서 재단 공청회는 2월 12일에 개최한다는 사실을 모두에게 알렸다. 최광식 교수와 만나 공청회 장소 건을 논의하고 기타 준비 상황을 점검하였다. 추진위원들이 단합해서 도와주어 회의가 아주 원만하게 진행되었다. 주요 언론들이 재단의 출범 과정을 관심사로 보고 보도를 하기 때문에 사실대로 정확하게 보도해 달라고 우리는 신신당부하였다.

2월 12일 오후 2시에 재단 공청회가 한국언론재단 20층 국제회의장에서 개최되었다. 필자는 추진위원장 입장에서 간략하게 인사말을 하였고 여호규 교수가 고구려연구재단(가칭)의 설립방향을 발표하였다. 그는 고구려연구재단의 필요성, 설립목적과 사업범위, 재단의 조직체계와 운영방향, 그리고 재단의 발전방향을 제시하였다. 조직체계로 행정지원부, 연구기획부, 연구정보부를 두고 연구기획부 아래 6개의 연구팀을 배치하였다. 고구려 역사 연구팀, 고구려 문화 연구팀, 상고사 연구팀, 발해사 연구팀, 한중관계사 연구팀, 민족 문제 연구팀으로 재단의 성격을 대표하는 각 분야의 연구 영역이다.

고구려연구재단의 발전방향으로는 이 기구를 정부 출연 연구기관으로 격상시켜 발전시킬 것을 제안하였다. 이 발표안은 고대사를 비롯한 각 분야 전문가들의 의견을 종합해서 공청회에서 발표하게 되었다. 토론자로는 이문기 한국고대사학회장, 박원철 고구려 역사 지키기 범민족 시민연대 대표, 서길수 고구려연구회장, 안병우 아시아평화와역사교육연대 대표 등이 참가해서 열띤 토론의 장이 되었다.

가장 뜨거운 논점은 역시 재단의 명칭을 정하는 일이었다. 너무나 많은 의견과 견해가 나옴에 따라 공청회가 끝난 후 소위원회를 소집해서 명칭 건을 논의하였다. 여기서도 명칭 문제가 난상토론이 되었다. 위원들은 자유롭게 발언하였으나 정부의 입장에서는 고구려라는 말이 들어가지 않으면 정부의 지원 문제가 어려울 수 있다는 이야기를 듣게 되자 위원 한 사람 한 사람의 의견을 경청하며 견해를 좁혀 갔다. 결국 '고구려연구재단'이라는 이름이 나타났다.

여기서 고구려라는 명칭을 택한 배경을 약간 설명해 두려고 한다. 고구려는 고구려 역사 자체만을 의미하므로 범위가 좁기 때문에 연구재단의 명칭으로 다소 협소하다는 의견이 있었다. 그럼에도 고구려를 포함한 북방사이

고구려연구재단 출범식

자 대륙사의 전 시대를 포함하는 역사를 연구한다는 취지에서 고구려란 명
칭을 채택한 것이다. 북방의 고대사에서 가장 대표적인 나라가 고구려이므
로 고구려연구재단은 북방사를 연구하며 '동북공정'에 대응하는 연구기관이
라는 뜻이었다. 고조선, 부여, 발해도 연구하지만 당연히 고구려가 큰 비중
을 차지한다는 것은 모두가 아는 사실이었다. 그동안 우리나라 역사학계가
소위 이념의 장벽 때문에 북방사에 많은 투자와 연구가 부족했던 점을 직시
하고 차제에 '동북공정'에 정식으로 대응키로 방향을 정한 것이다. 그리고
단순히 행정만으로 대응하는 곳이 아니므로 연구라는 글자가 꼭 들어가도
록 하였다. 여기에는 연구원들의 연구의욕을 새롭게 고취시키고 젊은 후학
들을 지원해서 연구인력을 확대한다는 뜻이 담겨 있었다. 뒤에 고구려연구
재단에서 재단의 연구학술지로 「북방사논총」을 간행하였는데 북방이라는
명칭을 쓴 것은 저간의 모든 과정과 사정을 말해 준다.

2004년 3월 1일 2시에 고구려연구재단 출범식을 거행하였다. 3·1절을 택한 것은 역사의 엄중한 전쟁의미를 부여한 셈이다. 3·1절 정부 행사가 오전에 있으므로 오후로 일정을 잡고 장소는 플라자호텔 22층 덕수홀로 결정하였다. 교육부의 이수일 실장, 김만곤 과장, 이충호 장학관이 나와 행사 준비 상태를 점검해 주었고 필자는 최광식 교수와 같이 출범식 전반을 확인하였다. 행사장에는 고건 국무총리, 안병영 교육부총리, 정세현 통일부 장관, 도영심 이사장, 이원순 전 국편위원장 등의 내빈과 교육부 관계자, 재단 설립 추진위원, 학계, 시민 등 많은 하객들이 참석하였다.

고건 총리는 축사에서 중국의 '동북공정'에 맞서 대한민국 역사의 정체성을 굳게 지키며 발전시켜 줄 것을 당부하였고, 이원순 전 위원장의 축사, 도영심 이사장의 선언문 낭독으로 소박하면서 깔끔하게 식을 끝냈다. 필자는 식이 지루하지 않도록 하기 위해 간략하게 인사말을 하였다. 고구려연구재단이 공식으로 출범하면서 행정조직의 구성에 착수하게 되었다.

2. 재단이사와 연구원 구성

온 국민의 관심과 성원 속에 고구려연구재단이 출범하였다. 바로 착수해야 할 과제는 재단정관을 만들고 규정에 따라 행정을 집행하는 일이었다. 교육부에서 관계자와 재단이사 선임을 논의하고 정부 부서에 걸맞은 재단정관을 준비하기 시작하였다. 재단 공청회와 소위원회에서 만든 안을 토대로 재단의 핵심 사업을 진행할 6개 팀의 명칭을 다시 검토한 뒤 상고사 연구팀은 고조선사 연구팀으로, 한중관계사 연구팀은 동아시아 연구팀으로, 민족 문제 연구팀은 민족사 연구팀으로 명칭을 바꾸었다. 연구원을 모집·선발하려면 각 분야의 성격을 보다 명확하게 하거나 경우에 따라서는 유연성 있는 관계설정으로 우수한 인재를 선발하는 데 잡음을 걸어 내야 한다. 초기에 인적 자원을 구성하는 데 혹시라도 불미스러운 인적 개입 논란이 일어나면 보기 추한 모습을 국민에게 보인다는 점에서 엄격한 지침과 관리를 당부하였다.

필자는 최광식 교수를 상임이사로 할 것을 교육부와 논의하였고 1차 이사회에서 제안하기로 하였다. 그동안 재단 설립을 위해 학회와 교수들 간에 많은 논의를 거치면서 그는 매끄럽게 일을 성사시키는 행정력을 고비고비마다 보여 주었다. 관계 당국도, 관련 교수사회에서도 모두 동의하는 터라 마음이 가벼웠다. 필자는 최 교수에게 이사진 구성이나 연구원과 행정요원 선발에 각계의 인망 있는 분들을 초빙하고 우수한 연구원을 선발하는 데 우리의 명예를 걸고 실력과 공정성만을 앞에 내세울 것을 부탁하였다. 특히 경리·회계 분야는 아주 엄격한 기준으로 인재를 선발할 것을 당부하였다. 필자는 재단의 인적 구성에 관해서 관계 기관 책임자와 몇 차례 만나 기본 방침을 알렸고 필자 역시 교육부의 공정한 인재 선발에 관여치 않겠다고 말했다.

고구려연구재단을 설립할 당시 법인의 신청 주소는 경기도 성남시 분당구 운중동 50의 '한국정신문화연구원'이었고 법인 자산의 총액은 3억 원이며 성립일은 2004년 4월 7일이다. 4월 10일 오후 2시 30분에 고구려연구재단 설립추진 실무지원팀은 고구려연구재단 사무실에서 이사회 준비를 위해 재단정관과 규정, 규칙 등 재단 운용의 기본 틀을 모두 토론하며 점검하였다.

그동안 재단의 이사진 구성을 위해 우리는 정부와 학계, 재계, 언론계 그리고 시민단체 등의 많은 의견을 경청하면서 좋은 안을 만드는 데 수고를 아끼지 않았다. 우리는 이사진을 구성하는 데 몇 가지 관점을 갖고 이사 하실 분들을 모시기로 하였다. 우선 학계에서는 '동북공정'이 표방하는 우리나라 고대사 왜곡이 폭이 매우 넓지만 고구려 역사가 큰 과제로 등장하였기 때문에 이 분야의 전문가를 고려하기로 하였다. 두 번째는 중국과의 역사전쟁이므로 학술적인 것은 당연히 고구려연구재단이나 교육부가 나설 사안이지만 혹 외교부와 관련된 협조 문제가 제기될 수 있어 외교 전문가도 염두에 두기로 하였다. 셋째는 '동북공정'이 몰고 오는 사회적 파장이 때로는 매우 커 언론사의 협조와 홍보가 긴요하다고 보았다. 넷째는 고구려 역사를 지키자는 운동에 헌신적으로 협조하며 애국운동으로 의미를 승화시킨 노력이 크다는 점에서 시민단체가 당연히 검토의 대상이 되었다.

고구려연구재단의 성격으로 보아 당연직으로는 한국정신문화연구원장, 국사편찬위원장, 교육부 차관이 참여하게 되었다. 이와 같은 인선기준에 따라 아래와 같이 이사진을 구성하였다.

고구려연구재단 이사진 명단

순	성명	소속(직위)	비고
이사 1	김정배 (이사장)	고려대학교 (교수)	전 고려대학교 총장
2	김재철	무역협회 (회장)	
3	노태돈	서울대학교 (교수)	고구려정치사 및 발해·부여·고조선사 연구
4	도영심	한국문화관광정책연구원 (이사장)	외교통상부 문화협력대사, 전 국회의원
5	박병호	서울대학교 (명예교수)	한국정신문화연구원 초빙교수
6	오재희	사명당기념사업회 (회장)	전 외교통상부 차관, 전 주일대사
7	박원철	변호사	고구려 역사 지키기 범민족 시민연대 준비위원장
8	서길수	서경대학교 (교수)	고구려연구회 회장
9	안병우	한신대학교 (교수)	아시아평화와역사교육연대 대표
10	이융조	충북대학교 (교수)	ICOMOS 한국 대표
11	장명수	한국일보 (이사)	전 한국일보 사장
12	최광식	고려대학교 (교수)	중국의 고구려사 왜곡 대책위원회 공동대표, 한국사연구회 감사

13	이만열	국사편찬위원회 (위원장)	당연직
14	장을병	한국정신문화연구원 (원장)	당연직
15	서범석	교육인적자원부 (차관)	당연직
감사 1	김성훈	중앙대학교 (교수)	전 농림부 장관, 경실련 공동대표
2	이문기	경북대학교 (교수)	한국고대사학회 회장

재단의 제1차 이사회가 2004년 4월 24일 10시에 개최되었다. 모두 12개 의결안건이 처리되었다. 2004년도 예산이 50억 5692만 1000원으로 항간에 나도는 100억 원은 아니었다. 아마도 100억 원 이야기는 교육부가 당초 예산으로 생각하였던 안이 잘못 전해진 듯하다. 재단정관 개정안으로는 법인의 소재지가 당초 한국정신문화연구원 내였으나 교육부의 협조에 따라 서울 중구 쌍림동 22-1의 한국교육학술정보원(KERIS)으로 이전하기로 하였다.

재단의 원래 소재지는 연구 환경이 훌륭하나 접근성이 떨어져 재단설립 목적 업무 수행에 지장을 초래할 수 있고 따라서 연구원들의 접근이 용이한 한국교육학술정보원 내로 이전한다는 내용이다. 85평 정도의 규모라 공간이 넓은 것은 아니지만 무상대여이기 때문에 재단의 예산절감을 고려하면 일단 좋은 대안이었다.

이 외에 상임이사를 선임하는 안이 통과되어 이사장이 상임이사를 임명할 수 있게 되었다. 또 하나 중요한 안건은 직원채용 소위원회를 구성하는 안이 통과되었다는 점이다. 직원채용을 위해서는 심사위원과 관리요원이 있어야 하나 당시 재단에는 직원채용 업무를 담당할 직원이 없으므로 소위원회를 구성할 것을 의결하였다. 소위원회 구성에 대해서는 이사장에게 위임하여 직원채용 업무를 원활하게 추진토록 하였다. 1차 재단 이사회 의결안건은 다음과 같다.

제1호 2004회계연도 예산(안)

제2호 고구려연구재단 정관 개정(안)

제3호 규정관리규정 제정(안)

제4호 직제규정 제정(안)

제5호 연구위원회 운영규정 제정(안)

제6호 인사규정 제정(안)

제7호 보수규정 제정(안)

제8호 국내여비규정 제정(안)

제9호 국외여비규정 제정(안)

제10호 회계규정 제정(안)

제11호 상임이사 선임(안)

제12호 직원채용 소위원회 구성(안)

우리는 재단 이사회의 의견에 따라 직원채용 소위원회를 구성하였다. 교육부 관계자들과 재단의 상임이사, 학계의 인사가 참여해서 전공 분야와 행정 업무의 인원을 다시 확인하고 직원채용 공고를 발표하였다. 연구직과 행정직 합격자 명단은 다음과 같다.

연구직(17명): 고조선사(장석호, 오강원)

　　　　　고구려사(임기환, 김일권, 김현숙, 이인철)

　　　　　고구려 문화(박아림, 고광의)

　　　　　발해사(김은국, 임상선, 윤재운)

　　　　　동아시아 관계사(배성준, 최덕규, 구난희)

　　　　　민족사(노기식, 장세윤, 윤휘탁)

행정직(7명): 일반행정(신희경, 방희정, 박종국)

　　　　　전산(김충일)

　　　　　사서(송명옥)

　　　　　편집출판(윤지선)

　　　　　대외협력(김주영)

　　재단에서는 5월 22일에 합격자를 소집해서 임용과 관련된 제반 서류 건을 설명하였고 5월 24일에는 바로 임명장을 수여하였다. 이닐부터 근무가 시작되었고 신입연수를 실시하면서 '동북공정'에 대응하는 고구려연구재단의 성격과 방향을 숙지토록 하였다.

　　연구재단이 단독 건물을 소유하지 않기 때문에 건물 내에 재단 현판의 필요성이 제기되었다. 필자가 평소 존경하는 열암 송정희 선생한테 힘이 넘치는 재단의 현판글씨를 부탁하였고 열암 선생은 흔쾌히 수락하였다. 열암 선생은 필자가 고려대학교의 행정을 맡고 있을 때 자신의 글씨 5000점을 고려대에 기증한 바 있는데 그 인연으로 이번에 글씨를 받기로 한 것이다. 종로구 계동의 현대사옥 앞에는 '現代'라는 글씨가 큰 돌에 각인되어 있는데 이것이 바로 열암 선생의 작품이다. 6월 4일에 현판글씨를 받았고 교육부와 협의를 거쳐 6월 10일 10시 30분에 재단 사무실 앞에서 안병영 부총리가 참석한 가운데 조촐하게 현판식을 가졌다.

　　장을병 원장, 오재희 이사, 김성훈 감사가 참석하여 출범을 축하해 주었고 모두 재단의 발전과 단합을 기원하였다. 재단의 출범에서부터 현판식에 이르기까지 정말 분주한 일정을 소화하며 관계자 여러분의 협조를 받아 연구에 전념할 터전이 마련되었다. 필자에게 신뢰를 보내 주고 일절 관여하지 않으면서 격려를 아끼지 않은 안 부총리에게는 늘 고마운 마음을 갖고 있

고구려연구재단 현판식

다. 교육부의 실무진은 국가적인 사업임을 깊이 인식하고 몸을 사리지 않고 동서분주하며 업무지원에 최선을 다해 주었다. 김만곤 과장, 이충호 장학관, 이승복 서기관, 이인철 선생 그리고 최광식 교수 등이 밤낮을 가리지 않고 행정력을 발휘하였다.

3. 고구려연구재단의 정책방향

발해 역사와 마찬가지로 고구려 역사도 우리나라 학자들이 마음 놓고 연구할 수 있는 학문 분위기가 아니었다. 개방 이후에야 고구려가 흥기한 환인·집안 등지를 답사할 수 있었던 점을 감안하면 초기 고구려 역사연구는 자료가 부족하여 상당히 열악한 환경에 있었다. 더구나 북쪽의 평양 등지에 유적이 있음에도 직접 학술 답사가 불가능하였기 때문에 발로 다니고 두 눈으로 직접 확인하는 고대사 연구의 특성을 십분 발휘할 수 없었다. 다시 말해서 고구려나 발해가 위치해 있던 북방의 역사를 생생한 자료 위에서 연구하려면 연구 분위기를 일차적으로 쇄신해야 했다. 고구려 역사를 전공하는 학자의 수가 적은 것도 자료 부족과 현장 접근이 불가능한 연구 환경이었기 때문이다. 필자는 고구려연구재단의 연구원들이 젊고 우수한 인재들이므로 기왕의 대학에서 혹 지니고 있었을 폐쇄적인 학문자세를 버리고 과감히 개방적인 학문자세를 갖도록 연구 분위기를 바꾸었다.

첫째, 국내외의 고구려 연구성과를 집대성해야 동북공정의 허와 실에 대응할 수 있다고 보았다. 재단 내에서는 이에 맞추어 필요한 새 자료를 장비토록 하였으며, 해외 학술지와 도서에 관심을 가졌다.

둘째, 한정된 인원과 재원으로 동북공정에 대응하며 성과물을 내려면 선택과 집중의 정책을 택하지 않을 수 없다. 모든 분야가 어려움을 겪듯이 한국 고대사도 연구인원이 적고 더구나 고구려사 전공자는 손으로 꼽는 수에 불과하였다. 서울대 노태돈 교수, 한국외대의 여호규 교수, 울산대 전호태 교수, 동국대 강현숙 교수, 강남대 박경철 교수, 뒤에 자리를 옮긴 임기환 교수 등이 무거운 짐을 어깨에 메고 학문활동을 하였다. 물론 신라사나 백제사를 연구하는 학자들도 언제든지 고구려사를 연구하였고 관계사가 될 때는 어차피 고구려사에 손을 대곤 하였다. 재단에서는 동북공정에 바로 대응하기 위해서도 고구려사 연구를 활성화시키기로 하였고 이 여파가 다른 연구 분야로 확산되어 가도록 하였다. 재단의 6개 분야 연구는 모두 상호 연관되도록 연구 과제를 조정하였다. 민족과 강역은 모두 '동북공정'에서도 주목하는 정책항목이었다.

셋째, 학술정보 부족은 훌륭한 논저를 생산할 때 장애가 되므로 북한, 중국, 러시아 등지의 학자들과 학술회의를 통해 직접 부딪혀 논고의 사상과 배경을 토론할 것을 주문하였다. 외국 학자와의 학술회의에는 국내건 해외건

북한 사회과학원 원로학자들
앞줄 오른쪽에 허종호 소장, 뒷줄 오른쪽에 손영종 교수.

비용이 들게 마련이지만 각계의 훌륭한 학자를 초빙하면 회의에서 얻는 학문적 성과는 항상 비용을 초과하는 생산물을 내게 된다.

넷째, 고구려사 연구에서 현지 답사는 필수이며 고구려의 활동 영역이 컸기 때문에 중국의 동북 지역과 북한의 평양 등지를 답사해야 한다. 우리나라에도 예컨대 충주 고구려비 등의 유물이 있지만 고구려의 주된 역사의 중심축이 집안과 평양에 있었기 때문에 이 일대를 답사하며 직접 피부로 느껴야 한다. 필자는 재단의 고구려 전공자는 물론 전 직원을 두 차례 고구려유적 답사에 참여시킨 바가 있다. 고구려 역사뿐만 아니라 북방사를 연구하는 기관의 인원이라면 모두가 직접 연구 대상 지역의 분위기를 몸에 익혀야 연구와 행정의 분위기가 매사 적극적으로 움직이게 된다.

다섯째, 북측의 사회과학원 및 중국의 변강사지연구중심과 학술교류의 일환으로 학술회의를 적극 추진키로 하였다. 필자가 평생 연구활동을 하면서 교류한 인맥이 구석구석에 있어 두 기관과 물꼬를 트는 데 큰 힘이 되었다. 필자가 고려대학교에서 행정을 맡고 있을 때인 1999년에 평양의 김일성종합대학을 방문하면서 사회과학원의 명망 높은 원로들을 만난 적이 있어 이후 교류사업에 많은 도움을 받았다.

중국 연변대학의 박문일 전 총장은 오랜 학문교류의 도반이었으므로 때로는 흉금을 터놓고 대화하는 사이였다. 고구려연구재단이 중국의 동북공정 때문에 발족한 순수 학술연구재단이라는 사실을 학술회의를 통해 알리는 것이 가장 효과적인 방안이었다.

여섯째, 필자는 연구재단이 학술활동을 담당해야 하므로 '동북공정'에의 대응에도 학술적인 차원에서 방어적인 자세가 아니라 주의주장을 강하게 펼 것을 요청하였다. 고구려 역사가 중국사라는 주장을 하는 데 대해 학문적 성과를 바탕으로 당당하게 논지를 펴는 것이 학자의 자세이다. 일부러 싸우자고 덤비는 것이 아니고 학문논쟁이라면 의당 자신의 견해를 반듯하게 발표하는 것이 올바른 학문자세이다. 필자는 이 관점을 줄곧 지키는 입장이라 일부에서는 너무 강한 것이 아니냐고 이야기도 한다. 특히 정부에서도 의견이 다양하게 나올 수는 있다. 예컨대 교육부 쪽은 학술 면에서의 논쟁이라 재단의 정책방향을 충분히 이해하는 입장인 반면 외교부는 너무 강하지 않으면서 논란이 야기되지 않는 선을 유지하기를 바라는 분위기이다. 회의를 하거나 관계자들을 만나 보면 위와 같은 느낌을 바로 감지하게 된다. 필자는 중국의 마대정·여성 주임 등과 학술회의를 할 때마다 이야기를 한다. 학술내용을 발표할 때나 토론을 할 때는 상대방이 서운해하더라도 주의주장을 펼치면서 논쟁을 해야 하고 회의가 끝난 후에는 인간적으로 사귀며 교류하는 것이 옳다고 말했다. 두 분 책임자는 고개를 끄덕이며 웃는다.

러시아 라린 소장, 필자와 샤프쿠노프 교수.

이 말에는 박문일 총장도 항상 빙긋이 웃는다.

일곱째, 우리나라 역사학계가 분야마다 어려움이 모두 있지만 과거 공산권 지역에 역사와 유적이 있는 고대사의 경우 젊은 연구자들을 발굴하고 지원해야 하는 특수성이 있다. 연구재단이라는 이름에는 기존 학자와 젊은 신인들에게 연구할 수 있는 적정량의 연구비를 도와주라는 뜻이 있다. 특히 석·박사 학생들에게 연구비를 지원하는 것은 지적 탐구능력이 최고도의 단계에 올라 있는 신진들의 연구활동에 큰 자극과 의욕을 준다. 젊은 연구자를 키워야 후속 연구가 유지되고 그 분야가 활성화를 도모하게 된다.

필자는 안 부총리에게 특별히 부탁해서 재단 경리부서에 교육부의 좋은 분이 와서 실장을 맡게 해 줄 것을 건의한 바 있는데 협조가 잘되어 교육부의 김조영 선생이 와서 경리·회계 책임을 맡게 되었다. 새로 채용한 직원과 한 팀이 되어서 관련 예산을 철저하게 집행하였다. 필자는 연구원들이 해외 출장을 갈 경우 적정여비를 쓴 후 남게 되면 반납하였다가 다시 쓰라고 말하고 필자부터 이를 실천하였다. 지난날 변영태 외무부 장관이 돈을 아껴 쓰고 남은 비용을 반납한 것은 매우 아름다운 장면이기에 필자도 공직을 맡으면 이를 그대로 실천하였고 필자의 스승인 정재각 전 동국대 총장도 변 장관의 여비 반납을 높이 평가하였다. 갓 출범한 연구재단이 바르게 가려면 예산 집행을 투명하게 하여 사전에 논란을 막아야 하였다. 필자는 고구려연구재단 전 연구원이 이 원칙을 지키며 행정력을 발휘해 준 점에 대해 늘 자랑스럽게 생각한다.

연구재단의 연구원과 행정요원의 업무가 원활하게 돌아가면서 각 부서의 매뉴얼에 따른 연구행정이 정말 바쁘게 돌아갔다. 필자는 발해사팀의 경우 우리의 중국 내 발해유적 조사가 여전히 불가능하므로 필자가 과거 발굴하였던 러시아 연해주의 크라스키노성을 다시 계속 발굴하기로 러시아 측과 교섭하였다. 다행스럽게도 지난날 함께 발굴하였던 러시아 측 연구원들이 현역으로 근무하고 있었고 라린 소장도 건재하였기 때문에 모든 협의가 순조롭게 진행되었다.

4. 중국사서에 '고구려본기'(高句麗本紀)는 없다

중국이 우리나라의 고구려 역사를 중국사라고 '동북공정' 속에서 주장한 것은 역사왜곡의 대표적인 사례가 된다. 그 주장과 논거들은 뒤에서 언급할 기회가 있거니와 우선 우리나라 학계가 당당하게 여기에 맞서 그들 입론의 부당성을 제기할 때 우리는 우리나라의 기본 사료를 제시하고 있다. 이 책이 바로 김부식이 편찬한 『삼국사기』(1145)이다.

이 『삼국사기』 속에 바로 고구려본기가 들어 있다. 고구려본기에는 고구려의 시조 동명성왕부터 마지막 왕인 보장왕에 이르기까지 고구려의 전 역사가 실려 있다. 『삼국사기』에는 '신라본기'가 있고 또 '백제본기'도 있어 고구려와 마찬가지로 신라 역사의 전체 모습, 백제 역사의 전모가 『삼국사기』에 기재되어 있다. 고구려 역사의 발전 모습과 변화·변질의 전 과정은 고구려본기 속에 실려 있으므로 고구려 역사를 연구하려는 학자는 국내외 학자를 불문하고 반드시 '고구려본기'를 보지 않을 수 없다.

본기(本紀)는 역대 왕의 통치 치적을 기록한 역사이며 함께 일한 공신들은 열전(列傳) 속에 그 이름이 들어가 있다. 왕의 치적인 본기와 국사를 논한 문·무의 신하들과 경우에 따라서는 모반을 한 인물까지의 기록이 모두 이 안에 들어 있다. 역사책을 편찬할 때 이 본기와 열전을 포함한 서술방식을 기전체(紀傳體)라고 말한다.

『삼국사기』는 기전체의 역사서술방식을 취한 우리나라의 현존하는 기전체 사서 중 가장 오래된 역사책이다. 중국의 유명한 사서인 사마천의 『사기』 (史記)가 기전체로 기술한 최초의 역사책이며 그 이후에 나타난 중국이나 우리나라의 기전체 사서는 사마천의 『사기』에서 편찬방식의 영향을 받았다. 여기서 우리가 짚고 넘어갈 사안은 기전체로 역사를 편찬하였다고 해도『삼국사기』는 고구려, 백제, 신라의 역사를 기록해 놓은 우리나라에서 가장 오래된 최고(最古) 사서라는 사실이다. 사마천의 『사기』 이래로 기전체로 역사를 편찬한 중국의 역대 어느 사서에도 '고구려본기'는 없다. 눈을 뜨고 아무리 중국 사서와 사료를 찾아보아도 '고구려본기'는 중국의 역대 역사책에는 없다. 고구려가 중국에 존재하지 않았다는 뜻이다.

그런데 이 '고구려본기'가 『삼국사기』에 실려 있다는 것은 고구려 역사가 백제, 신라와 함께 우리나라의 역사라는 사실을 만천하에 알렸다는 의미가 있다. 김부식이 『삼국사기』를 편찬한 후 국왕인 인종에게 「진삼국사기표」라는『삼국사기』를 바치는 글을 쓴 바 있다. 이 표문 속에『삼국사기』를 편찬한 목적과 의의가 아주 분명하게 드러나 있다. 표문 가운데 일부를 인용하면 다음과 같다.

신 부식은 아룁니다. 옛날에 열국에서도 사관을 두어 사적을 기록하였습니다. 그러므로 맹자는 '진나라의『승』(乘), 초나라의『도올』(檮杌), 노나라의『춘추』(春秋)가 똑같은 역사서'라고 말했습니다. 우리 해동삼국(海東三國)은 유구한 역사를 가졌으니 그 사적들이 책으로 저술되어야 하는 것은 당연한 일입니다. 이 늙은 신하에게 편집의 명을 내리셨으니 저의 부족한 역량을 생각하고 어찌할 바를 몰랐습니다.

김부식은 중국 고대의 진나라, 초나라, 노나라에 역사책이 있는데 유구한 역사를 갖고 있는 우리 해동삼국에서도 사적들이 책으로 저술되어야 한다는 점을 밝히고 왕으로부터 편찬의 명을 받았음을 밝히고 있다. 그는『삼국사기』편찬의 목적과 의미를 아래와 같이 언급하였다.

그리하여 지금의 학자와 관리들 가운데 오경제자의 서적과 진·한의 역사에 대해서는 정통하여 이를 자세하게 설명하는 사람도 있지만 정작 우리나라의 사적에 대해서는 그 전말을 알지 못하니 이는 심히 개탄할 일이라고 생각하게 되었습니다. 더욱이 신라, 고구려, 백제는 개국 때부터 삼국으로 우뚝 솟았고 중국과는 예의로 관계를 맺어 올 수 있었습니다. 범엽의『한서』와 송기의『당서』에는 모두 열전이 있습니다. 그러나 이에는 중국에 대해서는 상세한 기록이 있지만 외국에 대해서는 소략하게 다루어 상세한 기록이 보이지 않습니다. 또한 삼국의 옛 기록은 문자가 거칠고 바르지 않을 뿐 아니라 사적들이 누락된 경우가 있습니다. 이리하여 임금과 왕후의 선악, 신하의 충성과 간사함, 국가사업의 평안과 위기, 백성의 안녕과 혼란에 관한 사실들이 후세에 교훈으로 전하여질 길이 없었습니다. 그러므로 마땅히 재능과 학문과 식견을 겸비한 인재를 찾아 권위 있는 역사서를 완성하여 자손만대에 전함으로써 우리의 역사가 해와 별같이 빛나게 해야 할 것입니다.

김부식은 위의 글에서 지금의 학자와 관리들이 중국의 경전에 밝고 진·한 대의 역사에 정통하지만 정작 우리나라의 사적에 대해서 전말을 알지 못한다고 통탄하며 『삼국사기』 편찬의 당위성을 언급하였다. 『한서』와 『당서』에 모두 열전이 있으나 모두 중국인이고 외국에 대해서는 소략하다고 평하였다. 그렇기 때문에 임금과 왕후의 선악이나 신하들의 충성과 간사함을 알기 위해서, 그리고 국가사업의 평안과 위기, 백성의 안녕과 혼란에 대한 사실들을 후세에 교훈으로 전하기 위해서 『삼국사기』를 편찬한다는 당위성을 논하였다.

일반적으로 전통 사학에서는 역사를 거울에 빗대어 역사사실들을 비추어 보며 교훈으로 삼아 왔다. 김부식은 고려시대 최고의 문장가이자 역사가로 고려시대로 이어져 오는 앞선 시기 역사의 뼈대가 되는 삼국과 통일신라의 역사를 바르게 서술하였고 또한 우리 역사의 정통을 수립해 놓았다. 김부식이 중국의 경전과 사서의 예를 거론하면서까지 『삼국사기』를 편찬한 것은 우리나라 학자들과 관리들에게 우리나라 역사를 알리기 위한 목적이 있기 때문이었다. 『삼국사기』는 중국의 역사책이 아니다. 그 안에 들어 있는 '고구려본기'는 북방에 있었던 고구려의 역사를 기술한 내용을 담고 있다. 이 본기가 수나라나 당나라의 역사를 채록한 것이 아니라는 사실은 중국 학자들도 알고 있다.

중국의 역사학자들이 '동북공정'에서 고구려를 중국의 역사라고 주장하는데 고구려본기나 그 외에『삼국사기』를 천만 번 읽는다 하여도 고구려 역사를 중국사로 변신시킬 수는 없다. 고구려는 고구려인들의 역사이지 중국인의 역사가 아니다. 고구려사는 백제, 신라와 더불어 삼국을 형성한 우리나라의 고대사이기에 김부식이『삼국사기』를 편찬한 것이다. 중국의『수서』나 신·구당서에 '고구려본기'를 편찬하지 않은 것은 고구려가 중국의 나라가 아니고 고구려사가 중국사가 아니라는 것을 보여 준다. 본기(本紀)를 편찬한다는 것은 국가의 정통성을 기술하는 역사의 대강이고 나라가 존속한 전 시기의 국내외 사건과 교류관계를 기록한 사료의 핵심이다.

우리는 앞에서 발해사를 이야기할 때 '해동성국'이라는 말을 언급하면서 '해동'이라는 말이 주로 우리나라를 칭하는 별칭 같은 이름이라는 것을 사료의 예를 들며 설명한 바 있다. 다시 말해서 '해동삼국'이라는 것은 고구려, 백제, 신라를 일컫는 호칭이다. 앞에서 김부식은『삼국사기』를 왕에게 올리면서 바친「진삼국사기표」에서 '해동삼국'이라는 말을 쓰면서 고구려, 백제, 신라를 지칭한 바 있다. 발해를 '해동성국'이라고 부르는 것은 바로 '해동삼국'의 하나인 고구려는 물론 신라와의 한때 밀접한 관계 때문이고, 따라서 그와 같은 명칭이 나타난 것이다. '고구려본기'가 '해동삼국' 가운데 하나인 고구려 역사라는 사실은 '해동삼국'이라는 '본기'의 역사를 볼 때 그 뜻이 한층 분명해진다. 고구려 역사가 중국사로 떨어져 나갈 수가 없는 이유이다. 그런데 '해동삼국'이라는 말은 오래전 651년에 당나라 고종이 이미 사용하고 있었다.

앞에서 열거한 바 있지만 삼국과 해동삼국을 중국이 어떻게 보았는지 검토할 필요가 있다. 중국의『구당서』백제국조에는 아래와 같은 기사가 있다.

해동삼국은 개국한 지 오래되었고 강계가 나란히 있어 실로 견아의 형세처
럼 엇갈려 있다. 근래에 와서 마침내 국경을 다투는 전쟁이 일어나 평안한
해가 없었다.

이것은 당나라 고종이 651년에 백제사신이 조공을 하고 귀국할 때 의자
왕에게 준 조서의 일부 내용이다. 여기서 당 고종이 고구려, 백제, 신라를
'해동삼국'이라고 칭하고 있음을 보게 된다. 다시 말해서 백제, 신라와 함께
고구려를 해동의 독립된 국가로 보고 있다. 해동삼국은 당나라에서 먼 바다
건너에 있는 세 나라라는 의미이다. 『구당서』 신라국조에도 유사한 내용이
나온다.

고조는 이미 해동삼국이 오래전부터 원한이 있어 서로 공벌한다는 사실을
들었다.

신라를 언급할 때도 백제국조에서 보는 바와 같이 '해동삼국'이라고 지칭
하고 있어 세 나라를 각각 독립국가로 간주하고 있다는 사실을 다시금 느끼
게 된다. 여기서 '해동'을 다시 이야기하는 것은 중국의 왕으로부터 일반 지
식인에 이르기까지 '해동'은 결국 우리나라 쪽을 가리키는 방향이자 우리나
라의 국가와 문화를 가리키는 용어가 되었기 때문이다. 김부식이 『삼국사
기』를 편찬할 때 이미 『구삼국사』가 있었다는 것과 『구삼국사』의 일부 내용
을 축약하였다고 『동국이상국집』에서 언급하고 있다.

고구려 역사가 들어가 있는 김부식의 『삼국사기』보다 더 오래된 『구삼국
사』가 있었다는 것은 고구려 역사가 『구삼국사』에도 그대로 있었다는 말이
된다. 그런데 송(宋)나라의 왕응린이 『옥해』에서 김부식의 『삼국사기』를 『해

동삼국사기』(海東三國史記)로 표기하고 있다. 이것은 당나라의 왕이 고구려, 백제, 신라를 '해동삼국'이라고 부르는 것과 같은 개념이다. 그뿐만 아니라 김부식의 『삼국사기』가 1174년(순희 원년)에 송나라에 들어갔다는 사실을 알리고 있다. 고구려의 역사가 우리나라 삼국시대의 역사라는 사실이 송나라에서도 그대로 통용되었다는 뜻이다.

『송사』예문지에는 고려 고득상(高得相)이 찬한 『해동삼국통력』 12권의 책명이 보이는데 이 책의 이름을 보더라도 해동삼국에 관한 저술임을 바로 알 수 있다. 해동을 언급할 때 가장 유명한 책이 원효의 『대승기신론소』인데 이 저서가 불법의 핵심 내용을 가장 논리 정연하게 저술하여 중국의 불교계에서는 가장 명성이 자자한 책으로 평가하고 있다. 그래서 중국 학계는 8세기부터 원효스님을 해동법사(海東法師)로 부르고 그의 책명을 『해동소』(海東疏)라고 부른다. 이 외에도 해동을 우리나라의 역사와 문화의 상징으로 명명한 것은 매우 많다. 고구려 역사가 해동삼국의 역사 속에 있다는 뜻이다.

5. '동북공정'상의 고구려사 논쟁점

'동북공정'이 중국 동북3성 변강의 전 역사를 연구하고 응용적인 차원에서는 사회과학의 적용과 '동북진흥' 전략의 추진임은 모두가 아는 사실이다. 그러나 우리나라 국민은 '동북공정'이 동북3성 전 시대에 걸친 역사연구라는 점에도 불구하고 고구려 역사가 중국사라는 주장에 가장 민감하게 반응하고 강하게 반발하였다.

사실 우리나라 국민들을 경악시킬 만큼 중국변강사지연구중심에서 주장하며 나온 일련의 논고들은 역사의 진실을 뒤엎는 역사이고 그 역사를 쟁탈하려는 영토전쟁이라는 인상을 강하게 풍겼다. '동북공정'의 이름으로 직간접 출간된 논문이나 저서들의 내용을 일별하면 우선 역사연구의 객관성이 무너진 상태에서 출발하고 있다. 자신들의 일방적 주장을 사실인 양 호도하고 빈약한 사료에는 잘못된 생각을 덧칠하고 진실한 자료는 외면하는 등 역사연구에서 요구하는 상대주의 기본 철학이 결여되어 있다. 근간에 나온 이들의 논고를 보면 중국에는 한(漢)족만 존재하고 한족의 역사만 있었으며 앞으로도 한족만이 중국과 세계에 존재해야 한다는 듯이 중국의 변강학과 변강이론에 빠져 있다.

역사는 시간이라는 세월이 흐르면서 쌓인 유적이고, 물이 흐르면서 새로운 지형을 만들고 파괴하듯 역사의 강역은 시대에 따라 변하기 마련이다. 자연스럽게 쌓아 올린 역사의 공든 탑을 인위적으로 해체하고 정치공학으로 무장한 역사의 패권주의와 팽창주의가 결국 동북공정의 산물로 우리 앞에 나타났다. 그동안 여러 곳에서 이에 관한 공방과 비판의 글이 나온 바 있으나 이 왜곡의 역사적 면모를 본다면 대략 다음의 여섯 가지가 된다. 앞에서 우리가 살펴본 변강이론이나 '통일적 다민족국가론'의 허와 실을 바탕에 깔고 여섯 가지 문제점을 대비해서 보면 어느 항목도 역사적인 사실이 아님을 바로 깨닫게 된다. 논쟁점을 요약하면 아래와 같은 항목이 된다.

① 고구려는 중국 경내에서 건국하였다.

② 고구려민족은 중국 고대의 한 민족이다.

③ 고구려는 독립국가가 아니라 중국의 지방정권이다.

④ 수·당과 싸운 고구려와의 전쟁은 국내전쟁이다.

⑤ 왕씨 성의 고려는 고구려를 계승한 국가가 아니다.

⑥ 우리나라의 북부인 북한의 평양 지역도 중국의 역사다.

필자가 보기에 위에서 열거한 주장을 하는 논고들은 한결같이 우리나라의 기본적인 정통 역사를 충분히 숙지하지 못한 상태에서 나타난 아주 잘못된 주장이다. 또는 무리한 논고라는 사실을 혹 인지하였더라도 빈약하거나 논리가 서지 않은 견해들을 일방적인 변강이론에 기대거나 또는 내실이 없는 '통일적 다민족국가론'에 의지하였기 때문에 스스로 파 놓은 함정에 모두 함몰되고 말았다. 우리는 역사가 발전하든, 정지하든, 또는 경우에 따라 퇴보하든 간에 끊임없이 문화교류가 국가 간에 이루어지고 있었다는 사실을 잘 알고 있다. 이것은 세계사상 시대를 막론하고 나타나는 극히 자연적인 현상으로 지금도 세계의 구석구석에는 질적으로 높은 문화가 끊임없이 물처럼 흘러들어 간다.

우리는 이러한 문화의 특성을 우리나라 고대사에서도 쉽게 찾을 수 있고 중국의 문화가 삼국시대에 영향을 끼친 예를 유교와 불교에서 확인하게 된다. 시대가 변함에도 불구하고 불교는 1600여 년을 거치면서 우리나라의 역사발전과 궤적을 같이하였다. 그리고 우리나라 문화의 특성이 배어 있는 한국불교 사상과 문화의 핵심을 지니고 우뚝 서 있다. 이것은 유교의 경우도 마찬가지로 지난 역사에서 국가의 통치철학과 사상계에 튼튼한 기둥 역할을 하였다.

다 아는 바와 같이 우리는 지나간 역사에서 위에서 언급한 바와 같이 중국으로부터 받은 문화의 영향을 한 번도 부인한 적이 없다. 사실에 입각해서 역사를 서술하는 것이 역사의 기본 상식이고 이론화를 하더라도 첫출발이 된다. 그럼에도 불구하고 고대의 중국에서 국력이 강하고 문화가 융성해서 고구려를 포함한 백제, 신라, 왜 등이 문화를 교류하거나 사신이 내왕한 사실을 갖고 이 모든 것이 중국사이고 중국 영토라고 한다면 이 주장을 선의로 해석할 사람이 없을 것은 자명하다. 여기서 중국은 고구려를 특히 지목하였지만 그것이 점차 영향을 미치는 범위는 고구려 이전의 상고사까지 소급해서 적용하고 있어 역사왜곡과 오류의 범위가 한층 확대되었다.

우리는 고대사에서 주민이나 민족을 강역 문제와 연계시켜 논지를 전개하면 매우 어려운 입장에 처하게 될 때가 있다. 사료가 부족한 경우는 더욱 곤란을 겪게 된다. 이러한 상황을 탈피하려면 고고학의 시각에서 보는 유물 연구와 문화 해석의 도움을 받는 것이 역사를 크게 조감하는 데 있어 아주 필요하다.

아마도 중국의 학자들은 1840년의 중국 국경선을 염두에 두고 고구려 강역을 논하려고 하고 현재 중국 내의 소수민족의 현재와 과거의 역사와 강역을 갖고 고구려 강역을 논하려고 한다. 그러다 보니 사실에 무리가 있더라도 고구려의 주민과 역사가 모두 중국사가 되고 모두 중국민족이 되는 역사로 쉽게 바꿀 수 있다고 믿으려는 것 같다.

그러나 변강이론이나 다민족국가론을 갖고는 고구려의 제 문제를 해결하지 못한다. 이제 앞에서 예를 들었던 여섯 가지 논쟁점 가운데 아마도 ①과 ②는 선사고고학 관점에서 설명을 하면 쉽게 이해가 될 것이다. 우리나라의 선사고고학에서 지석묘(支石墓, Dolmen)는 한국을 대표하는 세계적인 문화유산이며 이 사실을 세계 고고학자는 모두 알고 있는 상식이다. 전 세계적으로 보면 우리나라에 분포하고 있는 지석묘는 그 수가 2만여 기로 가장 많으며 그 가운데서 전라북도 고창군의 지석묘가 다양성에 있어서도 단연 일품의 평을 듣는 유적이다. 우리나라 지석묘의 분포가 중국의 요하(遼河)를 경계로 해서 동쪽까지 분포하지만 요하 너머 서쪽으로는 발견되지 않고 있다. 북쪽으로는 통화, 길림 지역까지 유적이 발견되고 있다.

특히 요동반도에는 석목성(析木城) 지석묘와 석붕산(石棚山) 지석묘가 높이 20~30m 되는 야산 위에 있는데 대형 지석묘에 속하는 것으로 허옥림(許

玉林)은 분류하고 있다. 우리나라에서 발견된 대형 지석묘로는 황해도 은율군의 고인돌이 있다. 이 고인돌은 은율읍에서 동북으로 8km 되는 관산리 마을의 80m 되는 산 위에 있다. 연탄군 오덕리 지석묘는 송신동에서 1500m 지점의 남쪽 구릉 위에 있다. 상석의 크기가 남북 길이 8.3m, 너비 6.3m, 두께 0.5m로 은율군의 지석묘보다 크다고 북한의 학자들은 말한다. 안악군 노암리 지석묘 역시 큰 규모에 속하는데 상석이 길이 7.7m, 너비 6m, 두께 0.64m이며 무게가 41.5t으로 추정되고 있다. 배천군 용동리 지석묘도 규모가 앞에서 언급한 노암리 지석묘와 비슷하다.

경기도 강화군 부근리의 지석묘도 규모가 크거니와 상석의 크기는 길이 6.5m, 너비 5.2m, 두께 1.2m로 상석과 지석은 모두 정교하게 다듬지 않고 만들었다. 우리나라 서해안을 끼고 대소의 지석묘가 우리나라 전역에 분포하고 있는데 남쪽은 제주도에 이르고 바다를 건너 일본의 구주 지역까지 지석묘가 퍼져 있다. 이 거대한 문화를 만든 주민이 누구인가에 대해서 필자는 우리의 예맥족(濊貊族)이 주인공이라고 본다.

중국의 학자들이 넓은 의미에서 동이족설도 이야기하는데 큰 틀에서 본다면 크게 틀린 말은 아니다. 그러나 문화가 분포하는 지역범위와 주민들의 활동공간을 고려하고 그 문화의 영향을 받은 전체 문화권을 설정하게 되면 그 중심에는 결국 예맥족이 핵심 위치에 서게 된다. 중국 학계가 예맥족의 존재를 인정하지 않을수록 지석묘의 문화권설은 더 탄탄해지게 된다. 이러한 문화 위에서 뒷날 고구려가 탄생한 것이다. 고구려가 돌(石)을 활용해서 만들어 간 문화의 모습에는 고구려묘제에 나타나는 적석총이나 석실묘가 대표적이고 뒤에는 불교미술의 석탑이 문화예술의 정점을 장식하였다. 그것은 지석묘와 쌍벽을 이루는 석관묘도 비슷한 양상이고 마찬가지로 넓은 문화권을 형성하고 있다.

이와 같이 선사고고학과 인류학의 학문성과를 대비해서 고구려가 흥기하기 이전 시기부터 지역의 문화와 주민의 성격을 고찰하게 되면 '동북공정'에서 주장하는 고대사의 논거들은 입론이 흔들릴 수밖에 없다. 사료가 없거나 혹 있더라도 과연 논고 적용이 가능한지 의구심이 가는 자료들을 임의로 엮어 우리나라 민족과 문화를 일방적으로 폄하하듯이 논하고 있다. 이와 같은 학문자세는 중국이 좋은 전통으로 주장해 오는 학문의 실사구시 방향과도 너무 멀어지고 있다는 느낌이 든다.

만약에 정말로 이 같은 문제를 학술적으로 다루고자 한다면 우리나라에 와서 선사고고학의 전반을 살펴보아야 한다. 그리고 관심 있는 분야에 대해서는 문화의 계통을 연구하며 주변 지역으로 영역을 넓혀 가면 자연 문화의 속성과 주민의 문제도 아울러 윤곽이 드러나기 마련이다. 세계의 고고학계가 관심 있게 보고 있는 지석묘는 자타가 공인하는 선사고고학의 지표유물이며 이 지석묘는 현재 중국 영토 내에도 일부 있으므로 우리나라의 지석묘와 함께 넓게 연구하면 설득력이 있는 논조가 생산될 수 있다. 그럼에도 불구하고 눈앞에 있는 생생한 자료들은 보지 않고 고구려인을 중국민족이라고 한다면 진실이 아닌 사실을 학계는 절대 따르지 않을 뿐만 아니라 그와 같은 학문 접근자세에 의구심을 갖지 않을 수 없다.

이제는 ③과 ④를 하나의 묶음으로 보면서 검토하는 것이 문제의 본질에 쉽게 접근하는 방안이 된다. '동북공정'에서 주장하는 것이 고구려는 독립국가가 아니고 중국의 소수민족 지방정권이라든지 또는 고구려가 수나라, 당나라와 전쟁을 한 것은 중국의 국내전쟁이었다는 식의 논조이다. 우선 필자가 위의 견해들을 접하면서 느끼는 것은 앞에서 본 바 있는 발해의 역사를 당조 말갈족의 지방정권이라고 못을 박는 현상과 아주 흡사하거나 판에 박은 기념품 같이 외양이 동일하다는 것이다.

그런데 고구려의 경우는 오히려 발해보다 더욱 심하게 역사를 왜곡해서 자의적으로 중요 사료를 경솔하게 취급하고 해석하는 오류를 범하고 있다. 기본적으로 고구려가 거의 700년을 존속하면서 역사를 만들어 가는 동안 중국의 여러 왕조와 평화롭게 교류하거나 또는 전쟁을 치르며 국가통치의 면모를 내외에 과시하였다. 이 사실을 가장 진솔하게 보여 주는 대표적인 사실이 광개토대왕의 예가 된다.

우리나라의 『삼국사기』 고구려본기에 광개토대왕의 기록이 있어 사실의 전모를 알 수 있고 집안에 우뚝 서 있는 거대한 광개토대왕의 훈적비는 고고학의 진수를 그대로 보여 주며 고구려사 연구의 길잡이 역을 하고 있다. 5세기 초에 고구려와 백제, 신라 관계는 물론 왜와 중국의 역사를 모두 언급하고 있어 고구려를 둘러싸고 있던 국가들과의 대외관계를 고찰하는 데 최상의 사료로 평가받고 있다.

그렇다면 예컨대 광개토대왕 시기에 고구려는 중국의 어느 왕조 어느 왕대의 소수민족 지방정권이었는가를 밝혀야 한다. 우리나라의 고구려 연구자를 포함해서 고대사를 전공하는 학자들은 고구려가 북방에서 700여 년을 존속하는 동안 중국의 한족인 전한이나 당나라가 각각 200여 년과 290년을 지속하였을 뿐임을 알고 있다. 따라서 중국의 어느 왕조도 고구려의 700여 년 역사에 대응할 만한 존속 기간을 가지지 못했다고 한목소리를 내고 있다. 중국사의 초보자도 알고 있는 상식으로, 수나라는 38년간을 존속하였다. 수나라가 안으로는 토목사업으로 국가기강이 해이해져 어려움을 겪고 밖으로는 고구려와의 전쟁으로 살수대첩에서 대패하면서 망한 사실을 대다수의 중국민들도 알고 있다.

고구려가 수나라의 지방정권이었다고 말하면 살수대첩으로 패망한 수나라를 무어라고 명명해야 이 상황이 진실되게 설명될지 참으로 착잡하다. 중국 학자들은 한족이 중국문명을 일으켰고 따라서 한족만이 중화민족이고 사방의 동이, 서융, 남만, 북적의 오랑캐는 중국민족과 다르다는 화이관(華夷觀)을 갖고 있었다. 소위 중화사상(中華思想)은 중국민족의 우월성과 여기서 비롯되는 국가의 침략성을 동시에 갖춘 양날의 칼인 셈이며 지난 역사에서 중국은 전가의 보검처럼 이 양자를 적절하게 구사해 왔다. 사실 한족의 국가가 강성할 때 주변의 국가들이 칭신·납공한 사실을 중국은 때와 장소를 가리지 않고 무분별하게 역사에 일률적으로 적용해 왔다.

그러나 이것은 일방적인 주장일 뿐 국가 간에도 차별이 있을 수 있고 상대주의 입장에서 외교 관행상 힘의 균형을 유지하는 정책이라는 관점도 눈여겨보아야 한다. 강자라는 사실만으로 주변국들이 중국에 번속되어 있다는 번속이론이나 또는 귀속되어 있다는 귀속이론으로 중국의 주변국가 역사를 중국의 지방정권으로 몰고 가는 것은 보편적인 역사인식의 방향과 매우 상치되는 견해이다. 그러므로 고구려가 중국의 소수민족으로 이루어진 지방정권이라는 변강사지연구중심의 논지는 고구려가 융성하고 발전하였던 사실과는 맞지 않는 역사 해석이다. 그뿐만 아니라 이것은 오늘날 중국이 지향하는 '통일적 다민족국가론'과도 배치되는 다민족의 역사와 문화를 백안시하는 견해이다.

또 하나 이와 관련해서 언급할 것이 당나라와 고구려와의 전쟁이다. 소위 당 태종의 요동정벌은 고구려의 요동반도에 있는 천리장성에서 양국이 부딪친 전쟁이다. 이때 우리나라 국민은 물론이고 중국의 사학자와 국민들도 다 아는 당 태종이 일생일대의 참패를 기록한 전쟁이 안시성(安市城) 전투였다. 중국의 『자치통감』이나 우리나라의 『삼국사기』에는 안시성의 싸움에 대한 기록이 비교적 상세하게 기술되어 있어 전투의 전말을 쉽게 파악할 수 있다. 그런데 김부식은 『삼국사기』의 보장왕조에서 쓴 사론(史論)에서 아주 주목할 만하면서도 흥미 있는 사실을 지적하고 있다.

『유공권(柳公權) 소설』에 이르되 "주필산의 전투에서 고구려와 말갈의 합친 군대가 40리에 뻗치었는데 태종(太宗)이 이를 바라보고 두려워하는 빛이 있었다"고 했으며 또 "육군(六軍)은 고구려의 승리가 되어 거의 떨치지 못하였고 염탐하는 자가 고하기를 영공(英公)이 거느리는 흑기(黑旗)가 포위되었다고 하매 당주(唐主)가 크게 두려워하였다"고 했다. 비록 스스로 빠져나왔으나 위험함이 저 같았는데 신·구당서 및 사마공의 『자치통감』에는 이를 언급하지 아니하였으니 이는 자기나라를 위하여 휘피(諱避)한 것이 아닌가.

위의 글에는 당 태종은 고구려와 말갈의 연합군이 40리에 걸쳐 뻗치어 있는 것을 보고 두려워하는 빛(懼色)이 있었다고 기술한 표현이 나온다. 김부식은 고구려가 승리하고 당 태종이 패한 안시성 전투의 결말을 쓰는 사론에서 『유공권(柳公權) 소설』을 인용한 것이다. 사실 당 태종이 전쟁에서 두려워하는 빛이 있었다는 말은 중국의 역사서 어디에서도 찾아볼 수 없다. 김부식이 『삼국사기』를 편찬하며 참고한 『자치통감』에도 물론 위에서 지적한 표현은 없다.

당 태종은 중국 역사상 가장 존경받는 인물로 정관지치(貞觀之治)를 이룩한 성군이다. 후세 인물이 많이 읽는 『정관정요』에는 당 태종과 위징(魏徵) 등 훌륭한 신료들과의 정치대담이 일목요연하게 정리되어 있어 태종의 치국의 도를 잘 보여 준다. 그러한 역사상의 위치에서 평가받는 당 태종이 고구려와 안시성 전투에서 참패하고 겨울에 요하를 건너 퇴각한 것은 당 태종에게는 커다란 치욕이었다. 『자치통감』을 비롯한 신·구당서에도 전투에 임해서 당 태종이 두려워하는 빛이 있었다는 표정을 묘사한 문구가 일절 없는 것은 당으로서는 패배한 전쟁이었으므로 기록하지 않은 것 같다.

적어도 관찬사서에는 당 태종이 고구려와 전투를 앞두고 두려워하는 빛이 있었다는 기사가 없다. 그런데 김부식이 인용해서 쓴 『유공권 소설』에는 당 태종의 얼굴 모습을 묘사한 표현이 있어 관찬사서에 없는 내용이 들어 있다. 그렇기 때문에 김부식도 사론 말미에서 신·구당서와 『자치통감』에서 두려워하는 빛이 있었다는 기록이 없는 것은 자기 나라를 위해 휘피한 것이냐고 뼈아픈 지적을 한 것이다.

김부식은 고려시대 최고의 문장가이고 형제들이 모두 문호로서 가문을 빛낸 인재들이었다. 특히 김부식은 송나라에도 알려진 문장가이자 정치인이었고 기록에 따르면 송나라에 사신으로 세 차례나 갔으므로 중국의 귀한 전적을 보고 들을 기회가 많았다. 송나라의 서긍은 사신으로 고려를 다녀간 적이 있는데 그의 『선화봉사고려도경』에는 김부식의 학문과 인품을 칭찬하는 글이 나온다.

(김)부식은 풍만한 얼굴과 큰 체구에다 얼굴은 검고 눈이 튀어나왔다. 그러나 널리 배우고 많이 기억하여 글을 잘 짓고 옛것과 지금의 일을 잘 알아 배우는 사람들에게 신임과 복종을 받는 것이 능해 그보다 앞서는 사람이 없었다. 그의 아우 부철 또한 시를 잘한다는 명성이 있다.

서긍이 김부식을 평한 바와 같이 사신으로 송나라에 간 김부식은 가는 곳마다 융숭한 접대를 받았다. 김부식의 학문이 박학다문하였기 때문에 중국에서도 보기 드문 『유공권 소설』을 취택해서 당 태종에 관한 기록에 생동감을 불어넣었다. 여기서 짚고 넘어가야 할 과제가 있다. 주지하는 바와 같이 유공권은 당나라 말기의 유명한 서예가로 왕희지와 함께 당나라를 대표하는 서예계의 거물이었다. 『유공권 소설』은 그렇기 때문에 알 수 없는 책으로 알려져 있었다.

필자가 고구려연구재단 일에 관여하면서 젊을 때 미루어 두었던 이 과제를 천착한 결과 『유공권 소설』에 나오는 그 문장이 '유속'(劉餗)의 『수당가화』(隋唐嘉話)에 수록되어 있음을 확인하였다. '유속'은 유명한 『사통』(史通)을 쓴 '유지기'(劉知幾)의 자제이다. 중국의 초기 소설체계에는 토픽 중심으로 간략하게 글을 쓰는 『세설신어』(世說新語)류의 형식이 있다. 이와 같은 형식으로 기록한 『수당가화』에 요동출정을 한 당 태종의 모습을 관찬사서와 다르게 있는 그대로 기록하였다. 바로 그곳에 당 태종이 고구려와 말갈의 합군을 보자 얼굴에 두려워하는 빛이 있었다는 기록이 나오고 있다.

그 후 어떤 연유에서인지 '유공권'의 이름으로 여기저기의 글들이 『유공권 소설』 속에 들어갔고 '유속'의 『수당가화』에 나오는 당 태종의 이 기록 부분도 『유공권 소설』 속에 삽입되었다. 김부식이 『삼국사기』를 편찬하면서 중국의 자료를 섭렵하다가 이 책 속에 있는 당 태종의 기록을 보고 『유공권 소설』을 인용한 것이다. 이렇게 보면 김부식은 『수당가화』라는 책은 알지 못했던 듯하다.

필자가 이 이야기를 언급하는 것은 고구려가 당나라 태종과의 안시성 전투에서 승리한 반면 당 태종은 패배하였다는 기록으로 볼 때 이 전쟁이 고구려와 당나라 간의 강대강 전쟁이지 중국의 국내전쟁이 아니라는 사실을 적시하기 위해서였다. 그 과정에서 당 태종의 얼굴에 두려워하는 빛이 있었다는 표현은 관찬사서가 아닌 『수당가화』에 실려 있으므로 이를 통해 그 과정과 내면의 뜻을 밝혔다.

중국의 관찬사서에 당 태종의 훌륭한 언행은 부지기수인데 고구려와의 전쟁에서 두려워하는 빛이 있었다는 이 문구를 쓰지 않은 것은 '정관의 치'를 이룩한 태종에 대한 배려라고 생각된다. 그러나 이 사실은 세간에 전문되어 사가인 '유지기'의 자제 '유속'의 『수당가화』에는 채록되었다. 전쟁에 패한 당 태종은 탄식하며 말하기를 "만일 위징이 살아 있었으면 나로 하여금 이 원정을 하게 아니 하였으랴" 한 사실로 미루어 전쟁을 치른 것을 크게 후회하였다.

이 전쟁과 관련해서 두 가지 사실을 지적하고자 한다. 하나는 당 태종이 패한 후에 성 아래서 돌아가게 되어 안시성주가 성에 올라 송별의 예를 하자 당 태종은 안시성주가 성을 고수했음을 가상하여 비단 100필을 주며 그 임금에 대한 충성을 격려하였다. 이것은 자신은 패배하였고 안시성주는 승리한 자임을 깨끗이 승복한 모습이다.

또 하나는 경사(京師)로 돌아온 뒤에 이정(李靖)에게 이르되 "내가 천하의 무리로서 소이(小夷)에게 괴롭힘을 당함은 무슨 일이냐"고 하였다. 여기에서 말하는 '소이'는 고구려를 가리키는 것이다. 사실 이보다 앞서 강하왕 도종(道宗)이 태종에게 "고구려가 나라를 기울여서 왕사(王師)를 막으니 평양의 수비가 반드시 약할 것입니다. 원컨대 신에게 정병 5000만 주시어 그 근본을 뒤엎으면 수십만의 무리를 싸우지 않고 항복시킬 수 있습니다"라고 말한 바 있다. 이때 당 태종은 응하지 않았다.

그런데 태종이 '소이'인 고구려한테 괴롭힘을 당함은 무슨 일이냐고 이정에게 묻자 그는 이것은 도종이 해명할 일이라고 하였고, 태종은 돌아보며 도종에게 물었다. 그때 도종은 앞에서 말한 바 있는, 주필산에서 평양을 치자고 건의하였던 사실을 이야기하였다. 이때 태종은 대답하기를 "당시는 총총하여 내가 생각지 못하였다"고 말했다. 이와 같은 일련의 사실들을 종합하면 고구려와 당나라가 요동에서 싸운 전쟁을 중국이 국내전쟁이라고 말하는 것은 아주 옹색한 역사 기술이자 해석의 한 단면이다.

제3절 중국·북한과의 '동북공정' 학술회의와 유적 조사

1. 중국변강사지연구중심과의 학술회의

고구려연구재단의 출범으로 '동북공정'에 대응하는 각종 사업들이 바쁘게 논의되고 정상궤도에 오르자 연구가 소기의 성과를 내기 시작하였다. 중국 교과서의 우리나라 역사서술 등을 분석하고, 중국의 주요 자료들을 정리하는가 하면 다른 한편에서는 연구 과제를 지원하고 「북방사논총」을 발간하는 등 그동안 학계가 다소 소홀히 다루었던 문제들을 본격적으로 연구하였다.

모든 연구 관련 사업들이 국내외에 걸쳐 일정에 맞추어 착실히 추진되는 가운데 우리가 바로 착수해야 할 일은 중국변강사지연구중심의 책임자들을 만나 학술 관련 문제를 논의하는 일이었다. 필자가 직접 '동북공정'을 주관하는 기관의 수장들을 만나서 전후 사정을 직접 듣고 눈으로 확인하는 것이 향후 업무추진에 큰 도움이 된다고 보았다.

이에 덧붙여 북한의 역사학계와도 '동북공정'에 대하여 공동 대응하는 방안을 논의해야 할 당위성이 제기되었다. 그것은 중국의 환인, 집안에 고구려 역사와 관련된 유적이 있지만 고구려가 평양으로 천도한 이후로는 평양을 비롯한 북측 지역에 고구려의 주요 문화유적이 산재하고 있기 때문이다. 그뿐만 아니라 북측의 고구려사 연구를 주관하는 사회과학원 역사연구소의 책임자와도 만나 관련 학술논의 등 학술교류를 적극 추진하는 것이 급선무였다. 특히 북측은 고구려 역사가 북쪽 정권의 정통성과 바로 연결된다는 인식을 지니고 있기 때문에 필자는 관련자들을 통해 북측의 의견을 듣고자 하였다.

어느 조직사회에서도 커다란 문제나 사건이 발생하면 이에 대처하는 방식을 놓고 의견이 분분할 때가 많다. 필자가 '동북공정'에 대응하는 차원에서 우리나라 쪽의 연구추진사업의 필요성을 감안해서라도 중국 측과의 상면이 요구되었다. 중국 측과 접촉하는 문제에 대해서 우리 쪽의 기관 사이에도 찬반이 있었고 또 일부 부서에서는 면담의 가능성에 대해 회의적인 반응과 시각을 갖기도 하였다.

필자의 평소 지론에 따르면 일은 부딪치면서 헤쳐 나가고 해결해 가는 과정이므로 잠시도 쉬지 않고 활로를 개척하였다. 2004년 8월 11일에 총리공관에서 조찬으로 국정조정 회의가 열렸다. 필자는 고구려연구재단을 대표해서 '동북공정'에 대한 대처방안을 간략하게 보고하고 의견을 나눈 후 정부 부서의 입장을 파악하였다. 이해찬 총리와 정동영 장관이 잘 부탁한다며 인사를 나누었다. 회의실에 들어갈 때 문재인 수석은 이런 모임에 이사장님이 오신 것은 이례적이라며 웃는다. 뒤에 안병영 부총리에게는 중국과 북한의 관계 기관과 교섭하는 과정을 간략하게 설명하였다. 늘 그렇듯이 안 부총리는 필자에게 일을 맡겼으니 크게 걱정을 하지 않는다는 입장인데 중국·북한의 기관들과 각각 교섭을 하는 중이라고 하자 아주 놀라는 표정으로 일이 벌써 그렇게 진행되고 있느냐고 반문한다. 일의 진행 상황을 보아 바로 연락을 하겠다고 말하고 혹시 다른 부서에서 이해를 하지 못할 경우 협조해 달라고 부탁하였다.

필자는 연변대학의 박문일 전 총장과 오랜 교류관계를 유지해 왔기 때문에 '중국의 변강사지연구중심'과 협의하거나 논의할 일이 있으면 허심탄회하게 이야기하곤 하였다. '동북공정'으로 말미암아 연변대학이나 대학의 총장을 역임하였던 박 총장의 입장도 때로는 곤혹스러운 때가 있을 것으로 충분히 예상할 수는 있다. 그러나 역사학을 전공한 박 총장이기 때문에 오히려 중국과 한국을 모두 아는 분이 양국의 가운데서 의견을 잘 조정하면 불

연변대학 박문일 전 총장(왼쪽에서 세 번째) 일행

필요한 오해를 쉽게 불식시킬 수 있어 두 기관의 의견을 중재하는 적임자이기도 하였다.

필자는 박 총장에게 이번 '동북공정'으로 중국 측과 학술회의를 하게 될 때 박 총장과 우리나라 고대사를 전공하는 정영진 교수, 이종훈 교수 등이 참여해서 협조하면 회의가 매끄럽게 진행되고 빛이 나겠다고 말을 하였다. 필자의 모든 의중을 알게 된 박 총장은 앞에 나서지 않으면서 고구려연구재단과 변강사지연구중심 간의 학술교류에 훌륭한 조언을 해 주었다. 필자는 이번 일을 계기로 연변대학이나 박 총장의 위상이 높아지는 것은 원하는 바이지만 오히려 상대에게 부담을 끼치는 일은 절대 하고 싶지 않았다. 10월 7일 박문일 전 총장이 박찬규 교수와 함께 방문하였기에 산유화에서 저녁을 먹으며 '동북공정' 이야기를 하였다. 박 총장이 동훈 전 차관의 배석을 요청하기에 흔쾌히 수락하였고 재단에서는 연변대에서 서예를 공부한 고광의 연구원이 참석하였다.

이 자리에서 박 총장은 '동북공정'이 우리가 아는 대로 동북지방의 욕구불만에서 시작되었지만 양국의 견해차가 있으므로 공동노력도 필요하다는 뜻을 피력하였다. 필자는 현재까지 나오는 중국 쪽의 주장은 잘못된 것이며 관변 학자들의 논지가 빈약하고 한국과 중국의 선린우호에도 부작용이 크다는 점을 들어 학술회의에서 서로의 의견을 놓고 토론할 것을 언급하였다.

2005년 1월 8일 필자는 중국 사회과학원 변강사지연구중심과 학술 협의를 하기 위해 재단의 임기환·고광의·김조영 선생과 함께 북경으로 출발하였고 구난희 실장은 일본에서 북경으로 와 합류하였다. 변강사지연구중심의 이국강 선생이 미리 와서 우리 일행이 편하도록 배려하며 안내를 해 주었다. 9일에 비가 내리는데 이 선생이 왕부징에 있는 사무실로 우리와 함께 가서 여성 주임 등 일행과 인사를 나누었다.

필자는 우리가 중국에 온 것은 고구려 영토를 찾으러 온 것이 아니고 중국에 있는 고구려의 훌륭한 유적들을 보호하고 잘 관리해 달라는 부탁을 하러 왔다고 말하고 고구려 역사 문제가 정치적으로 흐르지 않게 학문적으로 논의할 것을 주문하였다. 여성 주임은 따뜻하게 우리 일행을 맞이하였으며 학술토론 제의에 긍정적인 자세를 취하였다. 필자는 서울에서 이국강 선생을 만났음을 언급하면서 저간에 일어났던 일련의 사정들을 설명하였다. 여성 주임도 중국의 입장을 간단하게 이야기하고 정치성을 떠나 학술토론은 좋다고 답하였다.

세부적인 일정이나 발표자, 토론자 등은 협의를 통해 조정하기로 합의하였다. 고구려연구재단과 변강사지연구중심 간의 학술회의를 개최한다는 합의가 이와 같은 과정으로 결정되었다. 중국 측은 우리에게 적어도 보름 동안에 명단이 확정되고 서로 문서로 교환될 때까지 보안 유지를 요청하였

필자와 변강사지연구중심 여성 주임　　　　　　변강사지연구중심 마대정 전 주임과 필자

고 언론에 이 사실이 나가지 않도록 협조를 부탁하였기에 약속을 끝까지 지켰다.

　근대사연구소 사무실에서 회의를 마치고 변강사지연구중심의 도서실을 방문해서 둘러보았다. 아주 넓지는 않으나 관련 도서들이 잘 정리되어 있어 연구 분위기가 좋다는 인상을 받았다. 원래 이화원을 참관하기로 하였으나 날씨 때문에 취소하고 마대정 선생이 참석하는 저녁 만찬에 나가 서로 인사를 나누었다. 이미 학술회의를 하기로 합의해 놓았기 때문에 아주 부드럽고 화기애애한 가운데 덕담하며 이야기들을 나누고 건배를 하였다. 마대정 선생은 연구소의 책임 자리에서 물러나 있지만 영향력은 여전히 대단하였으며 학계와 행정의 기틀을 다진 노장답게 여유 있는 품위를 지니고 있었다.

　합의한 협정문을 보니 그다음 학술행사는 서울에서 하기로 한 바 있는데 이것이 빠져 있어 이국강 선생이 다시 수정해 와서 조인을 하였다. 마대정 선생과 여러 번 잔이 오갔으며 다양한 화제로 이야기를 많이 하였다. 합의문을 작성하고 조인에 이르기까지 함께 간 고구려연구재단의 임원들이 헌신적으로 수고를 다해 주었다.

다음 날 귀국할 때 필자는 우리 재단의 실무자들에게 학술회의에서 발표할 학자들은 훌륭한 업적을 이룬 연구자 가운데서 선정해 줄 것을 부탁하고 회의 일정을 중국 쪽과 빠르게 상의해서 확정할 것을 당부하였다. 이것은 필자가 북측과 만나 논의해야 할 일정과 맞물려 있기 때문이었다. 우리나라와 중국의 두 기관 사이에 협조가 잘되어 발표자 명단이 확정되고 학술회의 날짜도 12월 21일과 22일 양일간에 개최하기로 결정하였다. 필자는 우선 변강사지연구중심과 합의한 사안을 안 부총리한테 전화로 알려 드렸고 두 기관은 11월 23일 오전 10시 30분 기자회견 때 공식 발표하기로 결정한 점도 언급하였다. 따라서 그때까지 교육부도 보안을 지켜 달라고 부탁하였다.

고구려연구재단이 출범한 이래 전 연구원과 행정요원들은 밤늦도록 열과 성을 다해 각자 주어진 과제들에 대해 직접 원고를 쓰거나 발주를 하면서 시간과 싸움을 하였다. 고구려를 지키는 역사전쟁에서 우리가 전선의 앞에서 싸우지만 후방의 온 국민들이 두 눈으로 우리들의 활동을 지켜보고 있다는 사실이 어깨를 누르고 있었다. 국민들이 일일이 말은 하지 않지만 고구려 역사를 지킨다는 마음은 모두 동일해서 뒤에서 우리를 후원해 주고 있었으며 국민 한 사람 한 사람이 마치 항일독립군처럼 중국에 대항하고 있다는 사실도 대소의 집회에서 그대로 표출되고 있었다. 우리는 국민들의 성원에 보답하기 위해서 그간 만들지 못한 책들을 시간에 맞추어 납본토록 하였다. 11월 23일 10시 30분 기자회견을 열고 중국 사회과학원 변강사지연구중심과 12월 21~22일 양일간 북경에서 학술회의를 개최한다고 발표하였다. 중국도 동시에 발표하였다. 아울러 고구려연구재단이 출범 이래 만든 10여 가지 책이 출간되었으므로 자연스럽게 출판기념회를 11시에 갖고 내빈과 연구자 그리고 재단의 전 직원이 참석해서 축하의 장을 마련하였다.

재단의 공간이 부족하다 보니 납본한 책들이 복도에 쌓여 겨우 비집고 다녔지만 땀 흘려 고생한 보람으로 재단의 책들이 쌓여 있는 모습에 모두가 흡족한 모습이었다. 행사에 참여한 분들은 중국 사회과학원 변강사지연구중심과의 학술회의 소식에 놀라움을 표하며 한편으로 회의를 잘 진행하라는 격려의 말씀들을 하신다. 또한 짧은 기간 내에 좋은 책들을 출간한 것이 놀랍다며 재단의 역량을 칭찬하고 더욱 분발해 달라고 주문하였다.

필자는 우리 학계가 발해뿐만 아니라 고구려 역사를 왕성하게 연구한 적이 없어 재단 설립을 기회로 북방의 역사연구가 한층 활성화되기를 염원하고 있다. 12월에 중국과 학술회의를 하게 될 때 재단에서 출간한 책들을 가져가서 중국의 기관과 참석한 학자들에게 배포하려는 뜻도 있다. 새로 간행된 책 가운데 발해사와 관련된 발굴보고서가 있다. 책명이 『러시아 연해주 크라스키노 발해 사원지 발굴 보고서』인바 당시로부터 10년 전인 1994년에 대륙연구소에서 후원해서 단장인 필자가 발굴하였던 유적보고서이다. 발굴 후에 보고서를 출간하지 못한 것은 대륙연구소가 경영난으로 문을 닫았기 때문이었다. 대륙의 역사와 문화를 탐구하는 데 늘 협조해 준 장덕진 회장의 뜻을 헤아려 발굴자들의 협조로 보고서를 고구려연구재단에서 출간하기로 하였다. 재단에서는 발해사 연구의 일환으로 크라스키노성의 발굴을 계속하기로 하였기 때문에 관계자들의 의견을 듣고 출간하게 되었다. 국내외 학자들이 보고서를 보고 귀한 자료를 보게 되었다며 모두 반가워한다.

출판기념회에서 한 가지 더 언급한 것은 중국의 집안과 흑룡강성 영안의 위성사진을 처음으로 공개하여 연구에 도움을 주고자 하였다. 평지에서 집안을 보고 답사하거나 지근거리에 있는 환도산성에서 집안을 조망하곤 하였는데 위성사진을 보면 집안과 영안의 주변 지형을 잘 살필 수 있어 역사지리 연구에 도움을 주게 된다. 새로운 자료를 찾는 것과 최신의 학술정보를 얻으려고 할 때는 언제나 그러하듯 학술 투자비용이 들어가야 소기의 성과를 얻게 된다. 착실한 학술회의도 위와 같은 학문의 과감한 투자 위에서 진행하여야 훌륭한 과실을 얻게 된다.

재단의 연구원들은 12월 21일과 22일에 개최하는 변강사지연구중심과의 학술회의 준비로 바쁜 일정을 보냈다. 발표를 하는 연구원들은 물론이고 외부 학자들의 논문도 수합해서 정리하느라 긴장하였고 다른 연구원들은 연말까지 연구사업 종료에 따르는 업적평가 등을 준비하느라 여념이 없었다.

필자는 북경에서 열리는 학술회의 참석차 출국할 때 그에 앞서 심양에서 북측과의 학술회의 건을 논의하기 위해 먼저 심양 쪽으로 떠났다. 두 번씩 출장 가는 시간을 절약하기 위해 심양에서는 북측과 앞으로 계획할 국제학술회의 건을 논의하고 북경에서는 두 기관이 합의한 중국과 우리나라 학자들의 한·중 국제학술회의를 주관하게 된다. 북한과의 학술회의 진행 과정은 뒤에서 다시 언급하기로 하겠다.

심양에서 북측과 학술회의 건을 논의한 후 19일에는 원래 비행기로 북경을 가도록 계획이 되어 있었다. 갑작스러운 폭설로 공항이 폐쇄되고 고속도로도 마찬가지로 폐쇄되어 발이 묶이게 되었다. 우리는 논의 끝에 만난을 무릅쓰고 그날 밤까지 북경에 도착하기 위해 수소문 끝에 기차로 북경을 가게 되었다. 고광의 연구원이 고생 끝에 표를 구했고 북경에서의 우리 일정도 일부 조정이 되었다. 밤 9시 50분에 북경역에 도착하니 이국강 선생이 마중을 나와 있어 반갑게 인사하였다.

양 기관의 학술회의 장소는 이생원국제회의중심(怡生園國際會議中心)으로 순의(順義)에 있는데 원래 농지가 많은 곳이지만 이제 공업단지로 변하고 있다고 알려 준다. 그곳은 북경에서 38km쯤 되는 지역인데 연경맥주, 이과주,

현대자동차 공장 등이 모두 그곳에 있다고 알려 준다. 학술회의를 개최하려고 논의할 때 중국 측은 회의 일정 등도 보안이 필요하지만 학술회의 장소도 비공개를 원칙으로 한다는 입장이었다. 장소가 북경에서 좀 떨어져 있어 기자단들이 찾기 어려운 지역이었다. 변강사지연구중심은 언론을 피해서 조용하고 내실 있게 학술회의를 진행하려면 언론과도 일정 시간 멀리 있는 것이 필요하다고 보았다.

12월 20일 아침에 연변대학의 정영진 교수와 이종훈 교수가 내방하여 반갑게 인사하였다. 10여 년 선에 연변대 학술회의에서 만난 적이 있고 서울에서도 상면하였기에 이번 학술행사를 도와주기 위해 북경까지 온 두 교수한테 고맙다고 거듭 인사를 하였다. 학술회의에서 통역을 맡아 달라고 부탁하였는데, 첫 번 개최하는 학술모임이라 전문용어가 많은 학술회의를 매끄럽게 진행하기 위해 박 총장과 상의해서 유능한 두 교수를 추천받게 되었다. 우리는 차를 들며 환담하면서 고구려연구재단과 연변대가 상호 협력할 사안이 있음을 말하고 이 문제와 관련해서 박 총장과 의견이 합치되었다는 점도 언급하였다.

필자는 재단의 여러 가지 연구사업을 설명하면서 번역할 논저 등은 연변대 쪽에서 수행하는 것이 좋다는 의견을 피력하였다. 필자는 고구려연구재단의 관계자들과 학술회의 건을 점검하면서 이듬해에는 서울에서 학술회의를 개최하기로 하였으므로 이곳 중국 쪽에서 주관하는 행사의 면모를 차분히 지켜보아야 한다고 말했다. 이번 학술회의의 큰 제목으로 논란이 야기되는 정치 분야보다는 논쟁이 다소 적은 문화예술 쪽으로 방향을 잡은 것도 처음 상면할 때부터 서로 의견 충돌을 가능한 한 피하기 위해서였다.

그러나 문화예술 분야 계통의 논문이라도 사료를 잘 선택하였는지 논지가 분명한지 등의 문제에 대해서는 학자답게 적극적으로 토론에 임해 달라고 당부하였다. 필자는 마대정 전 주임이나 여성 주임한테도 토론할 때는 솔직하게 의견을 개진하고 식사 때는 격의 없이 술도 하면서 인간적인 교류를 하자고 말한 바 있다. 마대정 선생이나 여성 선생은 모두 좋다고 흔쾌히 답을 하였다.

저녁 후에 필자는 여성 주임과 만나 다음의 두 가지 사항을 합의하였다. 첫째, 필자가 이듬해 초에 마대정 선생과 여성 선생을 서울에 초청하기로 하였다. 말로 하고 듣는 것보다 직접 와서 눈으로 보고 우리나라 역사와 문화를 피부로 느끼는 것이 서로 연구하는 데 도움이 된다고 말했다. 시기는 날씨가 따뜻해지는 봄을 택하기로 하였다. 둘째, 이듬해에 두 기관의 학술대회는 9월경에 한다는 데 의견 일치를 보았다. 전과 마찬가지로 때와 장소 등은 학술회의가 개최될 때까지 보안을 유지하기로 하였다. 학술회의를 시작하기 전에 우리는 두 기관이 앞으로 해야 할 주요 사항을 합의하였기 때문에 마음의 부담 없이 중국의 학술행사에 참석하게 되었다.

개회식에는 중국 사회과학원의 부원장이 임기가 되어서 오지 못했고 황호도(黃浩濤) 부비서실장이 와서 축사를 하며 두 나라의 발전을 기원한다는 덕담을 하였다. 마대정 선생은 종래와 같은 입장에서 의견을 말하면서 화이부동(和而不同), 구동존이(求同存異)의 학문자세를 제기하였다.

필자는 고구려 역사가 700여 년의 오랜 시간을 축적한 역사라는 사실을 강조하고 "양국의 학자들이 생명력이 오래가는 좋은 논문을 발표하여 연구사에 길이 빛나는 영예를 받자"는 취지를 밝혔다. 역사논쟁에서 자칫 감정에 휩싸여 정치선전 같은 질 낮은 논문의 양산을 경계하는 데 뜻이 있다. 한국과 중국의 학자들은 기본적으로 사료를 일단 중시하는 자세를 취했으며 이것은 학술회의가 '고구려 문화의 역사적 가치'라는 학술목표에 접근하기 위한 단계에서 반드시 밟아야 할 과정이었다. 논문의 부실 여부는 여기서 일단 걸러지게 된다. 학술회의에 참가한 우리나라와 중국 학자들의 명단은 아래와 같다.

중국 학자

위존성(魏存成)「중국 경내 고구려 고분의 발견과 연구」

박진석(朴眞奭)「태왕릉 묘주 신고」

왕면후(王綿厚)「요령지구 3기의 중요한 고구려고성의 고고발견과 그 가치」

이낙영(李樂營)「고구려 고분벽화의 시공조합 및 그 연변」

서건신(徐建新)「고구려 호태왕비 조기탁본의 신발견」

한국 학자

정광(鄭光)「한국어의 계통과 문자사용에서 본 고구려의 언어와 문자」

강현숙(姜賢淑)「고구려 적석총의 사적추이에 대하여」

김일권(金一權)「고구려 고분벽화의 천문사상과 체계」

전호태(全虎兒)「6~7세기 고구려 고분벽화와 중국 남북조 미술의 사신도」

오강원(吳江原)「요동 동부 지역에서 초기 고구려 문화의 형성 과정과 문화적 배경」

위에서 열거한 학자들과 발표 논문에서 알 수 있듯이 이 회의는 우리나라와 중국 학계에서 고구려 문화를 연구하는 훌륭한 학자들이 모여 발표하고 토론하는 학술의 장이었다. 우리가 예상했던 바와 같이 차분하고 조용하게 토론이 전개되어 보기가 좋았다. 통역을 하는 정영진 교수와 이종훈 교수가 고생하며 마무리를 잘해 주어 고마웠다. 원래 학자는 통역을 하지 않는데 본인들도 사양하다가 필자와 박 총장이 권유하여 참가하였다.

제1차 고구려연구재단·중국변강사지연구중심 학술회의 전경

학술회의 후에 만찬은 중국 측이 준비하였는데 술잔이 오가며 학자들 간에 우의가 이루어지는 시간이었고 이 과정에서 인간적인 면모도 나타났다. 만찬에는 황평(黃平) 국장이 축하하려고 참석하였는데 이때 황 국장은 자신이 서울을 다녀온 적이 있다고 말하면서 마대정 선생과 여성 선생에게 서울 방문을 권고하였다. 필자는 속으로 젊고 유능한 관료들이 세계를 다니며 안목을 넓히고 있다고 보면서 중국의 변화에 속도를 낼 수 있는 힘이 유능한 젊은 관료집단에서 분출하는 모습을 보았다. 마대정·여성 선생은 서울행 권유를 웃으면서 들었다.

학술회의 마지막에 필자가 종합 마무리를 하는 사회를 맡을 때 박문일 총장, 여성 주임, 노태돈 교수의 인사말이 있었다. 모두 이번 학술회의 내용이 아주 격이 높다고 평을 하였다. 필자는 학술회의를 주관한 변강사지연구중심이 중국 학자를 선발하는 데 아주 신경을 많이 쓰며 노력하였다고 보았다. 우선 발표자가 비교적 연로한 학자들로 자신들의 분야에서 업적을 쌓은 인물들이었다. 여기에 비해 우리나라는 젊은 학자들을 내세워 현재도 훌륭하지만 앞으로 더욱 발전하길 기대하는 차원에서 발표자로 선정하였다. 전날 밤에 여성 주임이 와서 원고에 수정한 부분이 있으면 말해 달라고 하였으나 그대로 하자며 신경을 쓰지 않도록 하였다. 다만 합의문 작성에는 소홀함이 없도록 관심을 가졌다. 여성 주임은 왕면후 선생의 원고에 '동북소수민족'이리는 표현이 있는데 이것은 없애겠다고 하기에 그렇게 하라고 동의를 하였다. 우리 측에 많은 배려와 신경을 쏟고 있었다. 만찬 후에 밖의 호숫가를 걸으면서 마대정 선생은 필자와 만나 많은 이야기를 한 것이 너무 좋았다며 손을 꼭 잡는다. 내년에 서울에서 만나자며 바로 초청장을 준비하겠다고 말했다.

12월 23일 아침 후에 필자는 박문일 전 총장과 만나 이번 학술회의 건을 종합적으로 검토하면서 학술모임이 성공적으로 완료되었다는 데 의견을 같이하였다. 우리는 연변대학과의 학술교류 건을 논의하고 향후의 협조방안에도 의견을 모으기로 하였다. 이번 학술회의를 통해 연변대학의 입장이 탄탄해진 것은 좋은 일이고 박 총장이 참석해 주어 회의 분위기도 무게감 있게 되었다. 필자가 박 총장과 교류가 깊은 것을 본 마대정 전 주임, 여성 주임, 이국강 부주임은 마음이 편한 모습이었고 앞으로 고구려연구재단과의 교류에 큰 장애가 없다는 것을 알게 되었다. 우리나라에서 학술회의에 토론과 행정지원을 위해 참석한 사람들은 노태돈 교수, 여호규 교수, 문명대 교수, 고광의 연구원, 최광식 상임이사, 임기환 연구기획실장, 구난희 대외협력실장, 김조영 행정지원실장, 이나영 행정원이다.

필자는 중국사회과학원 변강사지연구중심과의 학술회의를 위해 혼신의 노력을 다해 준 발표자와 토론자 그리고 고구려연구재단의 임직원의 노고에 고마움의 머리를 숙이고자 한다. 국민들이 지켜보고 있고 연구자들이 확인하고 있으며 언론매체가 소식을 전하는 학술회의이기 때문에 실수가 없도록 조용하게 진행하며 마무리를 지었다.

우리는 중국과 2차 학술회의를 약속한 대로 2005년 10월 11~12일에 개최하기로 하였다. 장소는 수원대학교 인근의 화성 라비돌리조트가 조용하고 주중일 경우에는 한적해서 학술모임을 갖기에 좋았다. 중국 측이 보안을 요청하기 때문에 서울에서 회의를 개최한다는 것은 어렵다고 보았다.

정식 회의에 앞서 필자는 마대정 선생을 초청해서 재단에서는 회의를 하고 제주도를 탐방하며 우리나라의 남쪽 끝에 있는 아름다운 섬을 보도록 하였다. 여성 주임이 봄에 방한한 바 있고 이번에는 마대정 선생을 초청해서 우리나라의 역사와 문화를 혼자 조용하게 살필 기회를 갖도록 하였다. 책임자들은 각각 초청하는 것이 예의에 맞고 대화를 하기에 불편함이 없도록 배려 차원에서 결정한 것이다. 10월 7일 마대정 선생이 서울에 와서 롯데호텔 무궁화 식당에서 점심을 한 후 재단 사무실로 와서 차를 들면서 세 가지를 질문하였다.

첫째는 재단의 연구원 수와 상근 여부를 묻고 연구원들의 질적인 문제와 대학과의 관계는 어떠한지를 궁금해하였다. 둘째는 고구려연구재단이 민간기구인데 정부의 지원에 문제가 없는지를 문의하였고 세 번째는 동북아역사재단 문제가 있는데 여기에 대한 나의 의견을 듣고자 하였다. 나는 원론적 입장에서 답변을 하였고 연구원들의 자질 문제는 각 분야에서 박사학위를 받은 분들 가운데 업적이 좋은 인재를 선발해서 연구원으로 채용하고 있다고 말했다.

사실 세 번째 질문을 듣고 내심 깜짝 놀랐다. 당시 동북아역사재단을 만드는 문제로 정부 내에서 여러 의견을 나누고 있는 중인데 마대정 선생은 중국에서 이 소식을 듣고 나에게 질문을 하고 있는 것이다. 정부가 정책적으로 추진하는 일에 필자가 관여할 수 없는 일이고 만약 정부가 의견을 물으면 필자의 의견을 개진할 수는 있지만 그 이상은 소관 밖이라고 답을 하였다.

마 선생은 재단의 도서실을 둘러보고 매우 놀라는 표정이다. 일 년이 좀 넘었는데 많은 장서와 자료를 갖춘 것이 놀랍다며 엄지손으로 첫 번째를 표시한다. 중국도 현재 건물을 새로 짓고 있다는 말을 한다. 마대정 선생이 저녁을 할 때는 최평식 상임이사, 김진순 연구원이 합류해서 대학의 폭을 넓혔다.

마 선생은 사실 세 가지를 보고 싶다고 하였다. 첫째는 재단을 방문하는 건인데 이것은 바로 안내해서 해결하였고, 두 번째는 『조선왕조실록』과 『비변사등록』을 구매하고 싶다는 문제이며, 세 번째는 장안동의 골동상점을 방문하고자 한다는 것이다. 고광의 연구원과 동행시켜 필요한 일은 협조하도록 하였다.

필자는 8일부터 2박 3일 일정으로 제주도를 역사 위주로 살펴볼 수 있게 일정을 마련하였다. 필자는 마대정 선생이 역사를 전공한 학자이기 때문에 가능한 한 우리나라 역사를 조금이라도 이해할 수 있는 곳이나 문화의 숨결이 배어 있는 곳을 안내하였다. 가급적 조용한 곳을 골라 산책하며 많은 대화를 나누어 서로를 이해하는 데 유익한 시간이 되었다. 파라다이스호텔 옆에 있는 이승만 대통령의 전시실이나 추사 김정희 선생의 추사관, 삼성혈 그리고 하멜이 표류해 온 곳의 하멜박물관을 보고 한라산의 일부를 산책하는 등 제주도의 역사를 이해하는 데 도움이 되도록 하였다.

한번은 식사를 하다가 우리나라의 짜장면을 먹고 싶다고 해서 점심 때 주문해서 먹는데 맛이 좋다며 웃는다. 때때로 마 선생은 본인이 신강 지역에

제2차 고구려연구재단·중국변강사지연구중심 학술회의

오래 근무하였기 때문에 양고기 이야기를 하면서 필자를 신강에 초청해서 양고기를 특색 있게 대접하겠다고 몇 번이나 말한다. 사실 필자는 육류를 선호하는 편이 아니고 냄새에 민감하지만 마 선생한테는 고맙다고 답을 하곤 하였다. 우리는 화성의 숙소로 돌아와 북경에서 온 변강사지연구중심의 연구원들과 합류하였다. 박문일 전 총장을 비롯한 연변대학의 교수들도 와서 반갑게 인사하며 이번 학술회의가 성공적으로 마무리되도록 서로 협조하기로 하였다.

제2차 고구려연구재단과 변강사지연구중심 간의 학술회의는 「고구려문화의 역사적 의의」라는 주제로 10월 11일과 12일 화성에서 개최되었다.

필자는 개회사에서 작년에 이어 금년에도 학술회의를 개최하게 된 것을 기쁘게 생각한다고 말하고 작년 치사에서 언급한 바와 같이 생명력이 오래가는 논문을 발표해 달라고 부탁하였다. 이어서 다음과 같은 이야기를 하였다.

오늘의 한·중 학술회의는 비록 한국과 중국의 학자들만 참석하였지만 이 자리에서 발표되고 토론된 내용은 후에 책으로 발간될 것입니다. 그렇게 되면 세계 학자들 앞에 객관성과 공정성·엄격성을 갖춘 역사적 업적을 보여 줄 수 있을 것이며 이 자리에서 이룩된 업적들은 세계 속에서 이해될 수 있을 것입니다.

필자는 오늘의 학술회의에서 발표된 글들이 한국과 중국에서만 보는 것이 아니고 세계 여러 나라에 책을 보내서 평가를 받게 하겠다는 의미로 말을 하였다. 마대정 전 주임은 이번 학술대회가 공동노력을 통한 연구의 심화에 있다며 세 가지 사항을 제시하였다.

첫째 역사와 현실, 학술과 정치를 분리해야 하고, 둘째 학계 간 소통과 교류를 증진시켜야 하며, 셋째 교류를 강화하여 연구를 촉진시켜야 한다고 언급하였다. 그러면서 대통일국가와 다민족이 중국의 역사유산임을 천명하였다. 우리나라와 중국의 발표자와 논문 제목은 다음과 같다.

한국 학자

노태돈 「당 이현묘 예빈도의 조익관 쓴 사절과 고구려」

김상현 「고구려의 미륵신앙」

고광의 「고구려 서체의 형태 연변 연구」

최종택 「고구려 토기편년 연구」

강우방 「고구려 고분벽화의 영기문의 양상과 그 전파」

중국 학자

이신전(李新全) 「오녀산 산성과 주변의 고구려 초기 유적」

이대룡(李大龍) 「고구려 건국신화에 내포된 역사적 진실」

경철화(耿鉄華) 「집안 출토 권운문와당 연구」

강유공(姜維公) 「「高麗記」 일문의 발견과 수집 및 고증」

이종훈(李宗勳) 「고구려 책성유지 변석」

우리나라 쪽에서는 발표자 이외에 토론자로 강현숙 교수, 조법종 교수, 공석구 교수, 오강원 연구원이 참석해서 중국 측 발표자들과 토론을 하였다. 필자가 보기에 2년 연속으로 공동학술회의를 하면서 변강사지연구중심의 마대정 선생, 여성 선생과 연구원들은 학술행사를 통해 학문연구의 다양성을 접했고 우리나라 학자들의 학문연구 수준이 매우 넓고 깊다는 인상을 받게 된 듯하였다.

이번 학술행사는 이념적인 충돌이 없었기 때문에 좋은 분위기에서 진행되었고 문화방면을 대상으로 발표를 하였으므로 토론과 대화도 부드러운 가운데 가시적인 성과를 내게 되었다. 새로운 관점과 새로운 자료공개는 참석자 모두가 큰 관심을 갖고 경청하며 지켜보았다. 여성 주임은 필자와 세 가지 건을 논의하였다.

첫째는 이번 학술회의를 정리해서 언론에 발표하는 문제를 논의하고 둘째, 다음 학술회의 건을 의논하며, 셋째, 논문을 수정한 후 책으로 간행하는 문제를 검토하였다. 여성 주임은 기본적으로 위의 세 가지 문제에 대해 필자의 의견에 찬성을 하면서 몇 가지 추가 사항을 언급하였다. 예컨대 정치와 학술을 분리해서 학술회의를 하는 것이 좋고 학술교류가 필요한바 지금처럼 가시적인 좋은 효과가 나타나고 있어 연구자들의 연구에 도움이 되며 꼭 학술회의만이 아니고 소규모 방문으로 토론해도 좋다는 의견을 냈다. 아울러 공동연구를 추진하거나 연구하는 개인의 초청방문, 그리고 단기연수를 위해 1개월, 3개월 또는 6개월을 상주하며 연구하는 방안도 내놓았다. 다만 공동답사 건은 아직은 문제가 있어 어려움을 일단 언급하였다.

결국 주어진 상황에서 가능한 교류는 좋으며 실행하자는 뜻이었다. 이번 학술회의에서도 박 총장을 비롯한 연변대학의 협조가 보이지 않게 많은 도움을 주었다. 라비돌리조트의 넓은 잔디밭에서 우리나라 음식인 불고기를 들며 석별의 정을 나누었다. 숙소로 돌아오며 아래와 같이 정리했다.

학술의 논쟁은 논쟁이고 학자의 인적인 정은 정이라는 자세는 필요하다. 그러나 '통일적 다민족국가론'하의 논조민으로는 이렇게 고구려 역사를 논한다 하여도 고구려가 한국의 역사라는 객관적 사실의 벽을 넘을 수 없다고 결론을 내렸다.

2. 북한 사회과학원과의 학술교류

1) 북한 역사연구소와의 학술회의

2003년 하반기에는 '동북공정'이 알려지면서 우리나라에서도 여기에 대응해야 한다는 의견이 여기저기서 쏟아지기 시작하였다. 이해 개천절 행사에 맞추어 우리나라의 단군학회는 북측과 평양에서 '단군 및 고조선에 관한 남북공동 학술토론회'를 개최하였다. 단군학회 회장을 맡고 있던 필자는 고려대학교의 최광식 교수, 한국정신문화연구원의 정영훈 교수 등 일행과 학술회의에 참석해서 발표를 하고 토론을 한 바 있다.

사회과학원 역사연구소의 연구원들도 참석하여 북측의 견해를 발표하였다. 이때 연구소의 지승철 부소장이 행정적으로 우리 측 일정 등을 논의하고 협조하는 관계로 자연 고조선 연구 등 역사 관련 문제를 간간이 협의하곤 하였다. 개천절 행사의 일환으로 우리나라에서 평양에 간 참석자들이 백두산 천지에 가는 일정이 잡혀 있어 지승철 선생한테 백두산에 동행하느냐고 물으니 가지 않는다고 한다.

필자는 중국의 '동북공정' 문제가 있으니 고구려사 문제는 남과 북이 따로 대응할 것이 아니고 북측도 여건상 여러 가지 문제를 안고 있는 것은 이해되지만 이제부터는 함께 노력하자는 뜻을 제의하였다. 일정상에 여유가 있었으면 허종호 소장을 만나 논의하고 싶었으나 일행과 함께 움직이는 관계로 지 선생한테 허종호 소장에게 안부만 전해 달라고 부탁하였다. 필자가 고려대학교에서 행정을 맡고 있던 1999년에 평양의 김일성종합대학을 방문하면서 사회과학원 역사연구소의 원로학자들을 상면하고 의견을 나눈 적이 있었다.

허종호 역사연구소 소장도 이때 만나 인사를 한 바 있다. 사실 북측의 학자들이나 연구소의 연구원들은 발해사나 고구려사가 중국사라는 이야기는 한결같이 일언지하에 무시하는 자세를 취하고 있다. 그러나 우리나라의 학자들이 노소를 막론하고 자유롭게 자신의 의견을 표출하는 방식과 달리 북측의 여러 가지 여건상 중국에 대해서 우리가 취하는 방식과 같은 반대의견에는 매우 신중할 수밖에 없다.

개천절 행사에 참석한 우리 일행은 삼지연을 거쳐 버스로 백두산의 궤도식 삭도가 있는 근처까지 갔다. 차에서 내려 간단하게 사방을 막은 간이 화장실에서 나올 때 북측의 병사들이 초소에 있어 이 높은 지역에도 경비병이 있구나 하는 생각이 들었다. 그런데 안개가 너무 심하게 깔려 있어 천지에 오르자 앞을 분간할 수 없을 만큼 시야가 흐렸다.

필자는 중국 영역 내에서 백두산 천지는 여러 번 올랐으나 북측의 백두산 천지는 처음이라 양쪽에서 보는 관점을 비교하고 싶었는데 하늘의 구름이

하는 일이라 모든 생각 다 내려놓고 하산을 하였다. 그러나 지나고 보니 이 때 간이 화장실을 사용하고 지나며 보았던 경비병과 초소는 기억 속의 잔영으로 남아 필자가 뒷날 백두산 정계비 터를 찾는 데 도움이 되었다. 이 점은 뒤에서 다시 언급하도록 하겠다.

2) 러시아 블라디보스토크 학술회의

고구려연구재단이 출범한 후 밖으로는 중국 사회과학원과 학술회의 준비를 하느라 바빴지만 또 한편으로는 북측과 학술회의 및 교류 건을 의논하며 '동북공정'에 대응하는 협조방안을 모색하였다. 우리나라에서는 어렵게 연구재단까지 만들어 학술적으로 중국에 강하게 대응하는데 북측에서는 중국에 반대하는 뜻은 있으나 방법이 마땅치 않아 고민을 하는 것으로 전문되었다. 중국 학자들을 만나는 것과 동시에 이번에는 북측의 학자들과 기관장들을 만나기로 하였다.

2004년 7월 23일 북경으로 가서 지난날 만났던 김모 부장을 만나 해당화에서 식사하며 '동북공정' 문제에 남북이 협조하자고 제의하였다. 김 부장은 평양에 돌아가서 관계 부처에 알리겠다고 말했다. 1999년도에 방북해서 상면하였던 박관오 총장 안부를 묻자 이제는 총장이 바뀌어 성자립 총장이 김일성종합대학을 이끌고 있다고 하여 시간이 많이 흘렀음을 실감하였다. 한준광 이사장의 자제 한대원 교수가 북경 인민대학의 훌륭한 법학자로 활동하고 있어 만나서 부친의 병환을 묻자 조금 나아지셨다고 해서 각별히 안부를 부탁하였다.

필자는 북경의 민화협 책임자인 이모 선생을 만나 두 가지를 논의하였다. 첫째로 '동북공정'과 관련해서 남북이 협력해서 고구려 역사를 지키고 북방에서 일어난 우리 고대사에 대해서도 함께 연구하자는 뜻을 전했다. 둘째,

금강산 고구려 고분 벽화 남북공동 사진전시회
왼쪽부터 필자, 허종호 소장, 강만길 교수.

외국이든 서울이든 고구려 관련 학술회의에 북측 학자들이 많이 참석해서 같은 견해와 목소리로 고구려가 우리 역사라고 하자고 말했다.

우리는 정치적인 문제가 아닌 만큼 역사 문제를 심도 있게 논의하고 의견이 접근되면 합의한 점을 정리하였다. 먼저 우리가 제안할 계획서를 민화협에 보내어 공동조사를 먼저 하고 그 뒤에 학술모임을 갖자는 취지로 합의가 되었다. 만약에 회의에 참석하지 못할 경우는 논문들을 보내 주기로 하였다. 이번 만남을 계기로 '동북공정'에 남과 북이 공동으로 대응하는 첫발을 내딛게 되었다. 특히 고구려 역사를 지킨다는 북측의 자세는 매우 당당하고 결연해서 옆에서 보고 듣기가 좋았다. 필자는 북측의 인사들을 만나기 위해 2004년 9월 11일에 금강산에서 고구려 고분 벽화 남북공동 사진전시회가 개최되는 행사에 참석하여 축사를 하였다.

고성 금강산의 전시장으로 가서 행사에 참여하는데 빗속에서 진행되었지만 허종호 소장, 지승철 부소장을 만나 반가웠다. 전시회로 분주하였지만

'동북공정' 건은 간략하게 언급하고 공동연구, 공동조사 건을 협조하자고 제안하였다.

이때 임효재 교수가 급히 연락을 하였기에 최광식 상임이사를 일본 구주로 출장 가도록 해서 북측의 논문들을 가져오게 하였다. 좋은 논문을 선택해서 우리가 책으로 출간하는 것은 남북의 연구협력사업에서 볼 때도 좋은 본보기가 되는 작업이다. 북측과의 학술회의 장소로는 제3의 장소인 러시아 연해주의 블라디보스토크 쪽으로 의견이 좁혀졌는데, 중국에 가서 '동북공정' 건으로 학술회의를 하는 것은 전혀 어울리지 않았고 남과 북에서 회의를 하는 것도 시기가 맞지 않았다. 만약에 학술회의를 한다면 북측에서도 연해주로 왕래하는 것이 보다 편한 점도 있었다.

2004년 12월 18일 심양으로 가서 연길 휘포 소프트웨어 개발 유한공사 권수동 사장을 만났다. 처음에는 심양 북한영사관 쪽에서 인사들이 오는 것으로 알았으나 권 사장이 와서 심양의 평양관에서 식사하며 학술회의 건을 논의하였다. 권 사장은 북측의 사회과학원 쪽과 가깝게 일하는 것으로 알려져 있었다. 필자는 북경에 변강사지연구중심과 21일과 22일 양일간의 학술회의에 참석하러 가는 길에 여기 심양에 먼저 왔다는 사실을 솔직하게 이야기하고 북측과 속히 학술회의를 하면서 고구려사를 지키며 가꾸자고 역설하였다.

필자는 이 자리에서 북측과의 학술회의가 늦어질수록 고구려연구재단은 중국 사회과학원 변강사지연구중심과 자주 접촉하며 학술교류를 진행한다는 점을 상기시켰다. 권 사장은 우리 측과 많은 대화를 나눈 뒤에 다음의 세 가지 의견을 언급하였다.

첫째 북측도 필자가 관여하는 고구려연구재단과 학술회의를 할 의향이 있고, 둘째 회의에 참가할 우리나라 학자들 명단을 주기 바라며, 셋째 북측과 학술회의 전에 언론에 기사가 나지 않게 보안을 요청하였다. 필자는 즉시 고광의 연구원에게 준비해 온 자료를 바탕으로 명단을 작성해서 북측에 주기로 하였다. 필자가 서명 후 북측에 보낼 때 허종호 소장보다는 오히려 윗선의 태형철 사회과학원 원장에게 보내기로 하였다. 또 북측의 젊고 유능한 학자들이 있으니 많이 참석하는 것이 좋다는 의견을 내자 북측도 적극 동의하는 분위기였다.

필자는 연말이 가고 신년이 오므로 회의 일정을 추후에 바로 정하자고 언급하였다. 12월 29일 권수동 사장을 통해 북측의 팩스가 왔다. 전보다 격식을 갖추었고 내용도 분야별로 인명을 거론하였다. 회의 날짜를 이듬해 2월 24일부터 3~4일간으로 제시하기에 즉시 실장회의를 열어 회의 일정은 24~25일 양일간으로 확정하였다.

필자는 1월 8일 블라디보스토크로 가서 10여 년 전에 발굴하였던 연구소와 크라스키노 발굴 건을 상의하고 여름부터 진행하기로 하였다. 북측과 학술회의를 하게 될 경우 러시아에서 초청기관이 있어야 하므로 우리는 극동국립기술대학교와 협력해서 초청장을 보내기로 하였다. 회의 장소도 몇 곳을 검토해서 가반호텔을 선정하였다. 많은 연구자들이 참석하는 국제회의가 되므로 비자 문제도 미리 북측에 대비토록 연락을 하였다.

1월 23일 우리는 북경으로 가서 공동학술회의와 관련된 모든 중요 안건을 1월 26일 문서화하는 데 합의하였다. 이 과정에서 북측의 김명성 선생 이하 여러분들이 많이 협조해 주며 국제회의가 성사되도록 헌신적인 노력을 하였다. 특히 김 선생은 고구려 역사를 함께 연구할 구체적인 안을 주면 자기들이 협조할 수 있는 범위 내에서 도와주겠다는 말을 하였다. 이날의 합의는 필자의 머리와 가슴속에 진한 여운을 남기며 지금까지 남아 있다.

필자는 그동안 해외에서 북측 학자들과 만나는 회의에 여러 번 참석한 바 있는데 이번에 우리가 주최하는 국제회의는 발표자 수가 30명이나 되는 대

규모의 국제회의로 변모하였다. 우리나라와 북측, 그리고 러시아 학자들의
명단과 논문 제목은 다음과 같다.

우리나라

금경숙 「고구려의 국내 지역 천도와 의미」

임기환 「국내성시기 고구려 도성의 구조」

김현숙 「광개토왕비에 나오는 속민에 대한 연구」

이성제 「장수왕대 대숭외교와 그 의의」

이인철 「4~5세기 고구려의 무기·무장과 중장기병」

고광의 「광개토태왕비에 나타난 고구려 서사문화의 특징」

김일권 「평양지역 고구려 천문벽화무덤의 천문도 복원 문제」

김진순 「고구려 중기(5세기~6세기 초) 고분벽화에 보이는 불교적 제재와 그
　연원」

최광식 「남북의 고구려 역사연구 협력방안」

구난희 「대일본 관계를 통해서 본 발해의 외교전략」

김은국 「대외교통로를 통해 본 발해와 신라관계」

윤재운 「발해와 당의 경제교섭」

임상선 「남북한·중국·일본 역사교과서의 발해사 내용 비교연구」

북측

허종호 「고조선사회의 계급, 계층별 구성」

서국태 「평양지방 고인돌무덤의 분포상 특성」

권승안 「고조선의 건국년대에 대한 문헌적 고찰」

문혁 「고대 조선주민들의 인류학적 특징」

강세권 「고구려와 그 시조 동명왕에 대한 력사적 인식」

김경삼 「고구려 도성의 특징과 력사적 지위」

지승철 「무덤벽화에 반영된 고구려의 정치, 군사 및 문화의 독자성」

조희승 「고구려 풍습을 통해 본 조선민족의 력사적 전통」

정창규 「발해는 대외관계에서 자주권을 당당히 행사한 독립국가」

공명성 「정치제도에 반영된 발해의 황제국가적 성격」

림호성 「발해의 기본주민은 고구려유민」

차달만 「발해무덤을 통해 본 발해와 고구려와의 계승관계」

러시아

유리 니키틴 「수이푼강 연안 체르냐티노 5 발해 무장고분」

A. L. 이블리예프 「러시아 연해주의 발해 고고유적」

N. N. 크라딘 「돌궐 룬문자와 발해국 형성의 문제」

V. I. 볼딘 「크라스키노 성터 연구사」

E. I. 겔만 「발해 도자기와 발해 내 유통 과정」

위의 참가자 명단과 논문 제목이 말해 주는 바와 같이 고조선, 고구려, 발해 역사 연구자들이 대거 참여하여 학술대회 분위기가 축하 일색이었다. 우리나라 발표자가 13명이고 북측 참가자가 12명이며 러시아 연구자가 5명으로 모두 30명이 발표하였다.

필자는 북측에다 유능한 젊은 연구자들이 많이 와서 우리나라 학자들과 상면하고 토론하면서 학술정보를 교환하는 것이 남북의 고대사 연구에도 공헌을 하게 된다는 점을 여러 번 이야기한 바 있다. 이번에 북측에서 참가해서 발표하는 학자들 중 젊은 연구자들이 많은 것은 아주 고무적인 현상이

러시아 블라디보스토크에서 개최된 한국·북한·러시아 고대사학자 학술회의

다. 학구열이 끓고 있는 젊은 연령대의 학자들에게 이 같은 국제회의는 새롭게 학문을 조망하는 도전의식을 일깨우는 계기가 될 것이 분명하다. 북측의 허종호 위원장 일행이 도착해서 반갑게 인사하였고 북측 참가자들이 편안하도록 배려를 하였다. 필자는 학술행사를 위해 크게 수고한 트르모프 총장을 찾아가 고맙다는 인사를 하고 회의 일정 등을 설명하였다.

학술회의 전날 저녁은 평양관에서 하였다. 남과 북의 학자들이 학술지를 통해 서로 이름은 알고 있다가 새롭게 상면하게 되어 매우 반가워하면서 학문 이야기로 꽃을 피웠다. 그때까지 남과 북의 고대사 분야 학자들이 이처럼 많이 모인 것은 해방 후 처음 있는 일이었다. 장소도 남과 북의 땅이 아니고 블라디보스토크라 학술행사의 열기가 한층 따뜻해지기 시작하였다.

24일에 개막식을 간단히 하였다. 필자는 북측의 허종호 위원장과 트르모프 총장, 그리고 러시아 학자들에게 감사를 표시하면서 아래와 같은 인사말을 하였다.

오늘의 학술모임은 해방 후 남과 북의 역사학계 학자들이 가장 큰 규모로 참가한 기념비적인 회의이며 또한 중국의 동북공정에 대해 동족의 이름으로 공동의 마음을 교환하는 아주 뜻깊은 행사입니다. 우리 조상이 물려준 훌륭한 역사와 문화는 후손인 우리들에 의해 잘 가꾸어지고 지켜져야 하며 민족의 정통성은 바로 이러한 역사인식에서 도출되기 마련입니다.

학술회의가 열리는 이곳 블라디보스토크는 지난날 발해의 영토였고 근세에는 우리의 항일전사들이 일제와 싸운 곳으로 선열들의 영혼이 서려 있는 뜻깊은 곳입니다. 더욱이 금년은 을사조약이 체결된 지 100년, 그리고 광복을 맞이한 지 60주년이 되는 해입니다. 이러한 시기에 남북의 역사학자들이 이곳 블라디보스토크에서 국제학술회의를 개최하는 것은 우리 역사를 민족의 이름으로 당당히 지키고 아끼면서 동시에 이웃나라와는 선린의 우호관계를 유지한다는 귀한 의미가 담겨 있습니다.

남과 북의 학자들이 만나는 것 자체가 중국의 동북공정에 정면으로 대응한다는 뜻을 표명하는 것이다. 따라서 학술발표는 고구려 역사가 우리나라의 역사이며 중국의 역사가 될 수 없다는 논리로 고구려 역사의 정체성을 밝히려는 데 목적이 있다. 이어서 북측의 허종호 위원장은 개회사에서 중국의 동북공정이라는 말은 쓰지 않았지만 내용적으로 이를 비판하는 요지의 글을 발표하였다.

모임 장소가 어디이건 관계없이 북과 남의 력사학자들은 하나의 목소리, 한결같은 걸음으로 우리 민족사에 대한 왜곡과 날조에 반격을 가했으며 투쟁과 창조, 자주로 빛나는 반만년의 유구한 민족사를 긍지 높이 고수해 왔습니다.

러시아 블라디보스토크에서 개최된 한국·북한·러시아 고대사학자 학술회의 행사장

이처럼 허종호 위원장은 남북의 역사학자들이 하나의 목소리, 한결같은 걸음으로 역사왜곡에 반격을 가해 왔다며 다음과 같은 의견을 말하였다.

오늘 블라디보스토크에서 열린 고조선 및 고구려, 발해에 관한 국제학술회의는 이 자랑스러운 협조와 단합의 전통을 더욱 살려 나가며 민족 앞에 지닌 우리 지식인들의 사명을 보람차게 수행해 나가기 위한 뜻깊은 모임으로 될 것입니다. 더욱이 로씨아의 학자들이 함께 참가함으로써 이번 토론회를 계기로 민족사의 정통을 계승하려는 우리의 공동노력은 더 큰 국제적인 지지와 호응을 불러일으키게 되고 조국통일의 국제적 련대도 그만큼 강화되리라는 것은 의심할 바 없습니다.

허종호 위원장은 우리와 북측, 그리고 러시아 학자들이 참석한 이 회의가 우리나라 민족사의 정통을 고수하는 국제적인 지지와 호응의 기회라고 말하고 우리나라 고대사의 역사흐름의 맥락을 지키자고 힘주어 말했다. 사실 오늘의 남북 학자들의 학술회의는 안으로는 고구려 역사와 고조선, 발해 역사를 공동으로 지키자는 단합의 장이었다. 그리고 밖으로는 중국의 '동북공정'이 추진하는 내용이 잘못이라는 점을 러시아 땅에서 해외에 알리게 되었다.

그뿐만 아니라 러시아 학자들에게는 남북의 단합된 역사인식을 그대로 전달하는 기회가 되어 러시아 학계의 협조를 얻는 소중한 만남이 되었다. 발표는 시간이 주어진 만큼만 하도록 해서 시간제를 철저히 지켰고 자그마한 종을 사용해서 시간이 되면 종을 울렸기 때문에 참석자 모두가 이에 따랐다. 북측의 이민우 선생은 해외에서도 많은 회의를 하였지만 이번처럼 국제회의가 깔끔하게 진행되는 것은 처음 본다며 최고라고 웃는다. 발표 논문을 지켜보면서 남과 북의 학자들이 발표하는 이 논고들은 중국의 주장들을 모두 비판하는 내용이라 매우 인상적이었다.

학술회의가 끝나고 만찬은 베르사유호텔로 장소를 옮겨 하기로 하였다. 정연욱 선생이 예전부터 블라디보스토크에 회의차 여러 번 와서 이곳의 사정에 비교적 밝고 또 러시아 사상을 연구하는 관계로 러시아의 풍습에 아주 정통하였다.

국제회의를 훌륭하게 마쳤으니 모두가 자축하는 자리이자 북측 학자들과는 송별연이 되는 만찬장이었으므로 필자는 정 선생한테 특별히 부탁해서 호텔 측이 음식을 준비하는 데 신경을 써 달라고 하였다. 아울러 학술회의 시에 절약하였던 비용을 보태서 정성을 쏟은 음식으로 식탁이 장식되도록 하였다. 우리가 가져가서 보관하였던 술로 건배하며 함께 연구하고 교류를 하자고 덕담을 하였다. 북측의 허 위원장은 너무 멋있고 내실 있는 회의가 되었다며 기뻐하였다. 필자는 혹 북측의 학자들과 이야기할 때는 논문을

쓸 때 가능한 한 국내외 학술정보를 확인해서 필요한 경우 주를 다는 노력
을 해 달라고 당부하였다.

만찬장의 분위기는 학술토론의 열기도 있고 덕담의 꽃도 피었지만 젊은
학자들에게는 짧은 시간이 되었다. 북측 학자들은 동북공정에 대해서 공개
적으로 반대하지 못하는 어려운 사정이 있으나 해외에 나와서는 아주 분명
하게 중국의 역사관이 잘못되었다고 종종 언급하였다. 남과 북이 공동으로
개최한 학술회의에서 중국의 동북공정을 비판한 것은 우리나라 일반 국민
들이 생각하는 시각과 전적으로 같기 때문에 고구려연구재단으로서는 향
후의 정책방향을 수립하는 데 큰 도움을 받게 되었다. 이 국제회의에서 발
표된 논문들은 그 후 북측에서 보내온 논문 5편을 더 보태서 2005년에 『고
조선·고구려·발해 발표 논문집』이란 제목으로 고구려연구재단에서 발간
하였다.

3) 고구려 벽화고분과 백두산 정계비 터

필자는 북측과 고구려 역사와 문화를 남과 북이 공동으로 조사하고 공
동으로 연구하는 학술사업의 성사를 위해 북측의 개성, 금강산에서 회의를
하기로 하고 때로는 중국의 북경이나 심양에서 만나 의견을 조율하기로 하
였다. 앞에서 언급한 바와 같이 2005년 1월 23일 북경으로 가서 싸이터호
텔에 유숙하며 북측의 김명성 선생 등 일행과 여러 차례 회의를 하고 논의
끝에 1월 26일 고구려 역사 관련 공동학술사업 추진을 위한 합의서를 작성
하였다.

이 합의서에 따라 우리는 평양 일원의 고구려 벽화고분을 공동조사하는
문제를 협의하기 위해 2005년 3월 24~26일 중국 심양에서 북측의 김명성 선
생과 반갑게 다시 만났다. 칠보산호텔 식당에서 필자는 회의에 앞서 지난

2월에 블라디보스토크 국제회의가 성공적으로 좋은 학술결과를 내놓게 되어 협조에 고맙다는 인사를 하였다. 김 선생도 북쪽 관련 인사로부터 자세한 소식을 들었다며 만족의 뜻을 표하였다.

필자는 고구려 역사와 문화에 대해서 연구하려면 평양 일원의 벽화고분 등을 공동조사하지 않을 수 없는데 이번에 여기 온 목적이 네 가지라고 언급하였다. 첫째 평양 일원의 고구려 고분 조사 건, 둘째 우리가 고분 조사 중에 촬영하지만 북측이 갖고 있는 필름자료 건, 셋째가 고분 조사 후에 학술회의를 여는 문제, 넷째가 고분을 조사하는 동안 백두산 정계비 터를 탐방·조사하는 일이라고 말하였다. 필자가 제시한 네 가지 안건에 대해서 북측은 신중하게 의견을 내놓으면서도 안건마다 어려운 점이 있다는 사실을 솔직하게 밝히기도 하였다.

회의 후에 쉴 때도 북측은 북측의 다른 관련 기관의 의견을 경청하는 과정을 거치는지 시간이 걸리기도 하였다. 관련 예산 등이 있으므로 행정적으로 적절한지 우리도 매양 쉬는 시간이면 타당성 여부를 실무진과 논의하곤 하였다. 한 가지 안쓰러운 일은 이번에 김 선생은 불편한지 식사를 잘하지 못했고 어느 때는 식사를 굶기도 하면서 회의장에 나오곤 하였다. 필자는 너무 무리하지 말고 회의도 합의하기 쉬운 것부터 순서대로 쉽게 해나가자고 말하자 웃으면서 행정이 어디 쉬운 것이 있나요 하며 논의를 계속하였다. 결국 김 선생은 우리가 제시한 의견을 전체적으로 잘 알고 있다고 말하고 북측의 학자들도 빨리 작업을 시작하기 바란다며 의중의 일단을 비추었다.

필자는 편리한 때에 장소를 말해 주면 더 구체적인 실무 협의를 하기로 하였다. 김 선생은 다음의 회의 장소로 금강산을 염두에 두는 것 같으나 필자는 여기에 구애받지 않고 개성도 좋고 북경도 좋으니 편리한 장소를 택해 연락을 달라고 하였다. 회의를 마치고 우리 일행이 떠날 때 북측은 모두 나와 우리를 배웅하며 다음 기회에 또 만나자고 하였다. 사실 고구려 고분 벽화는 우리나라 역사학자나 미술사가는 반드시 보고 조사해야 할 당위성 있는 학문 분야이다. 동북공정 문제가 아니라도 직접 고분의 묘실에 가서 눈으로 보고 촬영하는 것이 학자의 기본 학문자세이다.

그동안 이념의 장벽 때문에 평양 답사가 불가능하였고 관련 학자들은 북측이나 일본, 중국의 논고를 보며 연구를 하는 단계에 있었다. 만약에 중국 쪽과 학술회의를 하거나 토론을 할 때 직접 유적·유물을 보지 않으면 어딘가는 부족한 점이 나타날 수밖에 없다. 우리가 러시아 연해주에 가서 발해유적을 발굴해야 발해사 연구에 떳떳하듯이 평양의 벽화고분을 직접 조사해야 자신감 넘치는 논문을 쓰게 된다. 더구나 동북공정으로 중국 측 학자들과 발표, 토론을 하게 될 경우를 생각해서라도 평양의 벽화고분 공동조사는 하루라도 빠르게 실현되어야 했다. 중국 집안에 있는 벽화고분을 조사할 수 없으므로 우리나라 학자들이 북에 있는 고구려 벽화고분을 공동으로 조사한다는 것은 우리나라 학계의 학문 수준을 한 단계 높이고 동북공정에 적극 대응하는 방안이기도 하였다.

필자는 위와 같은 사정을 깊이 인식하고 있으므로 고구려연구재단이 앞장서서 북측과 적극 교섭에 나섰다. 그런데 우리나라 학자들이 공동조사에 참여하려면 여름방학을 이용하는 수밖에 없어 우리는 북측과 여름 이전에 합의를 해야 했다. 이 어간에 중국변강사지연구중심의 여성 주임 일행 5명이 방한해서 재단과 학술회의 등을 협의하였다.

제주도를 다녀오는 일정이 있어 6월 12일부터 16일까지는 중국 사회과학원 인사들과 회의하는 일정이 잡혀 있었다. 따라서 북측과는 6월 9일 금강산에서 회의를 갖기로 급하게 일정을 잡았다. 북측에서 일이 빠르게 진척되는지 일정을 잡아 우리는 방북 신청을 한 뒤 고성의 금강산콘도에서 1박을 하고 9일 아침 8시에 북측 지역을 통과하였다. 신학철 선생의 안내를 받아 금강산호텔에 도착하여 짐을 맡겼다. 바로 회의를 하면서 합의하기 쉬운 행정 업무 등은 빠르게 해결하고 넘어갔다.

필자는 회의시간을 단축시키기 위해서 다음의 사항들을 간단히 이야기하였다. 먼저 벽화고분 조사에 참여할 인원을 연구원 5명, 행정요원 5명으로 하자고 하였고 고분 대상도 명문이 있는 안악 3호분, 덕흥리 고분을 포함해서 주요 고분을 조사하며 시기는 북측과 협의하자고 말했다. 또한 조사 후에 학술회의를 개최하는데 시기와 장소는 다시 논의할 것을 제의하였다. 북측의 이금철 부장은 우리의 제의에 대해 상식의 바탕 위에서 성실하게 대화하였다. 기본적으로 고구려연구재단이 중국의 동북공정에 대응해서 열심히 일을 하시는데 북측은 고구려연구재단의 활동에 대해서 좋은 느낌을 갖고 있다고 말하면서 최대한 협조하겠다고 언급하였다.

첫째 조사단 인적 구성은 재단이 원하면 더 늘릴 수도 있으며, 둘째 조사 대상은 평양 일원으로 덕흥리 고분을 포함해서 약수리 강서고분도 좋다는 의견이고, 셋째 학술회의는 논문 작성 후에 진행하되 논문비용을 상식선에서 검토해 달라는 것이고, 마지막으로 다음 회의 장소는 추후 논의하기로 하였다.

이 부장은 당시 필자에게 솔직하게 모든 것을 이야기하였으며 협의를 거쳐 빠른 시일 내에 다시 회의를 갖자고 하였다. 식사를 하면서도 관련된 문제를 놓고 이야기를 계속하였다. 식사 자리에는 김명성 선생도 합류해서 매우 반가웠다. 건강이 어떻냐고 하니 좋다며 웃었다. 자기는 평양 일로 떠났어야 하는데 필자가 여기 있으니 만나서 인사를 하는 것이 도리일 것 같아 머물렀다고 말하였다. 아마도 6·15 행사 등으로 매우 바쁜 것 같았다.

이 부장은 이번에도 합의서를 만들 것인가를 놓고 의견을 말하기에 우리는 행정절차상 필요하다고 말하고 예산 집행도 이에 근거해서 실행된다는 점을 상기시켰다. 시간상으로 보아도 다음의 회의에서 모든 사항들이 최종 결정이 되어야 했다.

곧바로 다음 회의가 6월 20일 개성에서 열리기로 결정되자 우리 준비단은 모든 회의자료 준비를 즉각 완료하였다. 필자는 아침 6시에 강남에서 직접 운전을 하고 북의 출입처에 도착해서 절차를 밟았다. 필자의 차량에 실려 있는 블라디보스토크 회의 후에 만든 책 30권과 재단 편람집 30권은 내려놓도록 하였다. 규정에 따른 조치이므로 뒤에 북측 인사들에게 책을 찾아가도록 부탁하였다. 북측의 검사관이 선물로 가져간 긴 장죽의 곰방대를 보면서 누구에게 가는 것인가를 묻기에 북측 대표에게 전달할 것이라고 말했다.

회의 후 식후에 먹을 콩떡과 과일들을 깎아서 아이스박스에 넣은 과일함을 보고 웃기에 식후에 북측 대표단과 먹을 과일이라며 드시라고 하자 웃으면서 사양하였다. 우리 차를 개성공단이 있는 현대아산 건물 밑에 두고 북측의 차량으로 자남산여관으로 가서 이금철 부장 일행과 회의를 하였다. 기본적으로 지난번 금강산 회의 때 언급한 안건들이 모두 긍정적으로 거론되어 마음이 편한 가운데 다음의 세 가지를 합의하였다.

첫째 7월 23일부터 8월 2일까지 조사 일정을 잡았는데 최종적으로 다시 확인하기로 하였다. 둘째 중국의 북경이나 심양에서 평양으로 입국하는데 하루 전에는 도착하기로 하였다. 셋째 백두산 답사 건은 확언하지 않았으나 항공편이 어려우면 기차로 가는 것을 검토하기로 하였다.

비용 문제는 추후 논의하기로 합의하였다. 우선 여름방학을 이용할 수 있게 되어서 우리는 조사단 구성에 한층 여유를 갖게 되었다. 다만 지난번 금강산 회의 때 북측은 벽화고분 조사에서 황해도에 있는 안악 3호분은 언급하지 않았기에 필자는 이번에 이 고분도 우리 학자들이 편하게 볼 수 있도록 배려를 부탁하였다.

우리와 헤어지면서 이 부장은 금강산과 개성에서 만났으니 다음에는 평양에서 뵙게 된다며 작별 인사를 한다. 최종 일정이 확정되자 고구려 고분을 조사할 우리 조사단은 7월 19일 평양을 가기 위해 출국하였다. 남북한 공동조사단은 15명인바 우리나라 고구려연구재단 측은 10명, 북측은 문화보존지도국 리승혁 박물관 처장 등 5명으로 구성하였다. 참가자 명단은 다음과 같다.

남측 조사단

김정배 고구려연구재단 이사장

최광식 고구려연구재단 상임이사

임기환 고구려연구재단 연구기획자료실장

배성준 고구려연구재단 연구위원

오강원 고구려연구재단 부연구원

김진순 고구려연구재단 전문연구위원

박종국 고구려연구재단 행정팀장

여호규 한국외국어대학교 사학과 교수

전호태 울산대학교 역사문화학과 교수

강현숙 동국대학교 고고미술사학과 교수

북측 조사단

리승혁 문화보존지도국 박물관 처장

송순탁 중앙력사박물관 부관장

백두산 정계비 터에 세워진 기념 표식

조희승 사회과학원 고구려연구실장
강세권 사회과학원 고구려연구실 연구사
김인철 사회과학원 고고학연구소 연구사

　우리 조사단은 평양에 도착한 뒤 북측의 조사단과 인사를 하였고 유적을
조사하는 동안 서로 협조하기로 약속하였다. 북측의 조사단 가운데는 러시
아 연해주의 블라디보스토크 국제회의에 참가하였던 학자들도 있어 필자는
이들과 반갑게 상면하였다.

　그동안 논의 과정에서 다소 분명치 않았던 백두산 정계비 터를 답사하는
일정이 확정되고 교통수단도 비행기로 왕복하는 여정이 되어 너무 반가웠
다. 돌이켜 보면 조선의 망국 후에 일제항쟁기를 거치고 해방과 6·25전쟁
을 거치면서 북방의 대륙사는 망각 속에 빠지고 말았다. 다 아는 바와 같이

백두산 정계비는 1712년(숙종 38) 5월 15일 백두산 천지 아래쪽 편편한 북측 백두산 지역에 세워졌다. 서쪽으로 압록강, 동쪽으로 토문강을 경계로 조선과 청나라의 국경선을 설정한다는 내용을 담고 있다.

220년 동안 굳건히 서 있던 이 정계비는 일제항쟁기에 소리 없이 한순간에 사라졌다. 전 경성제대 총장 시노다 지사쿠는 저서 『간도는 조선땅이다―백두산 정계비와 국경』에서 다음과 같이 서술하고 있다.

그런데 이 정계비가 1931년 7월 28일부터 다음 날인 29일 아침 사이에 감쪽같이 자취를 감추었다. 근년에 백두산에 오르는 사람은 안전을 위해서 일본 국경수비대의 하기행군 등산에 동행하는 것을 관례로 하고 있는데 이해에도 역시 혜산진 수비대 50명, 무산 및 삼장수비대 약 50명과 함께 56명의 일반 등산자가 있었다.

일행이 1931년 7월 28일 오전 9시 반경 정계비 소재지에서 잠시 휴식을 취했을 때는 정계비가 엄연히 그곳에 존재해 있었다. 그러나 일반 등산자는 군대와 헤어져서 산정으로 올라가 천지 부근에서 노숙을 하고 이튿날 아침에 귀로에 올라 다시 정계비가 있는 곳까지 도달했을 때는 정계비는 이미 누군가에 의해서 철거되고 그 귀부 옆에 '백두산등산도'라고 새겨진 표목밖에 볼 수 없었다. 일행 중의 사적연구가는 귀로에 비 및 비문을 충분히 조사할 예정이었으나 끝내 그 목적을 이루지 못하고 몹시 실망한 마음으로 산에서 내려올 수밖에 없었다는 것은 당시 등산자 중의 한 사람이 필자에게 직접 한 말이다.

위의 글에서 보는 바와 같이 조선과 청나라 간의 국경선을 표시한 정계비는 일제의 만행으로 사라졌다. 일제는 1909년 9월 4일 '간도에 관한 협약'으로 간도를 청나라에 넘겨주고 철도부설권 등을 얻었다. 일제는 우리나라 영토를 연구하는 데 귀한 석물자료인 백두산 정계비를 철거, 훼손하고 간도 역사를 침탈하고 왜곡하는 장본인으로 전락하였다. 정계비 터라도 확인하려고 마음을 정하게 된 것은 크게는 우리나라 영토의 많은 의미를 응축하고 있는 정계비에 대해 학계나 일반 국민들이 너무 잊어버리고 있다는 생각이 들었기 때문이다.

또 작은 뜻에서는 정계비가 도대체 백두산 어디에 위치하였는지 매우 궁금하였다. 필자는 북측의 책을 판매하던 대전의 김주팔 사장에게서 최성진의 장편기행인 『내나라』(2001)를 받았다. 이 책 속에 "백두산으로 올라"라는 제목의 기행문을 보다가 생각을 되돌리게 하는 구절을 보며 깜짝 놀랐다. 책의 저자가 동료와 함께 새벽에 백두산을 오르다 경비병들이 불을 밝히며 천지 쪽으로 안내를 하면서 친근하게 대화를 하는 과정 속에 나온 말이었다.

선생님들, 백두산 정계비에 대한 이야기 들은 적이 있습니까? 아까 우리가 지나온 초소 뒤에 자리가 있습니다. 백두산 정계비를 꽂았던 자리 말입니다.

그때 필자는 그 책을 내려놓고 무릎을 치며 2003년 개천절 행사 때 천지를 오르며 간이 화장실 근처의 경비초소를 지나치던 기억을 떠올렸다. 그렇게 궁금히 여기던 백두산 정계비 터가 경비초소 근처에 있다는 것을 알게 된 것만도 여간 큰 기쁨이 아니었다. 혹 기회가 되면 책에서 보던 빛바랜 정계비 사진이나 탁본의 정계비가 아니라 비가 서 있던 지역의 사방을 두 눈으로 보고자 하였다.

필자가 평양의 벽화고분을 조사하러 평양에 와서 북측에 백두산 답사를 요청한 것은 잊혀진 백두산 정계비 터라도 간단히 조사하고 싶었기 때문이다. 이 나라 국민들에게 백두산 정계비 터를 있는 그대로 보여 주는 것이 역사학도의 도리이자 임무라고 생각하였다. 우리 벽화고분 조사단 일행이 북에 와서 조사할 일정과 그 대상은 다음과 같다.

7월 20~21일 백두산 정계비 터 답사

7월 22일 동명왕릉과 정릉사, 진파리 고분군 조사

7월 23일 덕흥리 벽화무덤 조사

7월 24일 조선력사박물관 참관 및 조사 대상 고분의 관련 유물 참관

7월 25일 강서 3묘(대묘, 중묘, 소묘) 조사

7월 27일 수산리 벽화무덤 조사

7월 28일 안악 3호분, 태성리 3호분 조사

7월 29일 대성산성, 평양성 조사

우리는 위의 일정에 따라 비행기로 삼지연 공항을 거쳐 백두산으로 갔다. 우리 일행을 태운 자동차가 경비초소 근처에서 정차하게 되고 일행은 간이화장실을 사용하였다. 이때 필자는 몇 발짝 가서 경비하는 군인에게 "여기 백두산 정계비 터가 있을 텐데요" 하자 손과 눈으로 바로 초소 옆을 가리킨다. 하얀 돌이 바로 눈에 들어왔다. 내가 그곳으로 가니 안내원이 와서 더 가면 안 된다고 하기에, "이것이 백두산 정계비 터입니다. 우리가 사진을 찍을 때 초소는 사진 속에 들어가지 않게 하겠습니다" 하고 양해와 약속을 하고 조사단원에게 여기가 정계비 터라고 알려 주었다. 조사단은 모두 놀라며 기뻐하였고 배성준 연구원은 날듯이 기뻐하며 사진을 많이 촬영하였다. 모든 조사원들이 사진을 찍고 현장 답사를 높이 평가하였다.

나는 조사단과 북측 안내원이 있는 앞에서 정계비가 일제 때 사라지고 이

정계비 터를 알게 된 저간의 사정을 이야기하며 설명하였다. 북측 안내원도 필자의 이야기를 듣고서야 이 사진을 촬영한 이유와 목적을 이해하였다. 우리는 많은 시간을 오히려 여기서 보내고 천지를 보는 것은 각자의 마음에 담아 달라고 당부하였다. 우리 조사단 일행이 고분 답사를 마치고 귀국해서 필자가 YTN과의 방북 조사 관련 대담을 할 때 이 백두산 정계비 터 사진이 공개되면서 학자들과 국민들에게 그동안 잊혔던 백두산 정계비를 각인시키는 계기가 되었다.

조사단은 平壤 일원의 벽화고분을 북측 關係자와 공동으로 조사하면서 우선 실물을 보면서 직접 촬영하는 기회를 가졌다. 고분 벽화를 연구하는 전호태·강현숙·김진순 선생 등은 다른 조사원보다 더 많은 시간을 고분 내에서 보내게 되었다. 일반적으로 날씨가 매우 더워 조사에 고생을 하면서도 촬영하는 자료가 축적되어 갔다.

북측은 우리에게 최대한 협조를 해 주어 고분마다 설치된 유리벽 안에서 촬영을 하도록 배려하였고 더운 날씨에 습도 문제가 있어 우리 조사단도 이 점을 유념해서 시간을 효과적으로 사용하였다. 많은 학자들의 관심 대상이 되어 온 덕흥리 벽화무덤이나 안악 3호분도 명문이 있어 학계의 논쟁이 치열한데 이 고분들을 우리나라 조사단이 조사한 것은 학계로서도 아주 큰 의미가 있다. 특히 안악 3호분은 명문이 있는 덕흥리 고분보다 규모가 4배나 크거니와 이번에 우리나라 학자들에게 처음으로 공개하고 사진을 촬영하게 해서 우리가 이 고분을 연구하는 데 큰 도움이 되었다. 특히 안악 3호분의 묘주에 대한 논쟁은 국제적인 규모로 확대되어 있으며 역사지리 관점에서도 접근해야 하는 연구 과제를 우리에게 던지고 있다. 태성리 3호분도 우리나라 학자들에게 처음으로 공개되었는데 안악 3호분과 비교해서 검토할 가치를 지니고 있다. 강서 3묘 가운데 강서소묘는 이번에 우리에게 역시 처음

공개한 고분이며 일제항쟁기 때 작성한 도면 이후에는 북측에서도 진전된 보고서가 나오지 않고 있다. 진파리 1호분의 경우에는 벽화 보호를 위해 벽돌로 입구를 막아 놓은 상태인데 이번 조사 때 이를 개방하고 사진을 촬영하도록 배려를 하였다.

이번 조사에서 대성산성과 평양성을 촬영하고 산성 내외를 참관한 것은 고구려 도성의 입지 선정 등을 연구하는 데 좋은 기회가 되었다. 평양성 조사 때는 인민대학습당 근처의 평양성 각석을 직접 보고 사진을 촬영하였고, 대성산성은 그 아래에 있는 안학궁지와 더불어 평지성과 산성의 역사적 의미를 다시 생각하게 하였다. 중국 집안에 있는 국내성과 환도산성을 연상케 할 정도로 구도가 아주 유사하다.

이번의 벽화고분 조사는 우리나라 학계로는 최고의 자료들을 직접 보고 현장의 상태를 확인해서 대체할 수 있는 계기를 만들었다. 향후에 중국 학자들과 회의나 토론을 할 때 벽화고분에 직접 들어가서 보고 사진을 촬영하였기 때문에 자신 있는 학문자세를 견지할 수 있게 되었다. 정통 고구려 고분 벽화가 우리나라에 없으므로 이번 학술 조사는 남과 북이 학술교류에 힘입어 서로에게 학문의 열정을 일깨우는 폭발의 힘을 안겨 주었다. 결국 남과 북의 학술교류의 핵심은 중국의 '동북공정'이 허술한 구도로 짜여 있으므로 어떠한 논쟁의 와중에서도 이론과 실천으로 맞설 수 있는 공든 탑을 만드는 것이다.

북측과의 약속에 따라 고구려연구재단은 벽화고분을 조사한 남북공동유적 조사보고서를 『평양일대 고구려유적』이라는 이름으로 2005년에 발간하였다. 필자는 2005년 10월 29~30일까지 금강산에 가서 김명성 선생을 만나 11월 말경에 개최될 학술회의 건에 대해 논의하고 합의서를 작성하였다. 리승혁 처장이 왔기에 깜짝 놀라며 반갑게 인사하였다. 리 선생과는 유적의

금강산 남북 고구려유적 공동조사 학술회의

항공사진, 산성 사진, 벽화고분 사진 등이 있어 논의를 하였다. 아울러 이 평양유적 조사를 바탕으로 2005년 11월 29~30일에 금강산호텔에서 고구려연구재단과 북측 사회과학원이 공동조사 학술회의를 개최하면서 그 의의를 다졌다. 발표자와 논제는 아래와 같다.

　공석구 「안악 3호분의 주인공 문제」
　김진순 「고구려 고분벽화의 묘주상 연구」
　문명대 「고구려 고분벽화에 보이는 불교회화」
　강현숙 「진파리 고분군 조성에 관하여」

위의 학술회의를 위해 만든 발표 논문집과 지난 여름 벽화고분을 조사한 보고서 등을 가지고 갔으나 북측의 통관에 어려움이 있어 우선 학술회의용으로 일부는 가져가고 나머지는 민화협에서 다음 날 아침에 찾아가서 처리하도록 부탁하였다. 그런데 학술회의를 준비하면서 협의하는 과정에서 남북 간에 다소 이견이 있었던 모양이다.

29일 조찬을 하는데 구난희 실장이 어젯밤에 북측과 실무 협의를 하는 과정에서 토론시간 문제로 견해차가 있었다며 북측이 토론시간을 넣지 말자고 이야기를 한다는 것이다. 필자는 학술회의에서 발표가 있으면 토론이 있고 토론이 발표 못지않게 중요하다는 점을 상기시켰다. 토론은 다양한 견해를 접하는 자리이고 뜨거운 토론을 거치면서 논의하고자 하는 핵심 문제가 타인의 공감대를 얻어 가는 과정인데 견해가 다르다고 토론을 제외하자는 것은 사리에 맞지 않았다. 그 문제라면 필자에게 맡기라고 말하고 바로 북측의 박경철 선생, 김명성 선생 등이 있는 자리에서 이 문제를 상의하였다.

북측의 책임자들도 필자의 토론이 필요하다는 의견에 동의해서 그 대신 토론이 너무 격하게 진행되지는 않게 하겠다고 양해를 구했다. 가장 큰 관심의 문제는 바로 안악 3호분의 주인공이 누구인가 하는 것이었는데, 이는 남북한 학계는 물론 중국, 일본 등 여러 나라의 학자들이 관심을 갖고 있는 연구 과제이다.

그런데 이번 발표에서 공석구 교수가 기왕의 동수묘설을 이야기하는 논문을 보고 북측의 일부 학자들이 이의를 제기한 것이다. 북측에서는 미천왕릉설, 고국원왕릉설 등이 있어 이 고분을 왕릉급으로 보는 경향이 강한데, 동수묘설을 내놓으니까 논란이 된 것이다. 이번 학술회의는 고구려 벽화고분에 한정해서 발표하고 토론하였으므로 원만하고 깔끔하게 잘 진행되었다.

북측은 우리가 가지고 간 고분 벽화 보고서를 보고서 너무 훌륭하다고 흡족해하였다. 필자는 북측과 공동으로 조사를 하거나 공동으로 연구한 결과를 책으로 간행할 때는 최고의 책이 되도록 만들겠다고 약속을 하였다. 학술회의에 참가한 북측의 인사는 지난번 금강산의 모임에서 필자가 북측의 중요 항공유적 사진자료들을 구입하고 싶다고 언급하였더니 이번에 귀한 사진자료를 가져와서 받았다. 필자는 지난 여름에 벽화고분을 조사할 때나 이번처럼 사진자료들을 규정에 맞게 꼼꼼히 챙겨 준 문화보존지도국의 리승혁 처장한테 고맙다는 인사를 전해 달라고 부탁하였다. 이에 고구려연구재단에서는 고구려 벽화고분의 항공사진과 고분의 벽화사진, 고구려 산성 등의 좋은 사진을 접수하였으므로 기왕에 나온 보고서에다 이 새로운 사진자료를 첨가해서 새로운 벽화고분의 증보판을 만들었다. 이번에 받은 안아3호분의 항공사진처럼 고분을 공중에서 촬영한 항공사진은 유적의 입지를 설명하는 데 아주 유용한 자료이다.

필자는 학술회의를 마친 뒤에 김명성 선생을 만나 금년에 많은 일을 완료할 수 있었던 데는 북측이 동북공정에 적극 대응하는 협조와 열성이 있었기에 가능하였다고 말하고 고맙다는 인사를 하였다. 이어서 내년도 연구사업에는 우리나라 학계에서 논란이 있는 평양의 안학궁을 공동으로 조사하고 발굴하는 문제를 제기하면서 적극 검토해 달라고 부탁하였다.

그러면서 필자는 김 선생한테 공동조사는 분명하지만 여기의 발굴은 새로운 땅을 발굴하자는 것이 아니고 북측도 크게 걱정하지 않아도 되는 기왕에 조사한 지역을 더 엄격하게 공동으로 발굴한다는 의미라고 말을 하였다. 중국과 동북공정을 가지고 논쟁하는 와중에서 고구려가 집안에서 평양으로 천도한 곳을 놓고 학계에서는 안학궁에 대해서 이견을 보이고 있었다. 필자는 북쪽의 『대성산의 고구려유적』이라는 보고서를 보면서 꼭 확인하고 싶은 곳이 몇몇 있었다.

또 한 가지 북측에 제안한 것은 국회 고구려특위의 평양유적 방문 건이었다. 우리나라 국회에 '고구려특별위원회'가 구성되어 있었는데 이 위원회는 중국의 동북공정을 포함해서 역사왜곡에 대응하는 고구려연구재단의 활동에 안팎으로 도움을 주고 있었다.

정의화 위원장의 특위는 평양의 고구려유적을 관람하고 싶어 하였는데, 국회 특위 입장에서는 고구려연구재단이 북측과 협의해서 공동으로 조사하고 공동으로 학술발표를 하는 일련의 과정을 보면서 이 사업의 전면을 이해하려면 방북해서 확인하는 것도 의미가 있다고 보았다. 사실 고구려특별위원회는 필자와 함께 2005년 11월 24~27일에 중국의 환인, 집안 지역의 고구려유적을 답사한 바 있었다. 고구려유적을 보면서 위원들은 이구동성으로 많은 것을 보고 느꼈다고 소감을 말하고 열악한 환경에서 답사와 연구를 수행하는 재단 연구원들의 노고를 치하한 바 있었다.

필자는 고구려특위와 중국의 환인, 집안을 답사하고 바로 귀국 다음 날 금강산의 회의장으로 온 것이다. 필자의 일정을 소상히 들은 김명성 선생은 건강을 조심하라고 하면서 신분이 국회의원들이므로 신중하게 검토하겠다고 말했다. 학술회의가 끝나자마자 필자로서도 번거로운 두 가지 문제를 북측에 제기한 셈이다. 안학궁지 발굴조사 건과 국회 고구려특위의 평양 방문 건인데 이 문제들을 제의한 필자도 마음이 가벼운 것은 아니었다. 한 건 한건 북측과 만나 의견을 교환해야 하고 관련 자료도 오가야 하며 때로는 팩스로도 의견을 전달하는 등 많은 단계의 과정이 눈앞에 쌓이고 있었다.

4) 평양 안학궁 조사와 발굴

고구려는 집안에서 427년 평양으로 수도를 옮겼다. 이 같은 장수왕 대 천도 사실은 누구나 다 아는 역사의 상식이다. 그러나 고구려 역사에서 가장 커다란 분수령이 될 만한 천도와 도성의 위치 문제가 학계에서 여전히 논란에 휩싸여 있었다. 필자는 이 문제는 고구려연구재단이 앞장서서 북측과 안학궁을 조사하고 발굴하면서 의견을 정리해야 한다고 생각하였다. 중국과 고구려 역사를 놓고 역사전쟁을 하면서 정작 평양으로 천도한 왕궁과 산성의 문제를 정리하지 않으면 고구려 역사의 입론 과정이 손상을 받게 된다.

필자가 북측에 금년도 주요 사업으로 북측의 안학궁 발굴조사를 제의한 것은 이와 같은 학계의 사정을 감안한 것이었다. 북측의 역사학계는 이미 안학궁을 발굴하고 대성산성을 조사한 보고서에서 안학궁을 고구려가 천도한 도성으로 결론을 내리고 있었으나 일본 학계가 와당 등의 편년을 근거로 고구려 후기나 심지어 고려시대의 유적으로 주장하고 있었다. 우리나라 학계의 일부도 이 같은 견해에 의견을 같이하고 있었다. 그러나 누구도 평양의 안학궁지를 답사한 학자는 없이 일인 학자들 주장대로 청암동 토성과 대성산성을 하나로 묶어 왕궁터를 설정하고 있었다.

중국 집안에서의 왕궁은 국내성인데 평양의 왕궁터를 확정하지 못하고 남과 북 사이에서도 논의가 분분하게 되면 중국의 역사왜곡에 대처하는 학계와 국민들에게 수치스러운 면모를 드러내는 것 외에 아무것도 아니다. 우리는 2006년 1월 22일 북경으로 가서 김명성 선생 일행을 만나 안학궁 조사건과 국회 고구려특위 평양 방문 건을 정식으로 논의하였다.

먼저 안학궁 조사 건에 대해서 평소 신중한 김 선생은 문화보존지도국의 리승혁 선생이 이미 안학궁 조사와 관련된 일을 준비하기 시작하였고 이번 발굴에는 김일성종합대학이 함께 작업을 하게 될 것 같다고 말하였다. 필자의 입장에서는 발굴을 어느 기관하고 하여도 무방한데 이미 안학궁을 조사 발굴 하였던 김일성종합대학이 참여한다면 더욱 좋은 일이라고 말했다. 안학궁은 김일성종합대학의 전제헌 교수가 발굴단을 이끌고 발굴한 바 있고 이후에는 동 대학의 남일룡 교수가 고구려 산성 등을 연구하며 이 분야에 관심을 갖고 있었다.

필자와 김일성종합대학 전제헌 교수

필자는 북측이 논의 과정에서 많은 의견을 거치면서 발굴기관을 선정한 것으로 이해하고 있었으므로 전적으로 잘된 선택이라고 동의하였다. 두 번째 국회 특위의 방북 건에 대해서는 국회에서 어느 위원, 누가 오게 되는가를 묻기에 우선 정의화 특위 위원장을 비롯해서 국회 쪽에서 결정한 일이며 재단은 이 문제와 전혀 관련이 없다고 전후 사정을 설명하였다. 필자는 김 선생과 대화하면서 그가 기본적으로 고구려연구재단에서 설명한 목적을 잘 이해하면서 방북 건을 긍정적으로 보는 것이 아닌가 하는 인상을 받았다.

안학궁 조사나 발굴은 우리 고고학계나 고대사학계로서는 북측과 해방 이후 처음 갖는 공동조사이고 공동발굴이다. 따라서 필자는 많은 의견을 수렴해서 방북 조사단을 구성해야 한다고 최광식 상임이사에 말하고 적당한 때에 의견을 달라고 부탁하였다. 북측과 기본 합의가 되었으므로 좀 더 확실한 것은 다음에 개성에서 만나 논의하기로 하였다. 행정적인 절차는 항상 신중하게 협의하되 일단 결정되면 신속하고 과감하게 집행하는 것이 옳다.

북측과 연락한 후 필자는 2월 6일 구난희 실장, 박종국 행정팀장과 개성으로 가서 박경철 부위원장 등 일행을 만났다. 우선 지난번 금강산 회의가 잘 마무리되어 고맙다는 인사를 하자 중국과 대처하는 귀 재단이 일을 잘 하셔서 수고한다는 덕담을 하였다. 박 부위원장과 논의하면서 다음과 같이 의견을 정리하였다.

첫째, 발굴조사는 빠른 시일 내에 진행하기로 하고, 둘째 발굴조사 기간을 원래는 5~6일 정도로 생각하였으나 작년 벽화고분을 조사한 전례에 비추어 시일을 조정할 수 있다는 것, 셋째 기자재 가운데 북측이 도울 수 있는 것은 협조하며, 넷째 국회 특위의 평양 방문 건은 재단의 발굴조사단과 함께 가는 방안과 별도로 가는 방안을 모두 신중하게 검토한다는 내용이다. 이야기 말미에 박 부위원장은 이번의 공동발굴조사 건은 다른 안건과 다르게 매우 중요하고 의의가 있는 사업이라며 잘 조정해서 성공시키자고 말했다.

또 국회 특위에 야당 의원도 있는데 도움이 되는가를 묻기에 국회는 기본적으로 여야가 함께 입법에 관여하는 관계로 재단 입장에서는 여야 의원이 함께 동행하는 것이 오히려 좋다고 답을 하였다. 또 조사할 현장을 특위가 직접 가서 보는 것이 업무 파악에 중요한 과정이라는 점도 이야기하였다.

필자는 국회 특위의 방북 일정은 짧지만 평양의 고분 등 유적의 일부만이라도 직접 보고 듣는 것은 국회의 여야 의원이 '동북공정'의 실상을 이해하는 데도 크게 도움이 된다고 보았다. 그뿐만 아니라 국회 특위가 다른 분야가 아닌 우리나라 고대사인 고구려 문제로 방북해서 북측의 인사를 상면하는 것이 폭넓은 의정활동의 한 단면이라고 생각하고 뒤에서 적극적으로 협조하였다.

필자는 이번에 북측과 논의할 때 리승혁 처장이 발굴조사에 참여한다는 말을 듣고 좋은 분들을 선정하였다고 생각하였다. 문화재를 아끼고 보전하는 임무를 책임진 리 처장은 매사 일을 처리할 때 무리를 하지 않고 공정하고 공평하게 법을 지키며 공직을 수행하였다.

2월 7일 우리는 변강사지연구중심과 학술 건으로 협의차 북경을 갔을 때 마침 북경에 있던 김명성 선생을 잠시 만나 개성에서 논의되었던 요점을 말하고 김 선생도 옆에서 일이 순조롭게 성사되도록 협조해 달라고 부탁하였다. 11일쯤 돌아가서 날짜를 정하게 될 것 같아 재단에서도 방북 조사단 준비에 만전을 기하도록 하였다. 이후 북측과 협의는 잘 진행되었지만 북측은 국회 특위에서 방문하는 일부 의원에 대하여 이견을 제기한 적도 있었다.

그러나 결국 고구려연구재단이 발굴조사단을 이끌고 오기 때문에 국회 특위도 동시에 방북하는 일정으로 대승적 결단을 하였다. 우리 발굴조사단의 체류 기간은 4월 8일부터 19일까지이고 국회 특위는 4월 8일부터 11일까지 체류하기로 일정이 확정되었다. 여기저기를 다니며 논의하고 협의하는 산고 끝에 고구려연구재단과 국회 특위의 방북 일정이 잡혔다. 남북의 발굴조사단과 국회 특위의 명단은 다음과 같다.

남측 조사단

김정배 고구려연구재단 이사장

이인철 고구려연구재단 연구원

오강원 고구려연구재단 연구원

최병현 숭실대학교 교수

노태돈 서울대학교 교수

양정석 수원대학교 교수

백종오 경기도립박물관

배성환 고려대학교 박물관

조태희 위더스테크 사장

북측 조사단

남일룡 김일성종합대학 단장

전제헌 김일성종합대학 교수

김유철 김일성종합대학 교수

리광희 김일성종합대학 교수

리영식 김일성종합대학 교수

정동철 김일성종합대학

리경철 긴일성종합대학

정봉찬 김일성종합대학

백용찬 김일성종합대학

박준호 김일성종합대학

김룡욱 김일성종합대학

리재남 김일성종합대학

리승혁 문화보존지도국 박물관 처장

리기웅 문화보존지도국

김경삼 사회과학원 역사연구소

강세권 사회과학원 고구려연구실 연구사

국회 고구려특별위원회

정의화 고구려특별위원회 위원장

황우여 고구려특별위원회 위원

임해규 고구려특별위원회 위원

임종석 고구려특별위원회 위원

국회 고구려특위 평양 방문단

우리 일행은 2006년 4월 8일 심양을 거쳐 평양 비행장에 도착하였다. 민화협의 이수일 선생 등이 나와 반갑게 인사를 하고 양각도호텔에 짐을 풀었다. 저녁 만찬은 호텔 47층에서 열렸고 박경철 부위원장이 와서 서로 인사말을 하며 화기애애하게 식사를 하였다.

회식 후에 필자는 발굴조사와 관련한 사항들을 협의하였고 국회 특위 위원들이 꼭 보아야 할 유적들을 볼 수 있도록 배려를 부탁하였다. 특위 위원들은 일정에 따라 동명왕릉을 둘러보고 진파리 1호분까지 유적 주변을 답사하였다. 안학궁지에 가서는 북측의 김일성종합대학의 남일룡 교수가 직접 설명도 하였고 의견도 들었다. 대성산성 주변의 고분들도 보면서 안학궁지와 대성산성이 전형적인 평지성과 산성의 배치라고 말했다.

특위 위원들은 이번 안학궁지 발굴조사가 매우 중요한 남북 간의 학술교류사업이자 중국의 동북공정에 대응하는 학술연구라며 필자와 재단의 역할을 격려하였다. 위원들이 떠나기 전날 민족식당에서 방문환영 겸 송별연이 열렸다. 우리는 서울서 가져온 막걸리를 마시고 북쪽의 송학소주도 들면서 편안하게 환담하였다. 정의화 위원장은 평양 방문에서 많은 생각을 했다고 하였으며 황우여·임해규 위원도 직접 평양에서 재단이 발굴할 유적을 보는 게 너무 기뻤다며 소감을 말하였다. 임종석 의원은 유일한 야당 의원이지만 북측에서 많은 분들이 알고 있어 서로 대담할 때 자연스러워 보였다.

우리나라 특위 위원들은 품위 있는 모습을 보였는데 한마디 한마디가 멋을 풍겨 주변에서도 보기가 좋았다. 위원들이 평양을 떠날 때 구난희 실장이 동행토록 하였으며 이후 우리 조사단은 준비한 일정대로 안학궁을 조사하며 발굴 대상지를 설정하였다. 전반적인 측량을 하고 조사 지역을 세밀하게 조사하여 고구려가 평양으로 천도해서 자리 잡은 왕궁지의 유적을 규명하는 데 온 노력을 기울였다.

왕궁지를 조사하면서 북측도 내심 많은 고민이 있었을 것으로 짐작이 되었다. 안학궁지 북쪽 벽 길 건너에 군부대가 있고 그 뒤쪽 산이 대성산성이다. 우리 일행이 안학궁지를 조사하려고 버스로 오자면 자연 부대 앞을 지나고 돌아서 남문 쪽으로 와서 왕궁지로 들어가게 된다. 이와 같은 지역 환경을 보면서 필자는 북측의 책임자와 조사원들에게 우리 조사단 일행이 일체 군부대 쪽을 보지도 않을 뿐만 아니라 사진도 그 방향으로 찍지 않겠다고 말하고 그쪽에 어려운 점이 있으면 바로 필자에게 알려 달라고 하였다.

매일 아침저녁으로 부대 앞을 지나가는 우리는 조사가 끝나는 날까지 이 약속을 지켰으며 이 같은 상황에서 안학궁지 발굴조사를 용인한 북측의 배려는 정말 놀라웠다. 우리는 현장에서 측량하는 팀과 양정석 교수의 궁궐지 등의 유실을 확인하는 팀, 그리고 오강원 선생의 성벽을 발굴하는 팀, 백종오 선생의 고구려와당을 비교 분석하는 팀으로 일을 분담해서 작업을 진행하였다.

물론 북측의 조사원도 우리와 함께 일을 하며 열심히 조사와 발굴을 도와 주었다. 함께 동행한 최병현 교수와 노태돈 교수는 현장에서 고고학과 고대사 조사 전반을 살피며 끊임없이 자문을 해 주었다. 필자가 여기서 꼭 언급하고 싶은 것은 북측이 일찍이 안학궁지를 발굴할 때 지휘하며 참가하였던, 은퇴한 전제헌 교수께서 노구를 이끌고 현장에 나왔다는 점이다. 날씨가 불순한데도 발굴조사를 일일이 참관한 것은 품격 있는 학구적 모범이었다. 때때로 시간이 나면 발굴했던 당시 이야기를 하였고 함께 도시락으로 점심을 하며 지금 조사의 결말을 관심 있게 지켜보았다.

필자가 안학궁지를 조사하며 조금이라도 발굴을 더 하고 싶다고 느낀 것은 안학궁지의 하부구조가 돌로 쌓은 석축인데 『대성산의 고구려 유적』 보고서를 읽다 보면 석축을 쌓은 층과 전체 석축의 각도가 자연스럽지 못하다는 느낌을 받곤 하였기 때문이다.

고구려 성벽의 특징은 돌을 안으로 들여쌓기 수법이 특징 가운데 하나인데 보고서의 사진들은 하부의 몇 개 층으로만 쌓은 것으로 나타났다. 필자는 일찍이 평양 일원의 성벽을 보았고 또 중국의 오녀산성이나 집안의 국내성 일원의 성벽을 답사하기도 하였고 원형의 모습을 잘 간직하고 있는 태자하 강변의 백암성도 찾아가 보았다. 사각 원추로 돌을 다듬는 것이 고구려 치석의 특징인데 이 모든 사실을 종합할 때 안학궁의 성벽 가운데 이미 다 조사했던 지역 일부를 다시 조사하며 발굴하는 것이 북측에 큰 폐를 끼치지는 않는다고 판단하였다.

보고서 동벽 사진에 삐죽이 나와 있는 돌을 보고서 이 지점을 다시 더 발굴하기로 하였다. 물론 북측의 동의가 있었다. 북측의 전제헌 교수를 포함해서 남일룡 단장 이하 교수와 대학원생들도 시선을 집중하며 발굴을 지켜보았다. 이해 평양의 4월 중순 날씨는 바람이 너무 심하게 불고 눈이 오는가하면 비도 내렸다. 날씨가 매섭게 추웠다. 밖에 있는 천막에서 도시락을 먹

새로이 드러난 안학궁 동벽

지 못하고 비바람을 피해 때로는 버스 안에 가서 점심을 먹곤 하였다.

　이 같은 4월의 날씨 속에 남북의 조사단은 고구려 역사와 문화를 연구한다는 일념으로 발굴현장에서 한 삽 한 삽을 뜨고 손잡이 칼로 흙을 헤칠 때마다 숨을 죽였다. 지난날 발굴할 때 바닥이라고 언급한 지점까지 가자 북측 학자들은 거기가 맨땅이라고 말을 하였고 전제헌 선생도 그렇다고 답을 하였다. 필자는 속으로 느끼기에 석축이 쌓인 각도가 자연스럽지 못하다고 느꼈다.

　북측의 양해하에 옆으로 1m 정도 가서 더 파내려 갈 것을 오강원·양정석 선생한테 이야기하고 정면을 응시하였다. 손삽으로 흙을 제거하며 땅을 파기 시작하자 북측이 맨땅이라던 그 밑에서 석축이 다시 나타나기 시작하였다. 필자는 속으로 바로 이것이라며 이번 평양의 안학궁 발굴이 성공이라고 내심 기뻐하였다. 북측 학자들은 놀라운 광경에 눈을 떼지 못했고 전제헌 선생도 침묵하며 밑에서 나타나기 시작한 석축을 바라보았다.

필자는 다시 북측의 양해를 구하고 0.8m까지 더 파 내려갔다. 다시 석축의 행렬이 모습을 보이자 북측 연구자들의 탄성이 나오기 시작하였다. 오강원 선생은 3개 층이 더 나타났다고 말한다. 그러니 석축을 쌓은 각도가 자연스러워졌고 석축이 쌓인 형태는 고구려의 특성을 그대로 보여 주었다. 전제헌 선생 이하 북측의 연구자들은 자신들의 지난 발굴에서 소홀했던 점을 시인하고 이번에 우리가 발굴조사를 더 해서 완벽하게 끝마무리한 작업을 높이 평가하였다. 최병현·노태돈 교수도 훌륭하게 마무리를 하였다며 만족감을 표시하였다. 안학궁 성지가 고구려 형태의 전형적인 궁성 모습이라는 것은 이제 집안의 국내성과 비교하면 그 실상이 그대로 드러난다.

중국 환인 지역의 오녀산성은 하고성자와 약 1km 거리이고, 집안의 국내성은 환도산성과 약 2.6km이며, 안학궁과 대성산성은 1.2km의 거리에 위치하고 있다. 궁성과 산성의 이와 같은 관계는 고구려 후기에 평양 장안성에 와서야 평지와 산성이 결합한 평산성의 개념으로 나타났다. 고구려가 천도한 이후 북측 학계는 안학궁지가 바로 앞에서 언급한 것처럼 고구려의 왕궁이라고 보고서를 간행하면서 언급하였다.

이것은 일제항쟁기 때 일본의 세키노 다다시(關野貞) 등이 안학궁의 와당이 고구려 늦은 시기의 것이고 청암리 토성 출토 와당이 이른 시기의 것이라고 말한 사실을 부정하는 견해였다. 세키노는 와당 편년을 근거로 안학궁의 연대를 늦게 보고 이 유적을 고구려 말기의 별궁으로 생각하였다.

우리 조사단이 저간의 학술논쟁을 익히 알고 있기 때문에 안학궁의 조사와 발굴을 남북 학계가 공동으로 진행하면서 새로운 사실을 밝혀 놓았다. 발굴을 마치면서 조사단은 김일성종합대학의 후의로 박물관에 가 안학궁에서 수집한 와당 등 유물을 보았는데 백종오 선생이 5~6세기의 평기와와 와당을 확인하였다. 비록 이른 시기의 와당 비율이 전체 유물에서 볼 때 적은 것은 사실이나 민덕식 선생의 견해처럼 오랜 기간 왕궁으로 사용하면 개와를 하기 때문에 와당 편년만으로 왕궁 연대를 결정하는 것은 위험이 따른다. 양정석 교수는 안학궁에는 수·당 대에는 폐기되었던 동서당제가 채용된 위진남북시대의 궁궐 배치도가 활용되었다고 보면서 수·당 대 궁궐 배치를 가지고 안학궁의 연대를 편년하려는 작업은 불안정하다고 말했다.

이번 안학궁을 발굴조사 하면서 남북한의 학자들은 안학궁이 고구려가 천도하면서 조성한 왕궁이라는 데 의견 일치를 보았다. 북측의 한이호 선생은 1990년대에 안학궁을 중심으로 리방제도에 따른 도시구획을 발표하기도 하였으므로 새로운 자료를 바탕으로 연구가 심화될 때 안학궁 연구결과는 더 진전된 업적으로 나타날 것이다. 고구려연구재단에서는 안학궁 조사를 완료한 후 북측 학자들의 관련 논문들도 게재한『고구려 안학궁 조사보고서 2006』을 출간하였다. 발굴조사 과정을 끝날 때까지 지켜본 전제헌 교수는 다음과 같은 소감을 피력하였다.

역사적인 6·15 공동 선언의 기치 아래 온 겨레가 '우리민족끼리'라는 이념을 깊이 간직하고 나라의 평화와 통일을 위한 대행진을 줄기차게 벌여 나가고 있는 격동적인 시기에 북남 역사학자들의 접촉과 상봉이 이루어지고 우리 민족사에서 가장 강대하였던 고구려의 역사와 문화를 연구하기 위한 '안학궁터 공동조사'를 진행한 것은 분단 역사상 처음 있는 중요한 사건이 아닐 수 없다.

발굴을 하였던 전 선생께서도 이 공동조사를 해방 후 처음 있는 중요한 사건으로 보았으며 안학궁을 둘러싸고 그동안 전개되었던 쟁점에 대해서 이번 남과 북의 공동조사를 마치면서 다음과 같이 언급하였다.

우리 학계에서는 안학궁의 성격을 427년 평양 천도를 계기로 건설된 고구려의 왕궁으로 규정하고 내외의 많은 학자들이 긍정적인 반응을 보이고 있다. 그런데 일부 일본의 어용학자들은 안학궁이 고구려 왕궁이 아니라는 터무니없는 망설을 내놓고 있다. 이에 대하여는 이미 여러 기회에 논박을 하였고 이번 공동조사와 관련된 연구논문들에서 언급되겠으므로 여기서는 반복하지 않으려고 한다. 다만 발굴자의 한 사람으로서 백문이 불여일견이라는 속담을 인용하려고 한다. 이 속담은 아마도 유적, 유물을 대상으로 하는 고고학자들에게 더욱 필요하리라고 믿는다.

이번 공동조사를 통해서 더욱 안학궁이 고구려의 왕궁터라고 확신하였음을 밝히고 다시 한번 일본 학자들의 견해가 망설이라고 비판하였다. 우리는 다소 궁금하였던 안학궁의 실체를 다시 긍정적으로 확인하였다. 남과 북이 안학궁을 고구려의 왕궁터로 보는 데 같은 의견을 내놓게 된 것은 동북공정에 대응하는 남과 북의 학구적인 결과가 동일하다는 것을 의미한다.

필자는 평양을 떠나기 전 북측 책임자에게 비바람과 눈보라 속에서 안학궁의 조사와 발굴을 함께한 김일성종합대학의 젊은 조교들과 따뜻한 밥이라도 한 끼 먹고 떠나겠다고 제의하였다. 결국 북측의 조사단 전원과 식사하며 그간의 노고에 고마움을 표하였고 언젠가 다시 만나 조사하자며 조교들과 헤어졌다.

제 **4** 장

삼국통일론과
남북국시대론

1. 삼국통일론과 동북공정

신라가 고구려와 백제를 멸망시키고 삼국을 통일하였다는 사실은『삼국사기』에 나오는 명확한 기록이다.『삼국사기』신라본기 신문왕 12년(692)조에 김유신이라는 양신(良臣)을 얻고 한마음으로 정치를 잘해서 삼한을 통일하였다고('一統三韓') 기술하고 있다.『삼국사기』열전의 김유신조에도 세상을 떠나기 앞서 대왕과의 면전에서 삼국의 전쟁이 끝나 감을 언급하면서 삼한(三韓)이 한 집안이 되었음을('三韓爲一家') 이야기하고 있다.

이른바 '일통삼한'이나 '삼한위일가'라는 말은 같은 의미이고 삼국을 통일하였다는 뜻이다.『삼국유사』의 태종춘추공조에도 왕이 김유신과 함께 지혜와 힘을 다해 삼한을 통일하였다고('一統三韓') 기술하였고 같은 조의 후반에도 신라가 비록 작은 나라였지만 성신(聖臣) 김유신을 얻어서 삼국을 통일하였다고('一統三國') 비슷한 내용을 싣고 있다. 태종춘추공조에는 '일통삼한'과 '일통삼국'이 같이 나오는데 이 표현 역시 같은 뜻이며 마찬가지로 삼국을 통일하였다는 의미이다.

여기의 삼한은『삼국지』동이전에 나오는 마한, 변한, 진한을 의미하는 것이 아니고 삼국을 일컫는 말이며 또 다른 말로 표현하자면 삼국의 별칭이라고 보면 된다. 조선시대에도 삼한이라고 표현하는데 이때 삼한은 바로 조선을 뜻하는 것이다. 앞에서도 이미 언급하였지만 '해동삼국'은 우리나라의 고구려, 백제, 신라를 뜻하지만 '해동'이라고 하면 신라를 의미하기도 하고 전후 문맥으로 볼 때는 우리나라를 지칭하는 의미도 된다. '해동소'라고 할 때는 원효의 『해동소』를 뜻하는 것과 같다.

이런 점에서 김유신열전의 사료에는 비슷한 의미로 삼국을 합쳐 한 집을 만들었다고('合三土爲一家') 삼토(三土)라는 말을 쓰고 있는데 이것을 번역하면 삼국 또는 세 나라가 된다. 이것은 앞에서 살핀 바와 같이 삼한이 한 집이 되었다는 뜻과도 상통하는 문장이다.

1982년에 청주 운천동에서 발견한 '청주 운천동 신라사적비'는 높이가 91.5cm인데 수공 2년(686) 병술년의 간기가 있으므로 통일신라시대로 연대를 설정하고 있다. 이 비에는 '삼한을 통합하여 땅을 넓히고…'('合三韓而廣地')라는 문구가 나온다. 이 기록도 결국은 삼국을 통일하였다는 뜻이다. 통일을 이룩한 문무왕은 유언에서 자기는 전쟁의 시대에 맞아 서정북토하고 강토를 극정하는 데 진력하였음을 말하고 "병기를 녹여서 농기구를 삼으라"는 말을 하였다. 이것은 신라가 전쟁을 끝내고 통일을 하였다는 사실을 풀어서 설명한 것이다.

『삼국유사』의 만파식적(萬波息笛)조를 보면 그 아들 신문왕이 선왕인 문무대왕의 위업을 위해서 동해 가에다가 통일을 이룩한 은혜에 감사한다는 뜻에서 감은사를 창건하였다. 감은사 앞의 바다에는 대왕암이 있는바 이 유적에 대해서는 해중릉설이 있었으나 필자는 오래전부터 산골처라는 의견을 피력한 바 있다. 감은사나 대왕암의 역사적인 의미는 신라가 삼국통일을 이루었다는 역사적인 사실 자체를 기린다는 데 뜻이 있다.

그럼에도 불구하고 해상에는 여전히 왜적의 침입이 있으므로 대왕이 호국의 용이 되어 왜적을 막겠다는 호국의 의지가 강하게 서려 있는, 삼국통일과 관련되는 유적이기도 하다. 이 논지의 초점에 대해서는 문헌사학, 고고학, 미술사의 종합적 연구를 바탕으로 통일의 면모를 탐구해야 할 것이다.

필자가 신라의 삼국통일에 대해서 관련 사료를 제시하면서 의미와 요점

감포 대왕암

을 언급하였다. 삼국통일이라는 사실과 그 사실을 해석하는 이들 상호 간에 지나친 괴리가 있다면 이것은 중국의 동북공정에 대응하는 우리에게 본의 아닌 역풍을 초래하는 난제가 될 수 있다. 사실 자체를 간단히 짚고 넘어가 자면 신라가 삼국을 통일하였다는 것은 주체가 신라이고, 신라는 객체인 백 제를 멸하고 이어 고구려를 멸망시킨 것이다. 고구려의 멸망에 당나라의 역 할을 언급할 수 있으나 통일전쟁을 수행하는 신라는 고구려가 멸망한 것을 전통 정권의 소멸로 보았다.

통일신라시대에 활동했던 최치원이 찬한 '봉암사 지증대사 탑비'에도 조 그마한 삼국이 크게 한 집('一家')이 되었다고 언급한 것이 이를 단적으로 지 적한 것이다. 신라가 통일전쟁을 위해 싸운 적국은 백제와 고구려였다. 이 사실도 명확하게 '성주사 낭혜화상 탑비'에 나온다. 선조께서 두 적국을 평 정하였다고 해서 두 적국이 백제와 고구려임을 지적하였고 924년에 건립된 진경대사 탑비에도 "두 적이 멸망해서 안정되었다"고 두 적국이 백제와 고 구려임을 알리고 있다.

문제는 사실을 바탕으로 사가들이 사실을 해석하고 평가하는 단계에서 삼국통일에 대한 다양한 의견이 속출하였다는 점이다. 이 가운데는 경청할 만한 견해도 있고 논리 비약도 보인다. 대체로 우리나라 역사학계에서는 신라의 삼국통일을 인정하면서 고구려의 옛 강토를 모두 다 차지하지 못한 것을 들어 미흡한 통일이라는 수식어를 쓰기도 한다.

전쟁에는 승리와 패배가 있을 뿐이고 때로 협상이 있다. 그러나 신라의 삼국통일전쟁에는 협상이 없고 승리와 패배만 있었다. 승자는 신라였고 패자는 백제와 고구려로 이들 두 나라는 결국 멸망하였다. 고구려가 멸망한 후 30여 년이 지나 북쪽에서 발해가 흥기하였다. 발해의 건국과 성격은 중국의 사서를 연관시키면서 앞에서 이미 언급하였으므로 신라가 발해를 어떻게 생각하였는지 최치원의 의견을 적은 장(狀)과 하사를 위해 올리는 표(表)를 통해서 간략하게 보려고 한다. 최치원은 「태사 시중에게 올리는 글」에서 다음과 같이 발해에 대해서 말하고 있다.

고구려의 잔얼 무리가 태백산을 의지하고 모여 나라 이름을 발해라고 하였다.

최치원은 누구나 아는 신라 최고의 문장가이고 당에 유학을 다녀온 지식인이다. 그는 고구려의 잔얼이라는 표현을 쓰면서 발해가 고구려의 잔당들이 세운 나라라고 기록하였다. 잔얼이라는 말은 고구려 나머지 백성들이나 패배한 군인들을 총칭해서 쓴 말이고 따라서 발해의 주체를 낮게 평가하였다는 사실이 드러나고 있다. 발해의 건국 지역을 백두산 일원으로 비정해서 본 것도 고운 최치원이 발해에 대해서 많이 알고 있다는 사실의 일단을 보여 준다.

핵심은 고구려와 발해의 관계인데 최치원은 이 점을 명확하게 밝히고 있다. 자신이 빈공과에서 수석으로 이름을 올린 것에 대해 예부상서 배찬에게 고맙다고 874년에 올린 글에서 그는 "옛날의 고구려가 지금의 발해"라고 말하였다. 877년에 헌강왕이 당나라에서 빈공과를 주관한 대부 고상에게 보낸 감사 편지에서도 "저 고구려가 지금 발해가 되었다"라고 같은 의견을 언급하였다. 신라가 지난날 고구려와 전쟁을 치렀던 나라인데 이제는 그 고구려가 시간이 흘러 발해가 되었다고 기술한 것이다. 물론 이는 빈공과에 신라의 유학생 박인범과 김악이 발탁되고 발해는 합격자가 없다는 점에 고맙다는 편지를 한 것이다. 이처럼 신라와 발해의 대외관계는 빈공과에서 수석이나 합격자를 놓고 치열한 경쟁을 하는 경우에서도 그 일단을 알게 된다.

그러나 신라가 당나라의 외교 석상에서 발해가 신라보다 상석에 앉지 못하도록 한 당의 황제에게 감사하는 표를 올리면서는 발해를 '북국'이라고 불렀다. 그뿐 아니라 발해는 고구려의 작은 부락에서 출발해 고구려의 유민과 말갈인으로 구성되어서 세운 나라임도 밝혔다. 발해는 고구려의 후예이자 후신인 것이다. 여기서 발해를 북국이라고 쓴 글은 897년에 발해가 외교와 관련해서 신라보다 상석에 배치해 달라는 것을 당이 거부하자 신라의 효공왕이 이에 대해 쓴 감사의 편지에서 나온 표현이었다. 그런데 『삼국사기』 원성왕 6년(790) 3월에 일길찬 백어를 '북국'에 사신으로 보냈다는 기록이 있고 헌덕왕 4년(812) 9월에 역시 급찬 숭정을 '북국'에 사신으로 보냈다고 기술하였다. 발해가 698년에 건국한 시기를 감안해서 신라가 발해를 북국이라고 부른 것은 현존하는 사료에는 원성왕 6년(790)과 헌덕왕 4년(812)이라는 연대가 있을 뿐이다.

이 사실로 미루어 보면 발해가 건국한 후 100여 년이 지나서 신라는 발해를 북국이라고 불렀다. 또 효공왕이 당나라에 편지를 보낸 시기가 897년임을 유념한다면 926년 발해가 멸망한 시점에서는 발해 멸망 약 30년 전까지도 신라가 발해를 여전히 '북국'이라고 불렀다는 것을 알게 된다. 적어도 신라가 발해를 북국이라고 명명한 기간을 보게 되면 발해 중기부터 발해 멸망 약 30년 전까지 근 100여 년의 시간이라는 것을 알 수 있다. 적어도 최치원이 작성한 몇몇 표나 장, 그리고 「사산비명」(四山碑銘)에 나타나는 문장을 보면 신라와 발해, 그리고 더 나아가서 고구려와의 관계는 선린우호의 입장이 아니다.

이와 같은 관점에서 '북국'이라는 말이 함의하는 것은 고구려의 '잔얼'이 발해를 건국하였다는 뜻의 연장선상에서 지속되었다는 느낌이 든다. 그렇지만 신라와 당나라 관계에 비추어 발해와 일본 간의 교류도 주목할 필요가 있다. 초기 교류기에 해당하는 739년에 파견된 서요덕이 새해 원단인 원일 조하의식에 참석하였다. 이것은 멀리 외국에서 온 사절들에 환대를 하면서 일본 정부의 대외관계 정당성을 내세우는 행사이다.

일본 정부는 서요덕이 조하의식에 참가한 자리에 신라학어(新羅學語)를 참석시킨 바 있다. 신라학어란 신라에서 언어를 배우고자 온 일종의 유학생이므로 새해 원단의 조하의식인 정월 조회에 정식으로 참석한 사람이 아니라 발해사신과의 통역을 담당하기 위해 배석한 인사라고 보았다. 따라서 구난희 교수는 이와 같은 일련의 사실로 미루어 발해와 신라인이 동일한 언어를 사용하였을 것으로 추론하였다. 이것은 발해가 건국한 지 약 40년이 지났을 때의 일이므로 양국 관계의 교섭 내지 교류는 향후의 연구가 활동의 영역을 심화시켜 밝혀 줄 과제이다. 언어가 동일하다고 하면 이것은 발해사를 연구하는 데 밝은 면이 되지만 양국 간에 전쟁이나 갈등이 있다고 하여도 이 같은 현상은 언어 문제와는 다른 차원의 영역에 속하는 문제이다.

우리는 최치원을 통해서 신라의 삼국통일을 살펴보고 곁들여 고구려와 발해의 관계를 살펴보았다. 기본적으로 우리나라 역사에서는 고려시대에도 신라의 삼국통일을 그대로 수용하였고 조선시대『동국통감』에도 삼국통일론에 대해 유사한 체계를 보여 왔다. 그러나 한백겸이『동국지리지』에서 신라의 삼국통일을 아쉽게 보면서 신라가 통합 후 수도를 나라의 중앙으로 옮겨 통제했어야 한다고 보고 고구려의 서북 땅을 잃은 것을 비판하였다.

임란 후인 1784년에 유득공은『발해고』에서 남쪽의 김씨, 북쪽의 대씨가 각각 영토를 갖고 있으므로 이 사실을 '남북국'이라고 말하면서 고려가 이를 편찬하지 않은 것은 잘못된 일이라고 하였다. 유득공이『발해고』에서 발해역사를 우리 역사에 적극 편입시키고 통일신라와 더불어 남북국이라고 시대성격을 언급한 것은 발해사를 가꾸고 지킨다는 확고한 역사의식의 표출이었다. 그는『발해고』의 서문에서 고려 때 발해사가 없어 토문강 북쪽과 압록강 서쪽의 땅이 누구의 것인지를 알지 못하게 되었다고 비판하였다. 그는 발해가 고구려를 계승하였다고 보면서 대씨가 고구려 사람이고 그가 소유한 땅이 고구려 땅이라고 근거를 밝혔다. 그는 북학파의 한 사람으로 청나라에 사신으로 왕래하면서 넓은 세계를 보았고 북방 영토 문제에 관심을 가지면서 발해사를 저술하였다. 그의 논고에서 핵심으로 꼽히는 남북국론은 서문에서 나오는 간단한 문장일 뿐이고 아쉽게도 본문에서는 이를 찾아볼 수 없는 것이 유감이다.

사실 유득공이 "마땅히 남북국사가 있어야 했음에도 고려가 이를 편찬하지 않은 것은 잘못된 일이다"라고 비판한 것은 옳았지만 정작 그의『발해고』속에는 남북국사를 논한 내용이 없어 실상을 알 수가 없고 사론 격인 그의 논지를 파악할 근거를 추적할 수 없는 것은 매우 애석한 일이다. 유득공의 논지와 비슷한 논조는 신채호의『독사신론』에서 나타나 '남북국사' 대신에 발해와 신라를 '양국시대'라고 보면서 당이라는 이종을 끌어들여 동종을 멸하는 신라를 크게 비난하였다. 그 과정에서 외세를 이용하는 것은 좋으나 의지하는 것은 결국 망국의 길임을 역설하였다.

일반적으로 일제항쟁기에는 유득공이나 신채호의 사론적인 성격의 영향을 받아 통일신라와 발해를 남북국시대로 보는 시각을 담은 장도빈의 『국사』나 권덕규의 『조선유기』 등이 출간되었다. 결국은 발해의 역사를 우리나라 역사 속에 체계화시키려는 시도이므로 고구려를 이어 북방에 발해가 건국된 사실을 북방 영토의 회복이라는 관점에서 보기 시작하였다.

그러나 민족주의 역사관만으로 삼국통일을 평가하는 것이 반드시 옳은 것만은 아니다. 하나의 이념으로 역사를 재단하고 항일의 울분을 역사에 쏟으면서 투쟁사만이 역사의 본분이라고 보는 것도 역사의 본말을 헤아리지 못하는 역사탐구의 약점이다. 역사가 크게 발전하던 시기에는 영토가 확장되고 국력이 쇠락하면 영역의 축소가 오기 마련이다.

영토는 고정불변한 것이 아니며 국력의 높고 낮음에 따라 변화의 조짐이 있다. 영토가 축소되는 것을 막는 방지책은 국력의 부강일 뿐이다. 고난의 세월을 겪은 후 해방 전후에는 삼국통일을 부정적이거나 무조건 비판하는 입장이 아니었다. 최남선은 "백제와 고구려의 편에서는 원통하다고 할 이유가 있겠지만 하여간 조선민족이 반도 안에서 한 나라 백성이 되는 계단을 여기서 밟게 되었다"라고 평하였다. 신민족주의를 외친 손진태는 『조선민족사개론』(을유문화사, 1948)에서 다음과 같이 말하고 있다.

고구려에 의한 통일이 성취되지 못하고 신라에 의하여 민족과 영토의 반분적 통일이 수행된 것이 민족적 불행사라는 것은 이미 말하였다. 그러나 그것은 여하간 신라의 이 통일로 인하여 조선의 민족은 이어 결정되었던 것이다.

손진태는 흔히 학계에서 언급하는 바와 같이 식민사학, 실증사학, 민족주의 역사학, 사회경제사학 등의 사조를 섭렵한 인물이다. 아마도 그는 고구려가 민족통일을 이루지 못한 것을 못내 아쉬워하고 있으나 역사에 가정은 없다. 다만 신라의 통일로 말미암아 민족과 영토의 반분적 통일이 이루어진 것은 민족의 불행이지만 여기서 조선민족이 결정되었다고 보았다. 실증사학의 대표적인 학자인 두계 이병도는 그의 『한국사』에서 삼국통일을 다음과 같이 말하고 있다.

요컨대 행이건 불행이건 반도의 민중이 비로소 한 정부, 한 법속, 한 지역 내에 뭉치어 단일민족으로서의 문화를 가지고 금일에 이른 것은 실로 이 통일에 기초를 가졌던 것이다.

두계 선생은 우리나라의 한쪽 구석에 있던 작은 나라 신라가 발전해서 삼국통일을 하면서 역사의 주인공이 된 사실이 경이롭다고 평한 것이다. 그동안 선학들이 신라의 삼국통일을 인정하면서도 고구려가 소유했던 영토를 모두 확보하지 못한 점을 아쉬워하기 때문에 삼국통일에 대해서 불완전성을 거론한 것이다. 사실 이 삼국통일의 미흡한 결과를 놓고 볼 때 논자에 따라서는 너무 아쉽고 분개한 나머지 고구려가 통일을 하였으면 하는 식의 논조를 펼 수도 있다.

설사 고구려가 통일을 주도하였다 하여도 통일신라처럼 역사를 자손만대 존속시킬 여건이 그 후에도 계속되었을지는 누구도 모른다. 그래서 역사의 가정은 필요가 없고 현실 속의 역사 진행만이라도 엄정하게 다루어야 한다. 우리나라 사학사의 체계는 삼국과 통일신라를 언급해서 역사의 시공간적인 뼈대를 이루었고 아울러 북쪽에 발해가 존속한 사실 역시 기술해서 역사의 외연을 넓혀 놓았다.

삼국의 역사이기 때문에 이 시대를 우리는 삼국시대라고 부른다. 그리고 삼국시대 문화라는 말도 자연스럽게 사용한다. 중국의 '동북공정'은 우리나라 삼국시대 가운데 고구려사를 중국사로 귀속시키려는 역사왜곡의 작업이다. 우선 고구려가 중국 역사가 되면 삼국시대라는 역사체계가 무너진다. 신라가 삼국을 통일하였다는 통일신라의 존재도 흔적 없이 사라지게 된다. 그러나 우리나라 역사는 그 체계를 수립할 때 오래된 역사인 고대사를 밑에 탄탄히 두고 시간의 축적 위에 역사가 시대시대마다 전개되며 오늘에 이르렀다.

중국의 '동북공정'에 맞서 고구려연구재단이 역사전쟁의 선두에서 중국과 논전을 치를 수 있었던 것은 정부와 국민들의 후원과 성원 덕분이었다. 삼국통일이 미흡했다고 망국의 설움 속에서 한탄하기보다 오늘의 전선에서 고구려와 발해의 역사를 가슴과 머릿속에 품어 안고 논쟁하여 지키는 것이 현명한 처신이다. 엄연한 신라의 삼국통일을 놓고 소모전을 벌이면서 중국의 동북공정이 추구하는 사실상의 역사전쟁에 휘말릴 이유가 없다. '동북공정'이 우리 역사학계를 뒤집어 놓았으나 의연히 대처하였다. 이 화근을 기회로 젊은 학자들을 양성해야 뒤에 대처할 수 있다는 교훈을 얻은 것은 그나마 망외의 수확이다.

2. 북한의 후기신라론

북측은 중국의 동북공정에 분연히 반대하였고 우리 측과 함께 벽화고분 조사나 안학궁 발굴조사를 거치며 두 차례나 학술회의를 개최한 바 있다.

이 같은 명백한 사실은 북측이 고구려 역사를 상당히 중시한다는 관점을 보여 주었다. 전면에 나서 중국을 비판하기보다 뒤에서 학문적으로 우리와 공조하면서 때로는 북측의 논문으로 때로는 우리와 공동으로 고구려 역사를 지키고 보전하는 데 함께 노력하였다.

북측은 고조선, 부여, 고구려, 발해, 고려로 이어지는 역사의 맥을 오늘의 북측 국가의 정통성과 직간접적으로 연결시켜 왔다. 그와 같은 토대 위에서 고구려 역사를 넓게 조망한다고 하면 북측이 동북공정을 어떻게 보고 취급하는지 곧바로 이해하게 된다. 이것은 발해의 역사도 마찬가지로 고구려 역사와 비중을 같이하는 동반의 역사이다. 고구려가 멸망한 후 약 30년 만에 발해가 흥기하였기 때문에 역사의 연속선상에 자연 고구려에서 발해로 이어지는 역사의 맥이 형성되었다.

우리는 이와 같은 역사의 흐름을 올바르게 잡고 평가한다는 점에서 북측과 의견이 같다. 남과 북이 한목소리로 중국에 대항하고 비판하였기 때문에 학문적으로 중국이 오히려 난처한 입장이 되기도 하였다. 고구려가 우리나라의 역사요 발해도 마찬가지로 우리나라 역사라는 남북의 공통된 역사인식은 추호의 흔들림이 없었다. 총론에는 동일한 역사인식이었지만 각론에 들어가서는 차이점이 나타났다. 가장 대표적인 차이점은 신라의 삼국통일 문제에서 나타났다. 북측 학계는 신라의 삼국통일론을 부정하였다. 북측의 사회과학원 역사연구소장이었던 전영률 선생은 일찍이 1980년 『력사과학』에 다음과 같은 글을 발표하였다.

그럼에도 불구하고 신라를 통일국가라고 주장하는 것은 사실상 발해를 조선 력사에서 떼 내려는 것이며 '신라중심설'과 '신라정통설'을 내세움으로써 남 조선 괴뢰들의 매국배족적인 북진통일론에 그 어떤 력사적 근거를 제공하려는 어용행위 이외의 아무것도 아니다.

위 글의 내용에서 알 수 있는 바와 같이 북측은 신라의 삼국통일을 부정하고 신라통일을 주장하는 것은 신라중심설이고 신라정통설이며 발해를 우리나라 역사에서 제외시키려는 의도라고 보았다. 북측은 통일신라 대신에 '후기신라'라는 용어를 쓰고 있다. 따라서 북측의 역사 대계라고 할 수 있는 『조선전사』에는 발해와 후기신라라고 기술하고 있다.

이것은 우리나라에서 신라의 삼국통일과 발해라는 제목과 유사하지만 우리나라는 통일신라로 쓰고 북측은 후기신라로 명명하는 것이 다르다. 이것은 단순히 제목이 다른 정도의 문제가 아니고 국가 역사의 정통성과 맞물려 있는 중대한 역사이념이 근저에 자리 잡고 있는 문제이다. 이 문제와 관련해서 필자의 이야기를 잠시 언급하는 것이 문제의 본질을 이해하는 데 도움이 될 것 같다.

필자는 소련이 개방되기 전에 런던에서 개최된 유럽한국학학회(AKSE)에 참석해서 전영률 소장이 발표하는 논문에서 신라의 삼국통일을 부정하는 요지를 들은 바 있었다. 이 당시 북측은 통역관을 포함해서 몇 분이 참석하였다. 전 소장 발표 후에 질의시간이 있었는데 그곳에는 한국학을 하는 외국 학자들과 우리나라 학자들도 있고 외국의 학생들도 있었다. 필자가 처음부터 질문을 하면 그것은 자칫 반대를 하기 위한 모습처럼 보이므로 나중에 질문을 하였다.

신라의 삼국통일을 부정하려면 앞에서 거론하였던 '일통삼한'이나 '삼한위일가' 같은 사료를 어떻게 취급할 것이며, 또 경주 인근에 있는 감은사와 대왕암의 문화재를 어떻게 이해하고 해석해야 하는가를 질의하였다. 이것은 고대사를 전공하는 사람만이 깊게 아는 사료들이므로 사실 다른 시대를

필자와 김일성종합대학 박관오 총장

전공하는 학자에게는 어려운 질문일 수가 있다.

물론 필자가 원하는 답변은 나오지 않았고 회의 후 차를 마시는 시간에 전 소장과 인사하게 되었다. 전 소장은 같은 동포끼리 질문을 하느냐고 서운해하는 듯하기에 필자는 다음과 같이 간단히 답을 하였다. 첫째 좋은 글을 발표하였는데 질문이 없으면 서운한 것이고, 둘째 이곳의 많은 사람들은 신라의 삼국통일을 상식으로 알고 있는데 질문이 없으면 전 소장의 이야기가 모두 옳아서 찬성하듯이 보이기에 필자가 한마디 한 것이니 섭섭하게 생각하지 말라고 하였다.

필자가 전 소장을 만난 것이 학회 때가 처음이었고 짧은 대화도 그때가 처음이었다. 1999년 초겨울에 필자는 평양의 김일성종합대학을 방문해서 박관오 총장과 학술교류 건을 논의하였다. 회의 후에 박 총장은 대학 박물관을 보자며 3층 박물관으로 필자를 안내하였다. 처음에는 대학교에 있는 일반 박물관으로 알았으나 김일성종합대학의 교사박물관인 것을 직후에 알았다.

대학의 연혁을 시작으로 설명한 박 총장은 당시 김정일 위원장이 외국에 나가서 공부할 수 있는데도 김일성종합대학에서 일반 학생들과 같이 공부하였다고 말했다. 그는 한 진열장 앞으로 필자를 안내해서 그 안에 전시된 원고지를 보라며 이 보고서가 김 위원장이 작성한 글이라고 말했다. 안경을 벗고서 자세히 보니 그 원고는 신라의 삼국통일을 부정하는 내용을 담은 논문이었다.

필자는 그 자리에서 한동안 원고를 보면서 북에서 신라의 삼국통일을 부정하는 데는 김 위원장의 논고가 뒤에 있다는 사실을 알았다. 아울러 전영률 소장의 논문 내용도 이 사실과 관련이 있다고 생각하며 시간의 여유가 있으면 전 소장을 면담하고자 하였다. 진열장 안에는 김 위원장이 학생 때 다른 학생들과 함께 윗옷을 벗고 짐을 옮기는 노력 봉사의 사진들도 있었다. 학창시절의 전 모습이 전시되어 있는 셈이다.

필자는 그 후 안내원에게 전 소장과의 면담을 요청하였지만 이미 세상을 떠났다는 답을 들었다. 런던 학회에서의 만남이 처음이자 마지막이 되었다. 필자가 이 이야기를 간략하게라도 언급하는 것은 신라의 삼국통일론을 부정하는 것이 북측에서는 최고 지도자로부터 역사연구원들이 숙지하고 있는 중요 역사인식임을 알았기 때문이다. 북측에서는 국가의 정통성을 고조선, 고구려, 발해로 이어지는 역사계승성의 맥락과 연결시키고 있다.

그렇다면 '후기신라'라는 용어는 합리적이고 적용이 가능한 의미를 내포하고 있는가는 검토의 여지가 있다. '후기신라'라고 말할 때 '후기'라는 개념이 우선 명확하게 떠오르지 않는다. 어느 시점부터 후기인가를 설명하려면 어차피 신라의 삼국통일전쟁 건을 언급하지 않을 수가 없다. 백제와 고구려가 멸망한 역사를 '후기'신라라고 명명하면 백제와 고구려의 역사 존재와 그 문화적 가치가 신라 역사 속에 스며 있다는 느낌이 나지 않는다.

북측이 고구려와 발해의 역사를 중시한다는 관점은 충분히 이해되나 역사용어는 역사발전단계의 모습이 종합되어 상징으로 표출되는 것이 바람직하다. 북측이 발해 역사를 강조하는 점도 우리 측 생각과 동일하다. 그러나 고구려 역사인 경우 우리는 신라가 삼국을 통일하였다는 역사적 사실을 민족주의 역사가들이 부분적으로 삼국통일을 비판하거나 불완전성을 덧붙여 논하는데, 북측은 신라의 삼국통일론을 아예 부정하는 단계로 나아갔다.

북측은 민족주의 역사학자들의 논점을 대체로 다수 채택하였으나 삼국통일 문제에서는 민족주의 역사학의 노선에서 완전히 벗어난 견해를 취하였다. 북측의 역사책을 일별하면 1956년에 나온 『조선통사』에서는 삼국통일을 용인하고 아울러 당나라 세력을 격퇴해서 우리나라에서 퇴출시킨 사실도 그대로 인정하였다. 그러나 발해사를 중히 여기고 강조함에 따라 앞에서 본 바와 같이 삼국통일론이 사라지고 '후기신라'라는 이름이 등장하였다.

그렇다면 북측에서는 후기신라와 발해가 있었다고 해서 남북국시대라는 용어를 쓰는지 궁금할 수가 있다. 그러나 이 글을 쓰는 현재까지 북에서 남북국시대라는 말을 썼다는 글은 보지 못했다. 만약 이 용어에 정치적인 어떤 함의가 내포되어 있다고 하면 북측은 남북국시대라는 역사용어를 앞으로도 사용하지 않을 가능성이 매우 높다. 사실을 떠나 의미만으로 개념을 정리하게 되면, 그 의미는 시간이 지나면서 퇴색해 버리고 공허한 자리로 떨어지게 된다.

3. 남북국시대론의 허와 실

우리나라 고대사학계에서는 신라의 삼국통일을 대체로 인정한다. 일부 논자에 따라서는 이의를 제기하는 경우를 볼 수도 있다. 발해의 역사가 고구려가 멸망한 지 약 30년 뒤에 중국의 돈화에서 흥기하였다는 사실 역시 대체로 수용을 하지만, 일부 학자는 발해가 우리나라 역사체계에 들어오는 것을 비판하는 경우도 있다.

그러나 백제가 멸망하고 고구려가 멸망하였으므로 상호 경쟁하던 두 나라의 멸망은 사실상 신라의 삼국통일로 귀결되었다. 민족주의 역사가들이 언급하는, 고구려의 영토를 다 차지하지 못했기 때문에 통일이 아니라거나 불완전한 통일이라는 의견은 경청할 만한 이야기이기는 하다. 그렇지만 고구려의 멸망을 그들의 의견만으로는 설명하지도 못하고 멸망한 나라를 구제하지도 못한다. 당나라 왕은 해동삼국이 전쟁을 하는 사이라는 사실을 알기에 삼국에 대해 평화롭게 지낼 것을 권유하기도 하였고 협박도 하였으며 고구려와는 요동에서 전쟁을 치르기도 하였다. 삼국의 전쟁에서 승리자는 신라였고 불행하게도 백제와 고구려는 결국 멸망하였다.

남쪽에는 통일신라가 있고 북쪽에는 뒤에 발해가 일어났다. 유득공의 『발해고』에서 남쪽에 김씨가 있고 북쪽에 대씨가 있다는 말은 틀린 말이 아니다. 그는 발해의 역사를 우리나라 역사체계로 적극 수용토록 하였으며 이 새로운 사실은 18세기 실학자들이 연행을 통해 새로운 지식에 눈을 뜬 것과 맥을 같이한다.

우리나라의 좁은 땅이 아니라 대륙의 넓은 대지에서 역사지리 고증작업이 싹을 틔우기 시작하였다. 유득공이 그의 저서 서문에서 밝힌 남쪽의 신라 북쪽의 발해를 일컬어 남북국사가 있어야 한다는 말은 일단 발해의 역사를 강조하려는 뜻에서 나온 말이다. 논자에 따라서는 혹 발해 역사를 유득공이 처음 언급한 것처럼 오해하기도 하는데, 실은 일찍이 일연의 『삼국유사』 기이편에 '말갈발해'조가 있다. 여기서 일연은 중국의 『통전』이나 신·구 당서를 인용하였고 우리나라 전적 중에는 현존하지 않는 『삼국사』, 『고기』

같은 책을 인용해서 간략하게 서술하였다. 대조영의 이름은 이때 이미 기술해 놓았다.

고려시대의 역사서로 편찬된 이승휴의 『제왕운기』에도 「발해기」가 실려 있어 고구려의 옛 장수 대조영의 건국을 기술하고 있다. 다 아는 바와 같이 『삼국사기』에서 발해를 북국이라고 불렀다는 것은 앞에서 지적한 바 있다. 고려시대에도 사서에 각기 발해가 언급되어 있으나, 유득공의 입장에서 비판한 것은 아마도 발해를 하나의 책으로 간행하지 않은 것을 이야기하는 것 같다. 그가 『발해고』 서문에서 말하는 "마땅히 남북사가 있어야 했음에도 고려가 이를 편찬하지 않은 것은 잘못"이라고 언급한 것을 보면 그가 의도한 말이 무엇인지 짐작이 간다. 만약에 유득공이 그처럼 고려를 향해서 발해사를 편찬하지 않은 것을 비판하려면 오히려 자신이 봉직하던 조선조의 초기나 중기에도 발해 역사책이 없음을 힐난했어야 하는 것이 아닌가 하는 생각이 든다. 어쩌면 자신이 살았던 시기에는 발해사를 이야기할 수 있는 인사들이 있어 조선조의 편찬 문제는 거론하지 않았는지, 이것은 현재 알 길이 없다.

해방 이후 우리나라 역사책에는 일반적으로 삼국통일 이후의 역사를 '통일신라와 발해'라는 이름으로 서술해서 발해사를 우리나라의 역사에 적극 편입시키며 교육과 연구를 하였다. 남북국사나 남북국시대라는 용어는 주로 일제항쟁기에 민족주의 역사계열에서 사용하였지만, 해방 이후에는 통일신라와 발해라는 편명이 무난해서인지 널리 쓰이곤 하였다. 그러나 1970년에 이우성 선생이 다시 통일신라와 발해 역사를 남북국시대로 볼 것을 주장하였으며 이후 우리나라 학계는 논자의 소신에 따라 통일신라와 발해라는 말을 쓰기도 하고 남북국시대라는 용어를 사용하기도 해서 함께 쓰고 있는 형편이다.

그런데 남북국시대라는 용어가 유득공이 주장한 발해 역사를 더욱 강조한다는 뜻에서 사용하는 말이라면 크게 문제 될 것이 없다. 아마도 북측 역사학계도 유득공의 의도가 발해사를 적극 강조하였다는 점에는 동의할 것임에도 불구하고 북측은 왜 남북국시대라는 말을 쓰지 않는 것인지 생각해 볼 사안이다.

반면 우리나라 학계는 남북국시대라는 용어를 쓰면서 유득공의 남북국론에 들어맞는 내용에 만족하는 것인지 아니면 사실과 이념이 섞이거나 또는 사실을 넘어선 이념에 앞서가는 것인지를 검토할 필요가 있다. 이 점은 벌써 충분히 논쟁을 거치며 논의되었을 문제였지만 일부 연구자들이 각자의 의견을 말하는 선에서 머물곤 하였다.

여기에 난제를 던지게 된 것이 중국의 '동북공정'이다. 고구려 역사가 중국사라는 '동북공정'의 한 핵심 논제가 우리나라 삼국시대의 역사체계를 흔들고 신라의 삼국통일의 의미를 훼손하며 발해 역사마저 중국 말갈족의 역사로 둔갑시켜 놓았다. 이 같은 일련의 사태는 '통일신라와 발해'라든가 '남북국시대'라고 하는 역사발전 과정의 사실들을 흔들어 놓았고 변화, 발전하며 나타난 역사의 의미를 응축시켜 만들어 낸 용어의 뜻마저 혼선에 빠뜨려 버렸다. 발해사가 중국사가 되고 고구려 역사가 중국사라고 하면 우리나라 사학계는 어떤 입론으로 대처하는 것이 정론인지 숙고를 하지 않을 수 없다. 먼저 우리나라 학계에서 삼국통일론에 이의를 제기하는 근저에는 신채호의 견해가 바탕을 이루고 있는 것이 아닌가 하는 생각이 들어 그의 논점을 보기로 하겠다. 『독사신론』에 아래와 같은 글이 있다.

그다음에는 고구려가 한수 이북에 건국하며 신라·백제는 한수 이남에서 병립하였으니 이는 십수 국이 합하여 삼국 된 시대며 또 그다음에는 고구려가 망하여 발해가 되고 백제가 망하여 신라에 합하였으니 이는 삼국이 합하여 양국 된 시대요 ….

이 문장이 단재가 신라의 삼국통일을 부정하는 논점의 요체이다. 고구려가 망해서 발해가 되고 백제가 망해서 신라에 합해서 결국 삼국이 양국이 되었다고 주장한다. 이 견해를 일부 삼국통일 연구자들이 원용해서 마치 신라가 백제만을 통일한 것으로 논하는 것을 종종 볼 수 있다.

그렇지만 신채호의 글에는 사실을 간과하고 감정이 먼저 표출되는 행간이 있음을 보게 된다. 백제가 망해서 신라에 합하였다는 것은 역사적으로 분명한 사실이다. 그러나 고구려가 망해서 발해가 되었다는 것을 백제가 망해서 신라에 합했다는 사실과 동일 선상에 놓고 마치 대비시켜 언급하는 것은 잘못이다.

대국적인 시각에서 크게 보면 그대로 지나칠 수도 있겠지만 중대한 사건을 소홀히 다루면 복잡한 화근이 된다. 고구려가 망해서 발해가 된 것은 고구려가 망한 후 대체로 30년이 지나서 중국의 돈화 지역에서 흥기한 사실을 말하는데 마치 고구려 멸망 후 바로 발해가 건국한 듯이 말하는 것은 잘못이다. 더구나 백제가 망해서 신라에 합했다면서 똑같이 고구려가 망해서 발해가 되었다고 이야기하는 것은 역사를 모르는 사람이 볼 때는 자칫 발해가 고구려를 멸망시킨 것처럼 오해를 부를 수가 있다. 고구려 멸망에 발해는 전혀 관계가 없으며 신라와 당나라에 의한 고구려 멸망 후 신라가 당나라 세력을 우리나라에서 퇴출시킨 사실을 언급하지 않고 있다.

단재는 고구려 역사를 훌륭한 역사로 보기 때문에 신라의 삼국통일에서 고구려 역사가 망한 사실을 가슴 아파하였다. 고구려 역사가 우리나라 역사이고 삼국통일전쟁도 우리나라 역사 안에서 일어난 전쟁임에도 단재는 고구려 역사에만 지나친 애착을 보여 주었다. 『삼국사기』를 쓴 김부식을 많이 비판한 것도 일면 타당하나 그나마도 김부식의 『삼국사기』 편찬이 있어 고 구려 역사를 연구하는 기본 자료가 되고 있다는 사실을 명심해야 한다.

우리나라 학계 일부에서 단재의 견해에 따라 삼국통일을 백제만을 통일 한 것으로 해석하고 그러한 뜻에서 남쪽에 신라가 있었다고 말을 하면서 남 북국시대를 여기에 대비시키는 의미라면 이것은 유득공이 말한 남북국사론 과는 거리가 있는 논조이다. 아울러 그와 같은 내용을 담고 있는 것으로 신 라사의 성격을 규정한 위의 남북국론이라면 이는 역사체계의 사상누각이자 내실 없는 허상의 잔해일 뿐이다. 고구려를 신라의 삼국통일에서 떼어 내어 전혀 관계없이 만들게 되면 그것은 중국이 원하는 고구려 역사가 중국사라 는 논리에 매몰되는 것이다.

우리가 남북국시대라고 할 때 남쪽의 신라, 북쪽의 발해를 언급하지만 두 나라 역사의 존속 기간은 양자를 대비할 만큼 역사의 무게와 문화의 축적이 동일한 것이 아니며 심지어 비슷한 것도 아니다. 신라는 기원전 57년에 일 어나 기원후 935년(경순왕 9)에 망하기까지 근 1000년의 역사를 존속한 나라 이다.

반면에 발해는 기원후 698년에 건국하고 926년에 멸망해서 220여 년을 존속한 나라이다. 흔히 남북국시대라고 하지만 신라는 근 1000년이라는 역 사의 탄탄한 기반 위에 220여 년의 역사를 가진 발해와 그 역사만큼 남과 북 에 함께 있었다는 사실을 직시하고 남북국시대의 의미를 천착해야 한다. 발 해의 역사를 중시한 나머지 통일신라의 역사를 소홀히 다루거나 그 의미를 다소라도 왜곡하게 되면 그것은 바로 우리나라 역사체계의 일대 혼란을 초 래한다. 남북국시대를 논할 때 우리가 혹 암암리에라도 마음속으로 동의하 는 것은 발해의 역사를 더 연구해서 발해가 통일신라시대에도 북방에 있었다는 점이 각인되기를 바라기 때문이다.

북측은 고조선, 고구려, 발해, 고려로 이어지는 역사의 정체성을 북측의 국가 정통성과 연계시키고 있다. 따라서 신라의 삼국통일을 부정하고 고려 때 통일이 되었다는 의견을 발표하였다. 이것이 현재 북측의 통일론이다. 오늘의 북측 휴전선 안에 개성이 있다는 점에서 역사학과 정치적인 정당성이 서로 맞물려 있음을 알게 된다. 그러나 고조선이나 고구려, 발해가 북측만의 역사가 아니고 넓게는 우리나라의 역사이므로 어느 시대 역사라도 경솔히 다룰 수는 없다.

이 같은 점에서 신라의 삼국통일론이나 남북국시대론이 보는 시각에 따라서는 시간과 공간이 다르므로 상호 충돌 없이 다함께 수용될 수도 있다. 또 고구려 역사나 발해사 문제를 보는 시각의 차이로 인해 남북국시대론이 삼국통일론과 어긋나는 문제가 발생할 경우도 있다. 지난날 역사교과서 편찬 때 중학교 교과서는 '통일신라와 발해'로 제목을 붙이고 고등학교 교과서는 '남북국시대'로 제목을 달리한 데는, 중학교 교과서는 사실 중심으로 이해를 시키고 고등학교 단계에서는 중학교에서 배운 역사지식을 한 단계 소화시켜 유득공류의 의미를 부여하자는 뜻이 있었다. 그러나 이때 남북국시대의 신라가 삼국통일을 한 신라가 아니고 백제만을 통일한, 단재가 일컫는 그러한 신라라면 남북국시대라는 말은 허상에 불과해서 거론할 여지가 없다. 왜냐하면 고구려를 제외한 삼국통일론은 고구려 역사를 중국사로 전락하게 하기 때문이다. 역사의 사실 하나하나가 이념과 구호를 이기는 것은 바로 이 때문이다.

필자는 대륙의 북방에 웅거하며 우리나라 역사의 큰 맥을 이루었던 고구려와 발해의 역사가 중국의 역사라는 중국 학계의 주장을 비교·검토하며 비판하였다. 30여 년 전에 중국 학계는 발해가 중국 말갈족의 역사로 당조의 지방정권이라고 주장하였다.

주지하는 바와 같이 2002년 동북공정을 발표하면서 이번에는 고구려가 중국사이고 소수민족 지방정권이라고 결론을 지었다. 일부 학자들이 설혹 동의를 하지 않았더라도 이 동북공정은 중앙정부의 지원과 동북3성의 지원 하에 동북3성의 한국사 관련 학자들의 공동작업 형태로 추진되었다. 동북공정을 동북3성 학자들의 불만을 잠재우기 위해 소위 동북진흥정책과 쌍벽을 이루며 진행시켰지만 고구려사를 중국사로 편입시키려는 중국의 의도는 실패하였다.

중국 당국이나 변강사지연구중심이 고구려사 문제를 다루었지만 고구려사를 연구하고 천착하는 학문의 깊이는 우리나라 학자들의 업적이 월등하게 뛰어났다. 고구려사를 연구하는 가장 중요한 사서는『삼국사기』고구려본기인데 이 책은 중국 학자가 쓴 것이 아니고 김부식이 편찬한 우리나라에서 가장 오래된 관찬사서이다. 중국의 역대 왕조에서 역사책을 편찬하였지만 중국의 역대 어느 사서에도 고구려본기는 없다. 이것은 기본적으로 고구려사는 중국사가 아니라는 사실을 극명하게 말해 준다.

북측은 우리와 마찬가지로 중국의 동북공정을 비판하면서 고구려사가 중국사라는 주장을 일언지하에 털어 버렸다. 북측 입장에서는 고조선, 고구려, 발해로 이어지는 역사의 흐름을 국가의 정통성으로 간주하고 있어 우리와 공동으로 대응하였다. 평양의 벽화고분을 공동으로 조사하고 블라디보스토크와 개성에서 공동으로 학술회의를 개최한 것이 이를 말해 주는 것이다. 평양의 안학궁을 공동으로 조사하고 일부 발굴한 것은 안학궁이 평양으로 천도한 고구려의 왕궁임을 다시 내외에 천명한 쾌거였으며 이는 남과 북이 고구려사를 지키고 가꾸는 공동노력의 백미였다.

발해가 고구려유민과 말갈인으로 구성된 나라이며 고구려가 멸망하고 약 30년 후에 홍기하였으므로 이는 제2의 고구려가 되는 셈이다. 우리가 발해사 연구에서 가장 안타깝고 아쉬워하는 점은 현재 우리에게는 발해의 땅이 한 뼘도 없다는 점이다. 발해유적을 조사하고 발굴한다는 것은 중국과 북측의 정세와 형편으로는 불가능하므로 러시아 연해주의 크라스키노성을 러시아와 발굴해 왔다. 이곳은 발해와 일본의 사신이 왕래하던 지역으로 발굴이 진행되고 있어 새로운 자료가 출토될 것으로 기대된다.

발해의 상층부는 고구려인이 주로 활약하였고 지방에는 말갈인들이 다수 거주하였다. 연해주에서 발해 고분과 성터를 러시아 학자들과 발굴하였는데 종래에는 러시아 학자들이 발해유적을 말갈족의 문화로만 이해하였다. 이제는 러시아 학자들도 고구려사와 함께 연구해야 발해사의 실상을 이해할 수 있다는 사실을 알게 되면서 러시아 학자들의 발해 역사관에 변화가 온 것은 커다란 학술성과이다.

북방의 역사인 고구려유적은 중국과 북측에 있고 발해는 중국 북측 그리고 러시아에 걸쳐 유적과 유물이 있어 우리의 연구활동에는 어려움이 많다. 고구려연구재단이 중국변강사지연구중심과는 학술회의를 하였으나 중국에서 고구려, 발해유적을 공동으로 조사한다는 것은 현재까지는 불가능하다.

아직도 일부 유적은 답사에도 어려움을 겪고 있음을 감안하면 우리가 러시아에서 손에 흙을 묻히며 발굴을 하는 것은 마땅히 해야 할 학문연구의 기초작업이다. 우리가 직접 발굴 과정을 거쳐야 발해사에 대한 국제회의에서의 발언권이나 학술발표에 무게가 실리게 된다. 이 같은 여러 사안을 검토해 보면 우리가 북측과 고구려유적을 조사하고 학술회의를 개최했다는 것은 가히 놀라운 학술공조의 진전이었다. 그러나 북측과 역사 문제로 각론에 들어가면 신라의 '삼국통일론'에서 우리나라의 학계성과와 다른 점을 알게 된다. 북측은 신라의 삼국통일을 부정하고 이를 '후기신라'로 부른다. 이설은 민족주의 역사학자들 견해보다 훨씬 멀리 나아갔다.

지난날 소위 민족주의 역사학계열의 학자들은 신라의 통일을 영토를 거론하면서 미흡하거나 불완전한 통일이라고 보았지만 신채호는 아예 고구려는 발해로 갔고 백제는 신라에 합했다며 양국시대를 거론하였다. 신채호가 고구려사를 아끼는 마음은 훌륭하나 신라의 삼국통일전쟁에서 고구려를 제외하면 『삼국사기』에서 나오는 '일통삼한'이나 '삼한위일가'라는 기록을 설명하지 못한다. 감은사와 대왕암, 그리고 「사산비명」에는 통일과 관련된 사실들이 엄존하고 있다. 사실을 차근차근 밟으며 그 위에서 사론이 도출되어야지 사론만 앞서가면 사실과 괴리가 있는 설이 나온다. 우리 학계가 먼저 학문성과를 소화하며 정리하지 않으면 고구려사가 휘몰아치고 있는 중국의 '동북공정' 논리에 빠질 위험이 있다.

단재 신채호의 양국시대라는 말은 근거를 내놓지는 않았지만 유득공이 『발해고』에서 언급한 남북국사와 동일한 의미의 맥락을 갖고 있다. 그러나 더 깊이 들어가서 양자를 비교하면 유득공은 고려 때 발해사를 편찬하지 않았다는 것을 비판하였다. 통일신라시대 북쪽의 발해사를 강조하는 차원에서 남북국사를 언급하며 『발해고』를 저술하였다.

반면에 신채호는 신라의 통일을 부정적으로 보면서 자랑스러운 고구려가 발해가 되었다는 의미로 양국시대를 말하였다. 그러나 신채호는 유득공처럼 발해 관련 책을 저술하지는 않았다. '통일신라와 발해'라는 제목의 교과서와 '남북국시대'라는 제목의 교과서가 비슷한 듯 보이지만 내적으로 조심스러운 차이가 있다. 현재의 우리나라와 북측 간의 정통성 문제가 내재하고 있어 신중한 접근이 필요하다. 우리가 '동북공정' 면모를 학문적으로 천착하면 위와 같은 난제와도 조우하게 된다.

중국의 '동북공정' 논리 뒤에는 '통일적 다민족국가론'과 '변강이론'이 있다. 외양은 번듯해 보이는 술어지만 내적으로는 이론과 사실 여부의 적용에 따라 중국 소수민족의 역사와 문화는 보존이 아니라 역사왜곡의 장으로 변질될 소지가 많다. 50여 개의 민족으로 구성된 소수민족을 통일적으로 한데 묶어 중국민족으로 만들겠다는 중국 통치 차원의 외침은 내정의 문제이므로 우리가 왈가왈부할 필요가 없다. 그러나 소수민족의 현재와 과거의 역사와 문화도 중국사라는 '통일적 다민족국가론'이나 '변강이론'은 이번의 '동북공정'에서 고구려사를 좋은 예로 부각하였다. 가히 중국 팽창주의 노선이라 하겠다.

북방에 존속하였던 고구려와 발해의 역사를 놓고 우리나라와 중국의 학자들이 논쟁을 하였고, 앞으로도 토론이 이어질 것이다. 그러나 우리나라와 국민들에게 역사 정통성에 충격을 던진 '동북공정'은 학술도 학문도 아닌 정치적 책략으로 나타났다. 우다웨이 부부장이 말했다. "한국에서 간도가 조선 땅이라고 주장하지 않는다면 우리도 고구려가 중국의 소수민족국가였다고 주장하지 않을 것입니다."

_ 찾아보기

당 태종 195, 196, 198, 199

대도리행 63

대륙연구소 23, 76-82, 84, 91, 92, 95, 104, 105, 109, 110, 111, 206

대무예(大武藝) 49, 50, 62, 63

대성산성 241, 246, 251, 252, 255

『대승기신론소』 70, 188

대왕암 262, 272, 284

대조영 22, 34, 35, 42-45, 47-51, 53, 56, 277

대흠무(大欽武) 63, 74, 85

덕흥리 벽화무덤 240

『독사신론』 267, 278

돌궐 55

돌지계(突地稽) 39

동경(東京) 52, 53, 74

동경성 42, 74

『동국지리지』 267

『동국통감』 267

동명왕릉 251

동모산(東牟山) 34, 35, 43, 46, 48, 49, 51

동북3성 126, 128-130, 132, 134, 136, 138, 146, 188, 282

동북공정 17, 125-127, 129, 130, 132-139, 141, 146, 147, 149, 152, 160-165, 167, 170-172, 176, 178, 180, 182, 186, 188, 193, 200-202, 218-222, 227, 229, 230, 232, 233, 241, 245, 248, 251, 257, 270, 271, 278, 282, 284, 285

동북아역사재단 213

동북진흥 146, 188, 282

『동북통사』 138-142

동아고고학회 74

ㄹ

라린(Larin) 79, 80, 82, 85, 93, 94, 104, 105, 111, 182

리승혁 235, 246, 248

ㅁ

마대정 134, 136, 137, 140, 141, 149, 180, 204, 209, 211-214, 216, 217

말갈 30-34, 36, 38, 39, 41, 42, 45-51, 53, 55, 57-61, 63, 64, 70, 193, 196, 278, 282, 283

말갈발해 276

말갈부 56

말갈인 54

말갈족 25-28, 120

모택동 142-145

문명대 98, 112, 115, 116, 118

문무왕 262

문왕 85

물길 30, 32, 33, 37

ㅂ

박관오 220, 273

박문일 160, 180, 201, 202, 211, 212, 215

발해 21-23, 25-32, 34, 36-47, 50-54, 56-71, 74, 75, 89, 110, 112, 121, 144, 146, 186, 193, 264-267, 269-272, 274-280, 282-285

『발해고』 267, 276, 277, 284, 285

발해군왕 49, 50

발해말갈 30-32, 34-36, 42, 43, 45-49, 63

발해묘제 102

발해삼채 102

방학봉 61

백두산 47, 131, 143, 146, 219, 234, 237-239, 264

백두산(장백산)공정 146

백두산 정계비 220, 230, 231, 236-240

백산말갈 47

백수이 155, 158, 159, 161

백제 66, 67, 186, 261, 263, 264, 274, 276, 278-

석학人文강좌 **71**